Schuler

CARLA PERROTTI

DIE WÜSTENFRAU

CARLA PERROTTI

DIE WÜSTENFRAU

An den Grenzen des Lebens

Aus dem Italienischen von
Christine Frauendorf-Mössel

MALIK NATIONAL GEOGRAPHIC

Mehr über unsere Autoren und Bücher:
www.malik.de

Bibliografische Information der Deutschen Bibliothek
Die Deutsche Nationalbibliothek verzeichnet diese Publikation in der Deutschen Nationalbibliografie; detaillierte bibliografische Daten sind im Internet über http://dnb.d-nb.de abrufbar.

NATIONAL GEOGRAPHIC ADVENTURE PRESS
Reisen · Menschen · Abenteuer
Die Taschenbuch-Reihe von
Malik und National Geographic

3. Auflage April 2009

Titel der Originalausgabe: »Deserti«
erschienen bei der Casa Editrice Corbaccio s.r.l., Mailand
Umschlaggestaltung: Maria Seidel, Neuötting
Fotos: Carla und Oscar Perrotti
Papier: Naturoffset ECF
Druck und Bindung: CPI – Clausen & Bosse, Leck
Printed in Germany ISBN 978-3-492-40197-5

Das Papier wurde aus chlorfrei gebleichtem Zellstoff hergestellt.

Für Oscar,
den Gefährten zahlloser Abenteuer

Dieses Buch ist Max und allen jungen Menschen gewidmet, die wie er die Natur lieben und sich aus Hochachtung gegenüber jenen Völkern, die weiterhin nach ihren alten Traditionen leben, entschlossen dem Umweltschutz verschrieben haben.

Inhalt

Vorwort

Für mich gibt es keine Zufälle. Alles ist vorbestimmt. Das ist meine Überzeugung.

So sind die Unternehmungen, von denen ich berichten möchte, nur die natürliche Konsequenz meines Wesens. Und ich bin sicher, es hätte für mich im Leben keinen anderen Weg gegeben. Diese Abenteuer sind die Umsetzung unterschwellig schon immer vorhandener Träume, die ich unbewusst seit Jahren mit mir herumgetragen habe. Das erklärt das Gefühl der Ruhe und der Zufriedenheit, das ich bei meinen Alleingängen empfand, ungeachtet all der Mühen und Plagen. Vielleicht habe ich diese meine ureigensten Sehnsüchte etwas spät erkannt. Dass es jedoch dazu kam, ist wohl das Ergebnis eines natürlichen Entwicklungsprozesses, dessen ich mir nie bewusst gewesen bin. Sahara, Salar de Uyuni, Kalahari: drei Unternehmungen, die unterschiedlicher nicht hätten sein können und die doch ein roter Faden durchzieht – das Bedürfnis nach Einsamkeit in den endlosen Weiten und nach enger Verbundenheit mit der Natur in ihren extremsten Erscheinungsformen, eben den Wüsten. Solange es meine Konstitution erlaubt, gedenke ich, diese starken Gefühle weiterhin auszuleben, welche die Wüste mir noch immer beschert. Denn schließlich sind diese ureigenster Teil meines Lebens und damit für mich unverzichtbar.

Gewidmet ist dieses Buch all jenen, die auf der Suche nach sich selbst sind. Horcht in euch, verschafft den Stimmen in euch Gehör, macht euch auf zu neuen Ufern. Sobald ihr euch im vollkommenen Frieden mit euch selbst und eurer Umgebung wähnt, seid ihr auf dem richtigen Weg.

Carla Perrotti

Die Ténéré

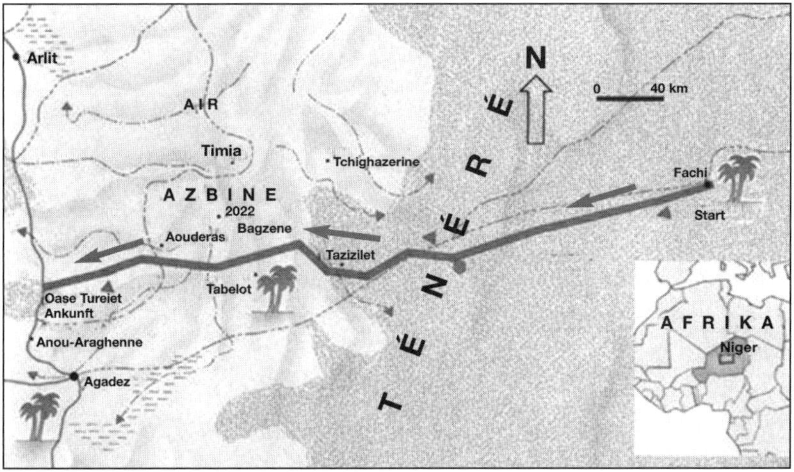
Arlit
AIR
Timia
Tchighazerine
AZBINE
2022
Bagzene
Aouderas
Tazizilet
Tabelot
Oase Tureiet
Ankunft
Anou-Araghenne
Agadez
N
0
40 km
TÉNÉRÉ
Fachi
Start
AFRIKA
Niger

Das Treffen mit der Karawane

Monatelang habe ich mich auf die Begegnung mit den Tuareg vorbereitet; habe sie mir zigmal ausgemalt, versucht, im Geist jedes Wort, jede Geste danach zu analysieren, welche für die Gelegenheit die passendste sei, habe mich vorbereitet, als wollte ich wie die Heldin eines Kitschromans einen Liebhaber im Sturm erobern, der mein Leben radikal verändern sollte. Und jetzt stehe ich da wie ein Ölgötze in meinem lächerlichen europäischen Aufzug, unfähig, mich zu bewegen, vor den Herren der Wüste, die mich durch die Sehschlitze in ihren indigofarbenen Turbanen mit hypnotischen, durchdringenden Blicken ihrer mit Kajal umrandeten Augen fixieren. Ich zähle siebzehn, allesamt Männer, groß gewachsen, unglaublich elegant in ihren langen dunklen Gewändern. Ihr Anblick übertrifft alles, was ich mir ausgemalt hatte! Sie scheinen eher für ein Fest als für eine mörderische Wüstendurchquerung gerüstet. Nach der ersten Begutachtung meiner Person wenden sie sich wieder der Beschäftigung zu, in die sie bereits vor meiner Ankunft vertieft gewesen waren. Nur gelegentlich treffen mich flüchtige Seitenblicke. Da ich nicht weiß, wie ich mich verhalten soll, gebe ich vor, mein Gepäck zu kontrollieren, in meiner grenzenlosen Verlegenheit von dem Gedanken beherrscht: Warum können sie nicht ein bisschen freundlicher sein? Klar, es ist nicht einfach für sie, die Gegenwart einer Fremden zu akzeptieren, aber auch ich habe meine Probleme und die sind weitaus größer als ihre. Schließlich schlendere ich zwischen den Kamelen hindurch, die auf dem Boden liegen und darauf warten, beladen zu werden. Aber selbst die Tiere nehmen keinerlei Notiz von mir. Ich weiß aus Erfahrung, dass Kamele keine sehr geselligen Wesen sind, aber diese erscheinen mir ganz besonders feindselig. Ich lasse mich in einer Ecke im Sand nieder, beobachte die Tuareg bei ihrer Arbeit und versuche dabei, die bittere Pille zu verdauen. Einen begeisterten Empfang mit Küsschen auf die Wangen und Umarmungen hatte ich wirklich nicht erwartet, aber das! Schön, sie mögen ja von Adel sein, aber jetzt übertreiben sie. Als ich mich schließlich mit meiner Rolle als unerwünschter Gast abzufinden beginne, löst sich einer aus der Gruppe und tritt auf mich zu. Wir mustern uns lange schweigend. Dann begrüßt er mich in kaum verständlichem Französisch und stellt sich vor: »Ich heiße Ala. Wie ist dein Name?« Er erklärt, er sei der Einzige von ihnen, der eine Fremdsprache beherrsche, und dass ich mich an ihn wenden solle, wenn ich mit den anderen sprechen wolle. Nicht schlecht, denke ich, wenigstens kann ich mit jemandem reden. Er scheint meine Erleichterung zu spüren, und aus der Art, wie sich seine Augen hinter dem Schleier verengen, erkenne ich, dass er lächelt. Und da wird mir klar, dass ich mich daran gewöhnen muss, ihre Gedanken von den Augen abzulesen. Einen anderen Teil ihrer Gesichter würde ich kaum je zu sehen bekommen, zumindest nicht für eine ganze Weile. Ala macht mir ein Zeichen, ihm durch das Lager zu folgen. Wir steigen über Strohballen, Seile, Decken, Jutesäcke mit undefinierbarem Inhalt. Dazwischen kauern die Kamele gleichmütig wiederkäuend auf dem Boden, ohne uns auch nur eines Blickes zu würdigen. Weit und breit ist keine andere Frau zu sehen, nicht einmal Mädchen, nur ein paar größere Jungen lungern inmitten des Durcheinanders herum. Neben einem grauen Kamel bleiben wir stehen. Es ist das größte und massigste, das ich je gesehen habe. Ich bin zwar kein Experte, aber dieses Kamel ist schon wegen seiner Statur auffallend. Kopf und Hals, ja sogar die platten Füße sind praktisch doppelt so groß wie die der anderen. Dabei wirkt es ausgesprochen sanftmütig. Es wendet kaum den Kopf, als wir vor ihm stehen bleiben. Ich strecke die Hand aus und streichle ihm über das Maul, was es ungerührt über sich ergehen lässt. Immerhin habe ich wenigstens einen ersten Kontakt zu einem Tier hergestellt. Gefangen von dieser neuen Erfahrung nehme ich den Mann gar nicht wahr, der dort daneben steht und jede meiner Gesten beobachtet. Mittelgroß und mit durchdringendem, aber keineswegs strengem Blick, strahlt er heitere Gelassenheit aus. Meinen Kontaktversuch mit seinem Kamel hat er interessiert verfolgt. Er wechselt einige Worte mit Ala in Tamaschek, der schriftlosen Sprache der Tuareg. Dann streckt er die Hand aus. Ich tue instinktiv dasselbe, und wir begrüßen uns mit dreimaligem Händedruck, wie es der Brauch verlangt. Es ist die erste freundliche Geste, die mir seit meiner Ankunft zuteil wird. Ich erfahre von Ala, dass er der Führer der Karawane ist, das heißt der Mann, von dem das Überleben aller abhängt, der Einzige, der in der Lage ist, den Weg der Karawane zu finden, indem er sich allein auf seinen Instinkt verlässt. Er ist es, der entscheidet, ob ich mich der Karawane anschließen darf.

Die Stunden vergehen, und es geschieht nichts. Jeder ist mit seinen Vorbereitungen beschäftigt, jeder auf sich allein konzentriert, schweigend und ohne sich um die anderen zu kümmern. Die Kamele kauen mit mahlenden Kiefern, tragen stoische Gleichgültigkeit zur Schau, solange sie nicht gestört werden. Dann fangen sie an, ihre Ungeduld in die ganze Welt hinauszubrüllen, mit jenen durchdringenden Lauten, halb Wiehern und halb Eselsschrei. Nach den ersten kurzen Begrüßungsfloskeln mit dem Karawanenführer werde ich von den Männern erneut ignoriert. Jetzt, mit der zeitlichen Distanz, muss ich bei der Erinnerung an jene für mich so schwierigen Augenblicke unwillkürlich lachen. Später ist mir klar geworden, dass all das keine absichtliche Grobheit mir gegenüber gewesen ist. Sie haben sich lediglich an die bei ihnen üblichen Verhaltensregeln gehalten. Nicht mehr und nicht weniger. Ursache dieses Missverständnisses waren allein meine Unerfahrenheit und Unkenntnis ihrer Lebensweise, die sich grundlegend von allem unterscheidet, was ich von Kind auf gewohnt war. Der afrikanische Lebensrhythmus ist mit dem europäischen Leben nicht vergleichbar. Und hier in der Wüste herrschen noch wesentlich kompliziertere Gesetzmäßigkeiten. Das Leben orientiert sich nicht an Begriffen wie Raum und Zeit, sondern wird von Biorhythmen bestimmt, die in perfekter Balance mit der Natur funktionieren. Es sind dies Regeln, die man erst allmählich verinnerlicht, die einem Tag für Tag mehr in Fleisch und Blut übergehen und die einzig gültigen sind, will der Mensch im Einklang mit dieser extremen Umwelt überleben. Diese Gesetzmäßigkeiten, einmal akzeptiert, sind aus unserem Leben nicht mehr weg zu denken. Sie mögen vielleicht vorübergehend, mangels Gelegenheit, keine Anwendung finden, doch vergessen werden sie nicht. Der Dialog mit der Natur geht nie restlos verloren und kann jederzeit wieder aufgenommen werden. Das heißt, es stellen sich die einmal erlernten Verhaltensweisen wie selbstverständlich wieder ein. Ob dies für jeden Menschen in gleichem Maße gilt, wage ich nicht zu beurteilen, möchte es jedoch wünschen. Sicher ist, dass diese Erfahrung mein Leben grundlegend beeinflusst hat. Für mich hat sich dadurch eine bisher verschlossene Tür in einen magischen Garten Eden geöffnet.

Gespräch mit dem Karawanenführer

Ich mache kehrt, um zum Jeep zurückzukehren, und bin gereizt, weil sich noch immer nichts entschieden hat, alles Zeitverschwendung erscheint. Davon abgesehen regt sich allmählich mein Hunger. Alles schlägt sich mir aufs Gemüt. Ich habe mir in meiner Phantasie diese Begegnung so oft ausgemalt, mir eine Geschichte zurechtgelegt, die sich quasi verselbständigt hat. Jetzt, mit einem Mal, ist der Zauber verflogen. Dann höre ich Ala meinen Namen rufen. Der Karawanenführer möchte mit mir sprechen. »Wie ich höre, will sich die weiße Frau uns anschließen«, beginnt er, an meinen Dolmetscher gewandt. »Aber weiß sie, was sie erwartet?« Ala übersetzt meine Antwort prompt: »Selbstverständlich weiß ich das, und ich weiß auch, dass es kein Zuckerlecken wird. Trotzdem will ich es versuchen.« Er bleibt stumm, während ich versuche, meine Ungeduld nicht zu zeigen. Mir ist klar, dass die Realisierung meines Traumes allein von ihm abhängt. Die Minuten werden zu Stunden, ich fange an, jede Eventualität abzuwägen. Was, wenn er mich nicht will? Monatelanges Training, alle Vorbereitungen sollen für die Katz sein? Allein die Vorstellung ist niederschmetternd. »Hat die weiße Frau Essen und Wasser? Wir können ihr nichts abgeben.« Ich lasse ihm sagen, ich hätte alles außer einem Kamel. »Sie kann eines unserer Kamele haben. Nur… es hat schon eine ziemliche Last zu tragen. Sie kann nur wenig mitnehmen.« Was bedeutet das Gerede? Soll das heißen, er nimmt mich mit? Hoffnung keimt auf. Dann schlägt er neue Töne an. »Am Tag macht die Karawane niemals Halt. Komme was wolle. Die Kamele können in der Ténéré nirgends trinken. Wird die Frau krank oder kann nicht mehr weiter, lassen wir sie allein zurück.« Trotz der Hitze läuft es mir kalt über den Rücken. Ich sehe ihm gerade in die Augen, während Ala meine Antwort übersetzt: »In Ordnung. Wenn ich nicht weiter kann, lasst mich allein.« Der Karawanenführer starrt mich überrascht und ungläubig an. Ich bleibe äußerlich unbewegt, aber in meinem Inneren ist alles in Aufruhr. Vielleicht überschätze ich ja meine Kräfte. Ich habe alles über die Salzkarawanen gelesen, was mir in die Finger kam, habe immer wieder meine Belastbarkeit getestet, habe mich von Experten beraten lassen, und jetzt überkommen mich dennoch Zweifel. Will ich es wirklich wissen, genügt es nicht, zu lesen, was andere schreiben? Um der Sache auf den Grund zu gehen, habe ich keine andere Wahl: Ich muss es am eigenen Leib erfahren. »Deinen Namen kenne ich mittlerweile. Ich bin Kariman. Sei willkommen. Morgen brechen wir auf.«

Rückblende

Angefangen hat alles im Januar 1990. Damals war ich mit Oscar, meinem Mann, im Niger, um einen Dokumentarfilm über die Rallye Paris-Dakar zu drehen, jenes berühmte Auto- und Motorradrennen, das alljährlich durch bestimmte Teile der Sahara führt. Gemeinsam hatten wir entschieden, das Thema einmal ganz anders anzugehen, und unsere Story weniger an der Rallye als vielmehr an ihren Auswirkungen auf die Wüste, die Natur und ihre Bewohner zu orientieren. Unser zentrales Thema waren die Veränderungen, die diese Region während der Durchfahrt der Rallye erlebte. Wir versuchten vor allem die Diskrepanz zwischen der Hektik einer solch mörderischen Konkurrenz und dem gemächlichen, an die Umgebung angepassten Dasein der Nomaden herauszustellen. Wir waren ein Team, aber unsere jeweiligen Aufgabenbereiche waren exakt getrennt. Oscar war für die Bilder zuständig, ich führte Regie und schrieb den Text. Nicht immer war alles eitel Sonnenschein. Wir gerieten häufig aneinander und gelegentlich flogen die Fetzen. Aber das gehört zu unserer Arbeit. Aus diesen Auseinandersetzungen sind oft die besten Ideen entstanden. Das Endresultat ist das Ergebnis dessen, was auf dem Schlachtfeld ausgefochten wurde und sich im Lauf der Jahre gefestigt hatte. Zusammengeschweißt hatten uns auch die Widrigkeiten, denen wir uns bei unseren Reisen häufig gegenübergesehen hatten, die gefährlichen Situationen, gelegentlich an der Grenze des Erträglichen, aber für uns, die wir ständig auf der Suche nach neuen Erfahrungen sind, jedoch zweifellos stimulierend. Und ausgerechnet am Ende eines besonders schwierigen Tages fand die Begegnung statt, die mein Leben verändern sollte. Müde, verschwitzt und staubbedeckt ratterten wir im Jeep über die Sandpiste und versuchten bei dem Geschüttel das schwierige Kunststück zu vollbringen, unser abgedrehtes Filmmaterial zu sichten, die Filmausrüstung zu reinigen und die Einzelteile bis zum folgenden Tag in den jeweiligen Behältnissen zu verstauen. Selbst der tröstliche Gedanke an eine abendliche Dusche war uns nicht vergönnt. Am Ende der Strapazen des Tages erwartete uns lediglich das übliche Waschbecken, während den glücklicheren Rallyeteilnehmern, dank potenter Sponsoren, der Luxus einer Dusche winkte. Piero merkt es als Erster. Als erfahrener Führer in der Wüste hat er besondere Antennen für all das, was einem Neuling in dieser sehr ungewöhnlichen Landschaft zwangsläufig entgehen muss. Erst ist es nur ein Strich am Horizont, eine geschlossene Reihe, die sich langsam auf uns zu bewegt. Im ersten Moment ein Rätsel, bis wir allmählich Kamele und schließlich Menschen unterscheiden können. Die blaue und schwarze Kleidung der Letzteren hebt sich deutlich gegen das ockerfarbene Sandmeer ab. Mensch und Tier bewegen sich vollkommen synchron in gleichmäßig bedächtigem Rhythmus. Die Tiere scheinen schwer beladen. Piero hat sofort die Erklärung parat. Es handelt sich um eine *Azalai*, eine jener legendären Salzkarawanen, die auch heute noch als letzte Bastion der Nomadenkultur der Tuareg dem modernen Zeitalter trotzt. Diese Karawanen durchqueren die Wüste, legen Hunderte von Kilometern zurück, ohne anzuhalten, rasten nur wenige Stunden während der Nacht, um zu essen und den Tieren etwas Ruhe zu gönnen. Karawanenzüge folgen keiner festen Route, die Nomaden haben weder Kompass noch Karten, ja nicht einmal eine Uhr. Nur einer unter ihnen ist in der Lage, den richtigen Weg zu finden. Der Karawanenführer verfügt über ungewöhnliche, angeborene Fähigkeiten, hat im Lauf der Jahre einen sehr speziellen Orientierungssinn entwickelt, der es ihm möglich macht, sich ohne die Hilfe von Wegmarken in der Sandwüste zurechtzufinden, indem er sich allein an der Sonne und den Sternen orientiert. Wie schon seit Jahrhunderten vertrauen ihm die anderen ihr Leben und das Leben ihrer Tiere an, immerhin das Kostbarste, das sie besitzen. Was uns fasziniert, ist die unglaubliche Geräuschlosigkeit. Hunderte von Kamelhufen durchpflügen den Sand, und es ist nur ein rhythmisches sanftes Schaben zu hören, keiner spricht. Ich kann den Blick nicht von ihnen wenden. In all den Jahren meiner zahllosen Reisen und Abenteuer in allen Winkeln der Erde habe ich keine vergleichbaren Emotionen erlebt. Wir halten an. Neben dem Wagen stehend beobachten wir, wie sie näher kommen, auch wir sind verstummt. Sie ziehen an uns vorüber, ohne ihr Tempo zu verlangsamen, nur zwei der Männer heben die Hand zum Gruß. Unser Fahrer, auch er ein Tuareg, geht zu ihnen, läuft etliche Meter neben der Karawane her, wechselt einige Worte in ihrer Sprache. Auch wir folgen ihnen. Wir erfahren, dass die Karawane seit acht Tagen unterwegs ist. Sie waren von den Salinen von Bilma aufgebrochen und haben noch zwei weitere Wochen vor sich, bevor sie die Oase erreichen, wo sich die Karawane trennt und in kleineren Gruppen ihren Weg fortsetzt. Damit –

also sobald sich jede dieser Gruppe selbstständig zu ihrem Heimatdorf aufgemacht hat – hat der Karawanenführer seine schwierige Aufgabe erfüllt. Oscar, mit der Filmkamera auf der Schulter, dreht wie verrückt meterweise Zelluloid ab, läuft immer weiter hinter ihnen her und macht mir ein Zeichen, ihm zu folgen. Ich aber bleibe stehen, starre hinter ihnen her, wie sie sich entfernen, ohne auch nur ein Foto zu schießen. Die letzten Bilder der immer kleiner werdenden Karawane brennen sich in mein Gedächtnis. Ich bin unfähig, mich zu rühren. Ganz allmählich, so langsam, wie sie gekommen war, verschwindet die *Azalai* am Wüstenhorizont. Das Einzige, was die Karawane von uns erbeten hatte, war eine Schachtel Zündhölzer.

»Es ist spät. Fahren wir!« Oscars Stimme reißt mich aus meiner Starre. Wie ein Roboter steige ich in den Jeep, den Blick noch immer starr auf den Punkt gerichtet, wo sich die Erscheinung einer Fata Morgana gleich in Luft auflöste. Auch heute noch, nach all den Jahren, kommt es vor, dass ich plötzlich diesen Moment noch einmal durchlebe. Ich vergleiche ihn immer mit einer Art Erleuchtung, also einem Ereignis, das etwas in mir einschneidend verändert hat. Es hat eine bis dahin ungekannte, vermutlich latent bereits vorhandene Energie freigelegt, die mir einen neuen Weg wies, das Bedürfnis weckte, völlig neue Erfahrungen zu machen. Allerdings war es damit nicht getan. Es ging um ein durchaus klar definiertes, sehr tiefgehendes und daher nicht ganz fassbares Ziel. Ich bin noch immer auf der Suche, habe es aber vorgezogen, ohne viel zu fragen mich vom Lauf der Ereignisse einfach mitreißen zu lassen, in der wachsenden Überzeugung, auf einem mir vorgezeichneten Weg zu sein; einem Weg, auf den mich diese Begegnung nur scheinbar zufällig gelenkt hat.

Auf der Fahrt zu unserem Lager spreche ich von nichts anderem. Selbst Oscar, der im ersten Moment wegen der verpassten

Fotos einen Wutanfall bekommt, lässt sich mitreißen. Ich bombardiere Piero mit Fragen, bis es schließlich aus ihm herausplatzt: »Wenn du dich so sehr für die *Azalai* interessierst, warum machst du nicht einfach eine mit?« Es war im Scherz gemeint, aber die Saat war ausgebracht. Ja, warum versuche ich es eigentlich nicht wirklich?

Unsere Arbeit ist fast beendet. Es heißt Abschied nehmen von der Wüste. Wie immer ist es eine schmerzliche Zäsur, und für mich diesmal ganz besonders. Ich nehme Piero das Versprechen ab, sich umzuhören, wo und wie ich an einer Salzkarawane teilnehmen könnte. Große Hoffnungen allerdings mache ich mir nicht. Ich kenne die Tradition der Tuareg einigermaßen und weiß, dass sie kaum eine Frau in ihren Reihen dulden würden. Schließlich ist ihren eigenen Frauen die Teilnahme an den Karawanen strikt verwehrt. Was mir jedoch nie gefehlt hat, war Entschlossenheit, wenn es darum ging, ein Ziel zu erreichen, an das ich glaube. In diesem Moment war mir klar geworden, dass ich mein Ziel um jeden Preis und ungeachtet aller Schwierigkeiten erreichen wollte, auch wenn ich im Nachhinein überzeugt bin, dass es diese Art der Vorbestimmung gibt, die ich unbewusst längst spürte.

Zu Hause mit den Gedanken in weiter Ferne

Seit der Abreise aus dem Niger sind drei Monate vergangen; Monate, die fast ausschließlich mit der Arbeit an unserem Dokumentarfilm ausgefüllt waren. Als Titel wählte ich ›Die zwei Gesichter der Sahara‹, und was dabei herausgekommen ist, erscheint mir gelungen, auch wenn ich letztendlich nie vollkommen zufrieden bin. Im Schneideraum habe ich mir die Bilder von der Begegnung mit der Karawane immer wieder angesehen, und jedes

Mal kehrte die Erinnerung mit der vertrauten Intensität zurück. Wir planen noch vor Jahresende in die Sahara zurückzukehren, diesmal allerdings privat und um Ferien zu machen. Unser Sohn Max soll mit von der Partie sein. Es ist seine erste Begegnung mit der Wüste, und um das Erlebnis für den Vierzehnjährigen noch eindrucksvoller zu gestalten, haben wir uns eine Überraschung ausgedacht: als Fortbewegungsmittel soll diesmal nicht das Auto dienen, wir wollen auf Kamelen reiten. Zweifellos ein reichlich hartes, wenn auch einprägsames Erstlingserlebnis. Piero stellt uns eine interessante Tour zusammen. Und er, seine Kinder und einige andere Jungen in Max' Alter verwandeln sie in ein wirklich denkwürdiges Reiseerlebnis. Es ist eine Freude zu erleben, wie begeistert und bereitwillig sich die jungen Leute auf dieses ihnen doch einige Einsatzbereitschaft abverlangende Abenteuer einlassen, und die gemeinsamen Abende am Feuer vor unseren Zelten sind mit die schönsten Erinnerungen. Ich brauche wohl kaum zu betonen, dass die Sache mit der Salzkarawane mir auch dabei immer im Kopf herum geht, dass vielmehr die Wiederbegegnung mit der Wüste die Erinnerung daran nur noch intensiver macht. Es ist das erste Mal, dass ich mich ausschließlich auf einem Kamel in der Wüste fortbewege, und die langen Stunden im Sattel haben für mich natürlich einen besonderen Bezug. Eines Morgens, nach einigen Stunden Ritt durch die Wüste, merkt Max, dass er seine Schuhe nicht mehr hat. Im Kamelsattel reitet man angenehmer barfuß, und vermutlich hatte er vergessen nachzusehen, ob er sie nach dem Ausziehen fest genug an den Sattel gebunden hatte. Natürlich hat er nur dieses eine Paar dabei, denn das Gepäck war auf ein Mindestmaß beschränkt, um die Tiere nicht zu überladen. Es ist fast Mittag, sehr heiß und wir sind kurz davor Rast zu machen, um etwas zu essen. Damit nicht die ganze Gruppe in Mitleidenschaft gezogen wird, beschließe ich, mich auf die Suche zu machen, allein auf der Route zurückzureiten, die wir am Vormittag genommen hatten. Die anderen machen währenddessen Mittagspause. Ich greife mir eine Hand voll Datteln und eine Feldflasche Wasser. Dann mache ich mich unter zahllosen Ermahnungen meiner Gefährten auf und bin bald allein. Zum ersten Mal erlebe ich das Gefühl, völlig auf mich gestellt in der Wüste unterwegs zu sein. Das Kamel unter mir bewegt sich mit der mittlerweile gewohnten, wiegenden Gangart, und um mich herum herrscht absolute Stille. Ich habe keine Angst. Im Gegenteil, ich fühle mich locker und losgelöst, spüre, wie ein Gefühl von Freiheit meinen Körper bis in die Fingerspitzen durchströmt. Auch mein Reittier scheint diese Gemütsverfassung zu teilen, und so legen wir etliche Wegstunden in vollkommener Eintracht zurück. Ich finde die Stelle wieder, an der ich mich vom Rest der Gruppe getrennt habe, und folge ihren Spuren im Sand. Sie waren schon in Sorge und Aufregung wegen meiner langen Abwesenheit, aber ich habe die kostbaren Schuhe bei mir, und sie beruhigen sich schnell beim Anblick meines glücklichen Lächelns. Ich nehme Piero beiseite und rede auf ihn ein: »Ich habe beschlossen, es zu probieren. Die *Azalai* mitzumachen, meine ich. Im Ernst. Kannst du mir helfen?«

Die Entscheidung ist gefallen

Gegen Ende des langen tristen Mailänder Winters klingelt eines Vormittags mein Telefon. Es ist Piero. Er bleibt nur einige Tage in der Stadt, kehrt dann nach Afrika zurück, und will mich vorher unbedingt sprechen. »Treffen wir uns doch morgen Abend. Es gibt Neuigkeiten.« Mein Herz macht einen Satz. Ich lege den Hörer auf. Ohne mir zu viele Hoffnungen machen zu wollen, weiß ich natürlich, worum es sich handeln muss. Ich finde keinen Schlaf in jener Nacht.

»Na, was ist? Bist du bereit für die *Azalai?*«, beginnt er ohne Umschweife. Will er mich auf den Arm nehmen? Ich bin nicht sicher. Hoffe jedoch, dass dem nicht so ist. »Tatsache. Wenn du's noch willst, sehe ich da vielleicht eine Möglichkeit. Ich habe einen jungen Tuareg gefragt. Er arbeitet für mich und hat sich umgehört. Von ihm weiß ich, dass einige Männer aus seiner Oase im Oktober von den Salinen in Fachi mit einer Karawane aufbrechen. Er hat mit ihnen über dich gesprochen. Es hat sie nicht gleich umgeworfen. Grundsätzlich haben sie nichts dagegen, dich mitzunehmen. Die letzte Entscheidung liegt allerdings bei ihrem Karawanenführer. Alles, was wir tun müssen, ist, zur richtigen Zeit in Fachi zu sein. Ich kann nichts garantieren. Aber wenn du willst… versuchen können wir's.«

Ich fackele nicht lange, beschließe, mich auf das Risiko einzulassen. Es ist die einzige Möglichkeit. Ich muss handeln, wenn ich wissen will, ob es eine Chance gibt. Und ich bin optimistisch. Die Geschehnisse der letzten Zeit nehme ich als eindeutige Zeichen. Ich fühle es. Ich bin bereit, es zu versuchen.

Dann beschließe ich, meinen Sohn einzuweihen. Ich möchte wissen, wie er darüber denkt. Aber ich will ihn nicht erschrecken oder beunruhigen. Falls ich merke, dass es ihm Angst macht, verzichte ich; wenn auch schweren Herzens. Max ist sofort Feuer und Flamme, möchte irgendwie beteiligt werden. Wir schließen einen Kompromiss: Klappt alles in der Schule, darf er am Ende des Unternehmens zu mir stoßen, um das bestandene Abenteuer gemeinsam zu feiern.

Von diesem Augenblick an ändert sich mein Leben radikal. Zuerst spreche ich mit dem Produzenten des Fernsehsenders Canale 5, für den wir schon einige Projekte durchgeführt haben, einschließlich des Berichts über die Rallye Paris-Dakar. Ich möchte herausbekommen, ob Interesse an einer Dokumentation über die Salzkarawane besteht. Als ich ihm erkläre, dass noch nie eine Frau allein diese Unternehmung gewagt hat, ist sein Interesse geweckt. Kurz darauf bekomme ich grünes Licht. Ich nehme Kontakt mit einer Gruppe von Sportmedizinern auf, die mir einen Trainingsplan und einen entsprechenden Ernährungsplan zur Vorbereitung erstellen. Obwohl die Tatsache, dass ich früher Leistungssport betrieben habe, hilfreich ist, kann ich mir eine unprofessionelle Vorbereitung bei einem derartig speziellen Vorhaben nicht leisten. Immerhin muss ich mich in einem Klima und unter Bedingungen bewegen, die mit einem sportlichen Wettkampf nicht vergleichbar sind. Und ich fange sofort mit meinem Vorbereitungsprogramm an. Fünf Monate lang schließt meine Tagesplanung regelmäßiges Joggen und Fitnesstraining ein. Obwohl es etliche Jahre her ist, dass ich als junge Studentin Skirennen und Leichtathletikwettbewerbe bestritten habe, stelle ich mit Freude fest, dass Sportsgeist und die Begeisterung noch immer vorhanden sind.

Wir erwarten den Aufbruch

Plötzlich geht alles ganz schnell. Der Karawanenführer benachrichtigt Ala, dass der Aufbruch unmittelbar bevorsteht. Bis zu diesem Augenblick kam es mir vor, als sollten die Vorbereitungen nie enden. Dann plötzlich, aus heiterem Himmel ist es soweit. Und mir wird klar, dass ich nichts vorbereitet habe. Meine Ausrüstung ist noch auf dem Dach des Jeeps befestigt, und in Bermudashorts und T-Shirt kann ich mich wohl kaum auf eine Wüstendurchquerung begeben. Ich steige hastig in den Wagen und schließe die Türen. Unter den neugierigen Blicken der kleinen Kinder von Fachi, die durch alle Ritzen und Öffnungen spähen, ziehe ich mich um. Als ich das Gefährt verlasse, bin ich wie ein Nomade gekleidet, in weiter Kamelreiterhose und langer, bis zu den Knien reichenden Tunika. Nur die Farben unterscheiden sich von denen der Nomaden. Ich habe helle Farbtöne wie Weiß, Azurblau und Beige gewählt! Ich kann mir nämlich nicht vorstellen, wie man es bei der Hitze in Dunkelblau und Schwarz aushalten kann. Im Nu bin ich umringt. Alle starren mich an. Die Kinder schreien laut durcheinander, die Frauen lachen. Aus purer Hilflosigkeit lache ich mit. Ich bin verlegen. Für meine Betrachter habe ich mich wie ein Mann verkleidet. Ich habe mir die Sachen in Agadez nach Maß anfertigen lassen, bevor ich nach Fachi aufgebrochen bin. Die Stoffe allerdings hatte ich aus Italien mitgebracht: superleichte Baumwolle und Gaze, die man in diesem Teil der Welt kaum findet. Abgesehen von der Farbe der Kleidung unterscheide ich mich vor allem durch die Schuhe von den anderen: Ich trage meine üblichen leichten Bergschuhe aus Segeltuch, während die Männer Sandalen aus Kamelleder oder ausgetretene Schlappen anhaben. Mit diesem Schuhwerk würde ich keine zwei Stunden in der Wüste überleben. Soviel ist mir klar. Mir fehlt jetzt nur noch der *Chech,* das unvermeidliche, sechs Meter lange Turbantuch, das jeder Targi zu einem Turban bindet. Die Tuareg sind wahre Meister darin, dieses Tuch so um den Kopf zu schlingen, dass es auch gleichzeitig Nase und Mund vor dem Sand schützt. Und sie binden es so, dass die Kopfbedeckung den ganzen Tag sicher hält. Auch ich habe während meiner früheren Unternehmungen in der Sahara gelernt, den *Chech* zu binden, aber nicht mir dem gleichen Erfolg. Ala hilft mir. Mit endloser Geduld führt er mir die Hand, um mir die richtigen Bewegungen beizubringen, bis ich mir selbst den Turban binden kann.

Endlich bin ich soweit. Fast im selben Augenblick erheben sich die Kamele unter großem Protest mit Gebrüll und Geschrei. Sie lassen sich nicht gern beim Fressen stören, und noch weniger Lust haben sie, Lasten zu tragen. Was man ihnen nicht verübeln kann. Eine Karawane ist schon eine harte Bewährungsprobe für

Menschen, aber auch und vor allem für die Lasttiere. Ein Junge im blauen *Chech* kommt mit einem hübschen, fast weißen Kamel mit blauen Augen auf mich zu. Es trägt bereits eine Salzlast und Strohballen und ist mein Reittier. Ich habe gehört, dass vor allem Kamele mit hellen Augen besonders nervös und störrisch sein sollen, und hoffe inständig, dass dieses Tier die Ausnahme ist. Der Junge zeigt mir, wie ich den Rucksack mit Zelt und Schlafsack aufladen muss. Mein Wasservorrat wird einem anderen Tier anvertraut, das sie an mein Reitkamel anbinden. Ich habe nur zwei Feldflaschen mit Wasser in greifbarer Nähe, insgesamt vier Liter, die bis zum Abend reichen müssen.

Wie von Zauberhand ordnet sich das heillose Durcheinander, das noch bis vor ein paar Minuten auf dem Platz geherrscht hatte, und über die Karawane senkt sich augenblicklich Stille: die Tuareg stehen bewegungslos, ein jeder neben seinen Kamelen, den Blick zu Boden gesenkt. Es sieht beinahe so aus, als würden Mensch und Tiere von denselben Gedanken beherrscht, als seien sie in kollektive Meditation versunken, um sich für den Aufbruch zur schwierigsten und bedeutendsten Bewährungsprobe des Jahres zu wappnen. Die Vorbereitungen hatten mich so gefangen genommen, dass ich zuerst gar nicht merke, dass der Augenblick gekommen ist. Ich verharre ebenfalls in atemlosem Schweigen und unwillkürlich fange ich an zu beten, spreche den ›Engel des Herrn‹ auf Deutsch, so wie es mich meine Mutter als Kind gelehrt hat. Aus unerfindlichen Gründen ist es das einzige Gebet, das mir in schwierigen Situationen einfällt. Dann gibt der Führer mit einem einzigen Handzeichen das Signal zum Aufbruch.

Die Salinen

Die Oase Fachi, nur von wenigen Menschen, meist negroiden Kanouri bewohnt, ist Treff- und Knotenpunkt der Karawanen aus dem Air-Massiv. Sie wächst mitten aus dem Herzen der Ténéré und verharrt den größten Teil des Jahres in schläfriger Lethargie, in der praktisch jede Art von Aktivität auf ein Minimum reduziert ist. Lediglich Licht und Dunkelheit bestimmen hier den Lauf der Zeit. Im Oktober und November allerdings ist es abrupt vorbei mit der gewohnten Ruhe und Abgeschiedenheit. Die Ankunft der Karawanen aus den verschiedenen, häufig weit auseinander liegenden Oasen der Umgebung stürzt alles in hektische Betriebsamkeit. Getrieben von dem einzigen gemeinsamen Ziel, sich mit Salz zu versorgen, das für ihren Tauschhandel so kostbar und für das Wohl ihrer Tiere unabdingbar ist, fallen sie in Fachi ein. Die Tuareg unterziehen ihre Tiere mehrmals im Jahr regelrechten Salzkuren, das einzige Heilmittel, das sie gegen den Parasitenbefall der inneren Organe kennen, der anderenfalls schon nach kurzer Zeit zum Tode führen würde. Das erklärt die große Bedeutung dieses Minerals für Kultur und Tradition der ›blauen Menschen‹. Die mörderischen Strapazen, die eine *Azalai* alljährlich den Männern abverlangt, sind absolut notwendig, wollen sich die Tuareg mit dem Salz eine wichtige Tauschware für ihren Handel mit dem Süden sichern und damit gleichzeitig für das Überleben der Tiere sorgen, die die einzige Lebensgrundlage der Herren der Wüste und unverzichtbar für das Überleben ihrer alten Nomadenkultur sind.

Wie alle Salinen, so sind auch die von Fachi im Besitz der Tuareg, die auf diesem Gebiet das Monopol halten. Hier werden, eines neben dem anderen, Solebecken im Sand ausgehoben. Diese füllen sich dann allmählich mit Wasser, das aus der Erde an die Oberfläche tritt. Auf den ersten Blick könnte man die Anlagen für Reisfelder halten, wären da nicht die Farben, die von Braun und Gelb bis ins Rötliche übergehen. Das den Großteil des Jahres extrem aride Klima bedingt eine rasche Verdunstung des Wassers. Dabei blüht das im Boden enthaltene Salz an der Oberfläche aus und bildet eine dicke Kruste, die zweimal täglich von den Salzgräbern mit bloßen Händen umgepflügt werden muss. Die Arbeit in den Salinen ist die Hölle. Früher ließ man sie zur Strafe von Gefangenen oder Schwerverbrechern verrichten. Heute ist sie den Hoffnungslosen und Verzweifelten, den Menschen auf der untersten Stufe der sozialen Leiter vorbehalten. Sie verbringen ganze Tage bei der Arbeit über die stinkende Salzlake gebeugt, Hände und Füße tief im warmen salzigen Wasser, während die unerbittlich brennende Sonne die Haut der Unglücklichen versengt, deren ungeschützte Augen vom spiegelnden Wasser brennen. Wer hier arbeitet, lebt nicht lange. Nur mit primitivem Werkzeug ausgestattet, kratzen und schaben sie schließlich die Salzkruste ab, reichen die Ernte von Hand zu Hand weiter, um die Salzplatten neben den Verdunstungsbecken aufzuhäufen. Andere Salzgräber wiederum zertrümmern das Salz mit schweren, vorne abgeflachten Holzhämmern und vermischen es anschließend mit einer Hand voll feuchtem Sand, damit eine kompaktere Masse entsteht. Diese wird in spezielle, mit Leder ausgeschlagene Holzformen gefüllt. Anschließend werden die Formen gestürzt, so wie es die Kinder am Strand mit ihren Sandförmchen tun. Die auf diese Weise entstandenen beigefarbenen Salzkegel werden in langen Reihen getrocknet, bis sie zum Weitertransport auf die Kamele geladen werden. Jeder Salzkegel wiegt ungefähr zwölf Kilo. Die Tuareg nennen ihn *cantu*. Aus derselben Salzpaste werden auch kleinere Formen von der maximalen Größe eines ein bis zwei Kilogramm schweren Brotlaibs gefertigt, die einfacher zu transportieren sind. Dieses Salz ist ausschließlich für die Tiere bestimmt. Für den menschlichen Verzehr ist das weiße, wesentlich feinere Salz. Nachdem sie es von Verunreinigungen gesäubert haben, reduzieren sie es zu kleinen Kristallen, die man zum Transport in große Jutesäcke füllt. Wer die Salinen einmal gesehen hat, wird sie nie vergessen. Wenn es eine Hölle gibt, dann müsste sie meiner Meinung nach so aussehen.

Unterwegs

Ich bin erst seit wenigen Stunden mit dem Karawanenzug unterwegs und es kommt mir vor, als seien bereits Tage vergangen, seit ich Oscar und Piero in der Salinenoase Fachi zurückgelassen habe. Reichlich bewegt hatten wir uns alle drei zum Abschied hastig umarmt. Es ist das erste Mal, dass ich mich ohne meine gewohnten Gefährten auf eine Reise durch die Wüste begebe. Ich hatte mich für die Trennung gewappnet geglaubt. Doch als es dann soweit ist, habe ich Mühe, meiner Emotionen Herr zu werden. In jenen knappen Minuten lasse ich hastig die Monate der Vorbereitungen Revue passieren, das strapaziöse Fitnesstraining, die Opfer, der Verzicht, das quälende Warten. Es ist der Augenblick, wo es kein Zurück gibt, in dem dir klar wird, dass der Traum nichts Abstraktes, Unwirkliches mehr ist, das dir allein gehört, sondern plötzlich Wirklichkeit wird. Und genau das macht mir mit einem Mal Angst.

Die Hitze ist unerträglich, legt sich zentnerschwer auf jeden Zentimeter Haut, umfängt dich wie ein Würgegriff, macht jeden Atemzug zur Qual. Ein Tuareg nach dem anderen besteigt sein Kamel, kauert dort oben unbeweglich, vollkommen verhüllt, um so wenig wie möglich Flüssigkeit zu verlieren. Ich will es ihnen gleichtun, weiß jedoch nicht, wie ich es anstellen soll. Die Tuareg können auf- und absitzen, während die Kamele ungerührt ihren

Weg fortsetzen. Wie ich das machen soll, ist mir schleierhaft. Ich kann mein Reittier auch nicht einfach niederknien lassen, denn es ist durch einen Strick mit den restlichen zweihundert Kamelen verbunden. Ein heilloses Chaos wäre die Folge. Kariman und Ala kommen mir zu Hilfe. Mit Gesten und Worten bedeuten sie mir, den Strick zu mir herabzuziehen, der um das Maul meines Kamels gebunden ist, damit es den Hals senken muss. Sobald ich diesen auf die für mich richtige Höhe herabgezogen habe, muss ich versuchen, mit einem Satz aufzuspringen, gleichzeitig die Ladung zu fassen zu bekommen und mich zum Höcker hinaufziehen, wobei mir das Kamel unwillkürlich hilft, wenn es automatisch den Kopf wieder aufrichtet und mich somit nach oben hievt, um mich dann über den Hals in Richtung Höcker gleiten zu lassen. Bei den Tuareg sieht das alles spielerisch leicht aus. Als ich es versuche, geht die Welt unter. Das Kamel brüllt markerschütternd, schüttelt wie von Sinnen den Kopf und weigert sich starrsinnig, diesen auch nur einen Zentimeter weit zu senken. Ich bleibe trotzdem hartnäckig, das Kamel beruhigt sich, doch als ich aufzusitzen versuche, reißt es mit einem Ruck den Kopf hoch, dass ich unsanft auf der Erde lande. Ich gebe nicht auf. Schon deshalb nicht, weil mich alle Männer beobachten und verstohlen hinter ihrem Gesichtsschleier auslachen. Ich versuche es immer wieder, während die Karawane unerbittlich weiterzieht, bis es mir zwar nicht gelingt, mich rittlings auf diesen verdammten Kamelhals zu schwingen, sondern ich dem Mistvieh im Sprung einen unfreiwilligen Fußtritt versetze. Mit einem Mal schnellt der Hals des Tieres nach oben, und ich bekomme durch Zufall ein Stück Holz zu fassen, das aus der Ladung herausragt; und das in dem Augenblick, da das Kamel seinen Kopf wieder auf die gewohnte Höhe senkt. Ich werde unwillkürlich nach hinten geworfen, versuche wild mit den Beinen in der Luft zappelnd Halt zu finden, während das Kamel in seinen charakteristischen, wiegenden Gang verfällt. Irgendwie gelingt es mir, mich mit den Knien festzuhalten. Mit letzter Kraft rappele ich mich weiter hoch, bis ich einen der Stricke erreiche, mit der die Ladung festgezurrt ist. Ich danke stumm für die im Fitnessstudio verbrachten Stunden. Schließlich finde ich eine Stellung, in der ich mich halten kann. Ich habe die ganze Aktion erstaunlich gut überstanden, mir nur ein paar Hautabschürfungen an den Händen zugezogen, dafür jedoch mit literweise Schweiß, das heißt mit großem Flüssigkeitsverlust bezahlt. Wäre ich von dieser Höhe heruntergefallen, wäre meine *Azalai* schon nach wenigen Stunden beendet gewesen.

Wenn ich allerdings geglaubt hatte, mich oben auf meinem Kamel ausruhen zu können, dann hatte ich mich gründlich getäuscht. In meiner grenzenlosen Naivität hatte ich angenommen, Kamelhöcker seien weich, so dass es sich auch ohne Sattel einigermaßen bequem reiten ließe. Während einer *Azalai* reitet man gewöhnlich nur wenige Stunden pro Tag auf den Lasttieren, von denen keines gesattelt wird, da es sich um Tiere handelt, die normalerweise nur dazu abgerichtet sind, Lasten zu tragen. Außerdem sind sie meist bis an die Grenzen ihrer Möglichkeiten beladen. Jedes Tier transportiert zwischen 150 und 180 Kilogramm. Schon aus diesem Grund möchte man vermeiden, sie zu lange weiter zu belasten. Schon nach kurzer Zeit beginnt mein Rücken zu schmerzen. Ich versuche die Stellung zu wechseln, um die Muskelverkrampfungen zu lösen; ohne großen Erfolg. Das Problem ist, dass man auf dem höchsten Punkt des Höckers bleiben muss, und ich mich daher nicht gegen die Ladung lehnen kann, die zwar hinter mir, aber viel zu tief festgemacht ist. Durch das permanente Geschaukel bin ich gezwungen, ständig die Muskeln angespannt zu halten, um nicht das Gleichgewicht zu verlieren. Schließlich fällt mir ein, ich könnte eine weiche Unterlage über den Höcker decken. Meine Wahl fällt auf die Isomatte für die

Nacht. Leider ist die Idee nicht durchführbar. Mein Gepäck ist auf dem zweiten Kamel verstaut. Dass die Karawane deshalb anhalten würde, ist Illusion. Es bleibt mir also nichts anderes übrig, als die Zähne zusammenzubeißen und zu hoffen, dass man bald Rast machen und das Nachtlager aufschlagen würde. Ich bin bemüht, jeden Zentimeter meines Körpers bedeckt zu halten und schließe den Gesichtsschleier bis auf einen schmalen Spalt in Augenhöhe, über den ich eine Brille mit dunklen Gläsern schiebe. Die Sonneneinstrahlung ist unglaublich stark, und die Temperaturen steigen stetig. Ich fühle mich wie in einer Backröhre, und das Atmen durch den Stoff wird zur Qual. Sogar die Gehirntätigkeit reduziert sich auf ein Minimum. Ich verfalle in eine Art dumpfe Trance, eingelullt von den gleichförmigen Schaukelbewegungen des Tieres und einer absoluten Stille. Die Welt scheint stillzustehen. Es ist praktisch drei Uhr nachmittags, als die Luft etwas von ihrer sengenden Hitze verliert. Die Männer steigen von den Kamelen und gehen neben ihren Tieren zu Fuß weiter. Erleichtert folge ich ihrem Beispiel. Ich bin am Ende. Ein stechender Schmerz über der Nierengegend verflüchtigt sich auch während des Fußmarsches nicht, ist jedoch nicht mehr ganz so akut wie zuvor. Überhaupt ziehe ich es doch vor, die Beine zu bewegen.

Die Schatten der Karawane auf dem Sand werden länger, die Farben der Sanddünen nehmen eine sanftere Tönung an, und ihre Konturen zeichnen sich schärfer gegen den grellblauen Himmel ab. Auch die Temperaturen fallen allmählich. Trotzdem setzen wir unseren Weg fort. Ich bin todmüde, spüre die vor Erschöpfung steifen Muskeln, und, als sei das nicht schon genug, habe ich mir zu allem Übel auch noch die Innenseiten der Schenkel auf dem Kamel wund gerieben. In Berührung mit Schweiß brennen die Stellen wie Feuer. Als die Sonne schließlich hinter dem Horizont versinkt, bin ich überzeugt, dass meine Leiden zumindest für heute ein Ende haben, und träume schon von dem

Augenblick, da wir anhalten und das Nachtlager aufschlagen. Ich beobachte meine Reisegefährten. Sie bewegen sich stumm und gleichmäßig, jeder in seine Gedanken versunken, während sich der Himmel immer weiter verdunkelt. Mein Gott, geht dieser verfluchte Tag denn nie zu Ende? Dann besteigen die Tuareg erneut die Kamele, und ich begreife die Welt nicht mehr. Ala kommt zu mir, erklärt mir, dass der Führer möchte, dass ich ebenfalls aufsitze. Mittlerweile sei es fast dunkel, und ich könne die Orientierung verlieren. Mit letzter Kraft gelingt es mir, mich an der Ladung hochzuziehen und aufzusteigen. Vergeblich suche ich eine einigermaßen erträgliche Stellung. Wir ziehen in absoluter Stille durch die endlosen Sandflächen, keiner spricht ein Wort. Die Männer scheinen eingeschlafen, nur das rhythmische Schleifgeräusch von Hunderten von Kamelhufen im Sand vermittelt ein gewisses Gefühl von Raum und Zeit. Trotz der Schmerzen in der unbequemen Haltung nicke ich für kurze Momente ein. Allein die Angst von meinem Hochsitz zu stürzen, lässt keine echte Entspannung zu. Seit Stunden ist es dunkel, und keiner der Männer macht Anstalten, Halt zu gebieten. Ich falle in tiefe Verzweiflung, habe meine Emotionen nicht mehr unter Kontrolle, bin gebeutelt von Erschöpfung, Schmerzen und wachsenden Hungergefühlen, beginne zu zittern, vielleicht vor Müdigkeit, sicher vor Kälte. In kurzer Zeit sind die Temperaturen um 40 Grad gefallen, aber ich habe nichts in Reichweite, womit ich mich wärmen könnte. Ich nehme dieselbe kauernde Position ein wie in den heißesten Stunden des Tages und komme zu der Einsicht, nicht weiter durchhalten zu können, mich überschätzt zu haben. Man hatte mich gewarnt. Eine Salzkarawane sei kein Kinderspiel, haben sie gesagt. Aber selbst in meinen düstersten Phantasien hatte ich mir Strapazen wie diese nicht ausgemalt. Ich bin am Ende meiner Kraft, als von den Tuareg, wie in stillschweigendem Übereinkommen, einer nach dem anderen von seinem Kamel springt, schwarze, lautlose Schatten in der Dunkelheit. Ich verharre auf meinem Hochsitz und versuche, ihre Absichten zu deuten. Schließlich kommt Ala zu mir: »Steig ab. Der Karawanenführer sagt, dass wir hier die Nacht verbringen.« Nur mit Mühe kann ich die Uhrzeit entziffern. Es ist halb elf Uhr nachts, wir haben über vier Stunden des Weges im Dunkeln zurückgelegt. Mir kommt es vor, als liege zwischen Fachi und dem Nachtlager mindestens ein Jahrhundert, mein Körper ist von dem mörderischen Tag bereits schwer gezeichnet. Ich bin erledigt, fertig mit der Welt, und weigere mich, auch nur die Möglichkeit in Betracht zu ziehen, mich solchen Qualen weiter auszusetzen. Zum Teufel mit der ganzen Geschichte! Ich beschließe, am nächsten Tag auszusteigen.

Nachtgedanken

Es ist die schlimmste Nacht meines Lebens. Im Schutz des winzigen Zeltes, das mein Refugium darstellt, auf der Erde ausgestreckt, während das übrige Lager in tiefem Schlaf liegt, fechte ich einen inneren Kampf mit mir aus. Zum ersten Mal sehe ich mich mit einem Teil von mir konfrontiert, von dessen Existenz ich bislang nicht einmal etwas ahnte: Es ist mein anderes, mein zweites Ich. Für mich eine völlig neue Erfahrung. Unwillkürlich führe ich mit lauter Stimme Selbstgespräche. Die klingen wütend. Ich will offenbar nicht klein beigeben. Der Wunsch aufzugeben ist noch da, ich habe Angst, an einer allzu schwierigen Prüfung zu scheitern. Ich sehne mich danach, in die Geborgenheit meiner Welt zurückzukehren. Andererseits ist da auch der Wille, weiterzumachen, nicht vor den erstbesten Schwierigkeiten zu kapitulieren, das Erreichte und die Träume vieler Jahre nicht einfach über Bord zu werfen. Es ist ein schonungsloser Schlagabtausch mit mir selbst, ein wohl kalkuliertes, um Verständnis ringendes Abwägen von Pro und Contra. »Der erste Tag und ich kriege schon die Krise! Habe ich mir das Ziel wirklich zu hoch gesteckt, oder sehe ich das alles nur zu kopflastig?« Und dann: »Ist es wirklich nötig, alles wegen läppischer Rückenschmerzen, der Hitze und Erschöpfung aufzugeben? Habe ich nicht von Anfang an gewusst, worauf ich mich einlasse? Kann ich das alles nicht ertragen oder will ich es nur nicht?« Dann komme ich mit mir überein, es einen weiteren Tag zu versuchen. Nur jetzt nicht sofort aufgeben, heißt die Devise. Ich brauche einen Tag noch, um meine Grenzen auszutesten. Wenn es die Tuareg können, ist es jedenfalls nicht unmöglich. Ich mache weiter. Danach bin ich ruhiger. Und im Bewusstsein dieser Gemütslage, falle ich umgehend in einen tiefen, erholsamen Schlaf.

Der Tag der Wahrheit

Es ist noch dunkel, als die Schreie der Kamele lauter werden. Ich schrecke mit einem Mal hoch und gegen jede Gewohnheit sind all meine Sinne sofort wach. Es ist vier Uhr morgens, ich habe nur dreieinhalb Stunden geschlafen und fühle mich erstaunlich ausgeruht und erholt. Ich kann mich nicht erinnern, geträumt zu haben, und auch das ist ungewöhnlich. Zu Hause träume ich viel und regelmäßig. Vielleicht lebe ich dabei Phantasien aus, die ich brauche, um unbefriedigenden Situationen und Launen zu entfliehen, der Auseinandersetzung mit einer Realität aus dem Weg zu gehen, die ich nicht akzeptiere. Plötzlich merke ich, dass ich noch immer angezogen geschlafen, die Kleider vom Vortag, an denen noch der Schmutz, mein Schweiß und der Geruch der Kamele hängt, nicht einmal gewechselt habe. Ich bin todmüde in den Schlafsack gekrochen, ohne auch nur einen Gedanken an Körperhygiene zu verschwenden. Gerade, dass ich noch aus den Schuhen geschlüpft bin.

Neugierig stecke ich den Kopf aus dem Zelt. Im flackernden Schein der Feuer sehe ich, dass alle anderen bereits wach sind. Die Männer sitzen in Gruppen im Kreis im Sand, trinken Tee und unterhalten sich leise, während die Jungen schon die Tiere beladen. Die Kamele allerdings liegen stoisch kauend noch auf dem Boden. Ich nähere mich der Gruppe um Ala und Kariman, um guten Morgen zu sagen. Bevor sie den Gruß erwidern, legen sie den Gesichtsschleier wieder an, den sie gelöst hatten. Ala erkundigt sich höflich, wie ich geschlafen habe und wie ich mich fühle. »Ausgezeichnet«, antworte ich vielleicht etwas zu schnell. Er erhebt sich, tritt dicht vor mich hin und leise, so als wolle er von den anderen nicht gehört werden, fügt er hinzu: »Kannst du weiter? Die Tage, die vor uns liegen, werden sehr hart. Glaubst du, du schaffst es?« Was kann härter sein als der gestrige Tag, denke ich. Was meint er mit ›sehr hart‹? Schlimmer als gestern kann es meines Erachtens kaum werden. Er sieht mich durchdringend aus diesen dunklen Augen an, die mir bis ins Herz zu blicken scheinen. Er hat mich tatsächlich sofort durchschaut. Es hat keinen Sinn, ihm etwas vorzumachen. »Also gut, Ala. Ich weiß, es ist schwierig für mich. Trotzdem ist es eine Bewährungsprobe, der ich mich auf keinen Fall entziehen will. So schnell gebe ich nicht auf. Ich weiß nicht, wie lange ich das durchhalten kann. Nur wie soll ich das je erfahren, wenn ich die Flinte ins Korn werfe? Ich mache Euch keine Probleme. Das verspreche ich. Lasst es mich einfach versuchen.« Ala legt mir die Hand auf den Arm, drückt ihn sanft. »Sag, wenn du Probleme hast. Friss es nicht in dich hinein. Die Wüste ist unerbittlich, aber sie hilft den Demütigen.« Ich denke über seine Worte nach, während ich mich zum Aufbruch fertig mache. Liegt darin das Geheimnis? In der Demut? Nicht mit Gewalt, mit Ruhe, Ausgewogenheit und im Bewusstsein der eigenen Grenzen kommt man ans Ziel. Das ist der rechte Weg, dem es zu folgen gilt.

Als alles zum Aufbruch bereit ist, macht Kariman einem Jungen ein Zeichen, mir zu helfen. Es ist das letzte Mal, dass man mir zur Hand geht. Ala bittet mich, genau auf seine Handgriffe zu achten, denn ab dem kommenden Morgen muss ich mich allein zurechtfinden. Der Tuareg-Junge wirkt verlegen. Er versucht stets, meinem Blick auszuweichen, während er mir wortlos und geduldig zeigt, wie ich mein Gepäck auf dem Kamel befestigen muss. Diesmal nehme ich die Isomatte und lege sie so gut es geht über den Höcker. Ich hoffe, die Schwierigkeiten vom Vortag damit zu vermeiden. Dann fülle ich zwei Feldflaschen, die ich an den Seiten meines Reitkamels befestige, damit ich sie jederzeit in Reichweite habe, und keine riskanten akrobatischen Übungen durchführen muss, um einen Schluck zu trinken. Außerdem habe ich eine kleine Tasche mit einer Sonnencreme mit hohem Sonnenfaktor, Augentropfen, einer entzündungshemmenden Salbe und Vitamintabletten bereitgelegt. Der junge Tuareg steckt eine Hand in die Falten seiner *Gandura,* den langen, bis übers Knie reichenden Überwurf, und holt eine Hand voll Datteln hervor, die er mir schüchtern anbietet. Ich danke ihm und unwillkürlich fällt mir das Sprichwort der Tuareg ein, das besagt: »Ein Mensch lebt in der Wüste drei Tage von einer Dattel: Am ersten kaut er die Haut, am zweiten isst er das Fruchtfleisch und am dritten lutscht er den Kern.« Bei dem Gedanken daran, was ich alles mitgeschleppt habe, schäme ich mich. Während ich zusehe, wie die Männer ihre Lasten festzurren, wird mir klar, dass fast die Hälfte meines Gepäcks nutzlos ist. Allmählich begreife ich, dass zum Leben in der Wüste nur wenig nötig ist. Dieses Wenige ist jedoch unverzichtbar.

Nachdem der Junge die Last vertäut hat, führt er meinem Kamel einen Strick aus Pflanzenfasern hinter den Vorderzähnen durchs Maul und bringt das Tier mit einem Schnalzlaut dazu, sich zu erheben. Wie immer geschieht dies unter großem Gebrüll und viel Theater seitens des Kamels, aber schließlich tut es, was er will. Der Junge geht zwischen den Vorderläufen in die Hocke und löst den Fußstrick, mit dem sie zusammengebunden waren. Dieser Strick verhindert, dass sich die Kamele nachts zu weit vom Lager entfernen. Die Vorsichtsmaßnahme erscheint mir reichlich überflüssig. Ich kann mir nicht vorstellen, dass die Tiere nach den Strapazen des Tages noch Lust auf längere nächtliche Streifzüge verspüren. Allerdings sind Kamele das kostbarste Gut der Tuareg. Niemand riskiert, auch nur eines zu verlieren. Der Junge reicht mir den Strick und nun ist es meine Aufgabe, das Kamel zu führen, es dazu zu bringen, mit mir zu gehen. Ich frage Ala, ob es einen Namen hat. »Natürlich. Alle haben Namen. Deines heißt Aorat.« Ich weiß nicht, was der Name bedeutet, aber er ist einprägsam. »Auf geht's, Aorat!«, fordere ich das Tier auf und versuche den Laut zu imitieren, den der Junge zuvor benutzt hat. Zu meinem Erstaunen gehorcht Aorat sofort. Der Tag fängt gut an.

Es ist sieben Uhr morgens und die Karawane bereits wieder unterwegs. Ich gehe an der Spitze zwischen Kariman und Ala. Es dauerte nicht lange, bis sich noch ein anderer der Männer zu uns gesellt. Die Gleichgültigkeit, mit der sie mich am ersten Tag straften, scheint zu bröckeln. Dennoch erreicht mich nicht die Andeutung eines Grußes. Keiner zeigt offen Interesse an meiner Person. Dennoch entgeht mir nicht, dass ich durch die Sehschlitze ihrer Gesichtsschleier beobachtet werde, und ich tue es ihnen gleich. Also lassen wir uns gegenseitig kaum aus den Augen, aber unsere Blicke kreuzen sich nie. Zum ersten Mal kann ich meine Reisegefährten aus nächster Nähe betrachten. Ihre traditionellen Gewänder kommen mir schwerer vor als meines. Bei einigen entdecke ich Stickereien an der Vorderseite ihrer *Gan-*

dura oder am unteren Rand der Hosenbeine. Kleidung und Turbane sind entweder von kräftigem Indigoblau oder schwarz. Soviel ich weiß, färben die Tuareg ihre Kleidung ausschließlich mit Pflanzenfarben, die beim Kontakt mit der Haut abfärben. Das erklärt, wie die Legende von den ›Blauen Menschen‹ entstanden ist, denn so wurden die Tuareg noch bis vor wenigen Jahren von ihren Feinden genannt. Tatsächlich hinterlassen ihre Turbantücher einen tintenpapiergleichen bläulichen Schimmer auf der Gesichtshaut, den man eben fälschlicherweise für die natürliche Pigmentierung der Nomaden gehalten hat. Ich trage mein indigoblaues Turbantuch lediglich einen Tag lang. Innerhalb kürzester Zeit sind Gesicht und Hände blau. Als viel unangenehmer allerdings empfinde ich es, dass der schwere, dunkle Stoff die Hitze geradezu zu speichern scheint. Ich habe das Gefühl, darunter zu kochen und halb bewusstlos zu werden. Schweren Herzens verzichte ich auf die zweifellos spektakuläre und ästhetische Kopfbedeckung, und noch heute frage ich mich, wie die Tuareg diese Marter ertragen. Nach dem einmaligen Erlebnis mit dem Original habe ich mein Erinnerungsstück ganz unten im Rucksack versenkt, wo es die ganze Reise über blieb. Stattdessen habe ich mit dem ganz gewöhnlichen weißen *Chech* vorlieb genommen, was zwar weniger elegant, aber dafür zweifellos leichter und luftiger ist.

Dann fällt mir auf, dass einige der Tuareg in Silber gefasste Karneole um den Hals tragen. Das Schmuckhandwerk ist ein zentraler Bestandteil der Kultur des Nomadenvolkes. Fast in jedem Dorf arbeiten *forgerons,* also Schmiede, die auch hochwertigen Schmuck herstellen. Sie genießen großes Ansehen, da sie über magische Kräfte verfügen, die sie mittels ihrer Handwerksarbeiten weitergeben. Ihr Können, was die Metallverarbeitung betrifft, ist legendär. Abgesehen von Schmuck stellen sie vor allem die *Takuba* her, das berühmte zweischneidige Tuareg-Schwert, das jeder richtige Mann stets bei sich trägt. Auch die Männer der Karawane haben ihre Schwerter in Lederscheiden über die Schulter gehängt und mit Riemen um die Taille befestigt, damit die sie beim Gehen nicht behindern. Diese Schwerter sind vergleichsweise schwere, unhandliche Waffen, und trotzdem trennen sich die Männer fast nie von ihnen. Kein Tuareg, die sehr jungen ausgenommen, verzichtet auf das uralte, traditionelle Symbol des Kriegers. Die Tuareg sind Moslems und sehr abergläubisch. Sie fertigen ihren Schmuck ausschließlich aus Silber, dem vom Propheten bevorzugten Edelmetall, während sie Gold verachten, weil es Unglück bringen soll. Der Karneol wiederum, ein relativ harter Halbedelstein, der in vielen ihrer Schmuckstücke verarbeitet ist, scheint über seine therapeutische Wirkung hinaus geradezu Zauberkräfte zu besitzen. Nach dem Glauben der Tuareg hält er böse Geister ab und wird als Gegenmittel für eine große Anzahl von Krankheiten eingesetzt. Schon von klein auf hängt man den Kindern Glücksbringer in Form von kleinen Tabaksbeuteln aus Leder um Hals oder Taille, in denen Verse des Korans und unterschiedliche Amulette stecken. Letztere heißen *Gri-Gri*, und ein Tuareg trennt sich niemals von ihnen. Mir fällt auf, dass diese *Gri-Gri* nicht nur in Mengen um die Hälse der Männer, sondern auch um die der Kamele baumeln. Fast jedes Tier hat etliche Glücksbringer, und es scheint, dass die Zauberkräfte auch bei ihnen wirken. Mein Blick fällt unwillkürlich auf Aorat. Er bildet diesbezüglich keine Ausnahme. Auffällig ist auch die geradezu königliche Haltung und Eleganz der Tuareg. Sie bewegen sich gemächlich, jede Geste scheint gemessen, und niemand erhebt je unangenehm die Stimme. Ungeachtet der Hitze oder der Anstrengung während der langen Märsche, wahren sie stets die für den alten Kriegeradel typische aristokratische Haltung. Nie habe ich erlebt, dass einer von ihnen unhöflich mit einem Gefährten umgegangen wäre, oder sich in nachlässiger Kleidung gezeigt hätte. Plötzlich merke ich, dass sich von den Männern einer nach dem anderen aus den Reihen der weiterziehenden Karawane wortlos entfernt. Ich folge ihnen mit Blicken und sehe, wie sie im Sand auf die Knie sinken und gen Mekka gewandt beten. Das Bild ist so anrührend und faszinierend, dass mir unwillkürlich Schauer über den Rücken laufen. Welche Landschaft wäre geeigneter für ein Gebet als die Wüste? Auch wenn sich diese Bilder gläubiger Andacht während der Reise mit schöner Regelmäßigkeit wiederholen, bleibt ihr Anblick immer wieder ergreifend.

Voller Beklemmung sehe ich auf die Uhr. Wir nähern uns der schlimmsten Zeit des Tages, jener Stunde, da die Hitze ihren Höhepunkt erreicht, was bedeutet, dass wir auf die Kamele aufsitzen müssen. Bis zu diesem Augenblick geht es mir einigermaßen gut. Die Schmerzen halten sich im Vergleich zum Vortag in Grenzen. Vielleicht kann ich auch nur besser damit umgehen. Jedenfalls habe ich trotz der Anstrengung keinerlei Muskelprobleme, solange ich zu Fuß gehe. Und das, obwohl meine Fersen bei jedem Schritt durch mein Körpergewicht bis zum Gelenk im Sand versinken. In der Kühle des frühen Morgens ist die Sanddecke fest und hart, und das Gehen fällt leichter. Erst im Laufe der Stunden, in denen die Temperaturen steigen, wird der Sand weich, und jeder Schritt kostet Kraft. Ich frage mich, ob es sich barfuß besser geht, und beschließe, es zu versuchen. Ich ziehe Strümpfe aus und Schuhe, die ich mir um den Hals hänge. Im ersten Moment ist das Gefühl sehr angenehm. Der Sand ist keineswegs zu heiß und massiert die Fußsohlen wohltuend. Schon nach kurzer Zeit jedoch merke ich, dass das, was mir als Massage erschien, sich zu einem gefährlichen Reibeisen entwickelt, was nicht ohne Folgen bleiben kann. Die Haut der Sohlen beginnt sich schmerzhaft abzunutzen. Es erscheint mir ratsam, die Schuhe wieder anzuziehen, auch wenn sie mir zunehmend Probleme bereiten. An den Druckstellen reibt sich Schweiß in die Haut, und ich fürchte die ersten Blasen. Sobald ich auf das Kamel steige, will ich Strümpfe und Schuhe wieder ausziehen und mit nackten Füßen reiten. Dabei ist zu bedenken, dass die trockene Luft die Haut möglicherweise rissig und schrundig werden lässt. Trotzdem will ich versuchen, das kleinere Übel zu wählen. Mir fehlt es ganz offensichtlich an der nötigen Erfahrung. Es ist sinnlos, die Tuareg imitieren zu wollen, die stets offene Sandalen tragen. Ich begreife nicht, wie sie das aushalten, und sehe mir ihre Füße genauer an. Dass sie sich grundlegend von den meinen unterscheiden, liegt auf der Hand. Die Jahre zahlloser Karawanenzüge durch den Wüstensand haben ihnen Haut und Sohlen so hart wie Leder beschert.

Mit dem Temperaturanstieg wächst auch das Verlangen nach Wasser. Ich trinke häufig, ohne je das Gefühl zu haben, zu schwitzen. Daran ist das extrem trockene Klima schuld. Dennoch merke ich, dass mein Wasserverbrauch zu hoch ist. Sollte ich so weitermachen, ist mein Vorrat zu Ende, bevor wir den Brunnen erreichen. Ich muss lernen, meinen Wasserkonsum besser einzuteilen. Auf den Vorrat meiner Gefährten kann ich nicht zurückgreifen. Das hatten sie von Anfang an klargestellt. Mein Griff zur Feldflasche ist mechanisch, geschieht kaum aus einem echten Bedürfnis heraus. Nicht der Körper verlangt nach Wasser, das Problem liegt in meiner Psyche. Ich bin gewöhnt, Wasser stets und in jeder Form in unbegrenztem Maß zur Verfügung zu haben. Zu Hause brauche ich nur den Hahn aufzudrehen, und es fließt reichlich. Auch auf früheren Expeditionen war Wasser nie ein echtes Problem. Es ist das erste Mal, dass ich mich selbst disziplinieren und kontrollieren muss, und ich gebe zu, das macht mir Kummer. Vor allem Ungeschicklichkeiten sollte ich vermeiden. Am Morgen bereits habe ich beim Abfüllen der Feldflaschen aus dem großen Kanister eine erkleckliche Menge verschüttet. Mehr Sorgfalt ist angebracht. Sollte mir so etwas häufiger passieren, bin ich gezwungen, die Reserven zu rationieren. Ich versuche rein theoretisch, eine Tabelle mit realistischen Bedarfsmengen zu erstellen. Dabei muss ich beachten, dass ein Teil des Wassers für die Zubereitung der Mahlzeiten und ein Minimum an persönlicher Hygiene gedacht ist. Auf der Basis meines Wasserkonsums und der verschütteten Menge vom Vortag errechne ich, dass ich bereits über sieben Liter meines Vorrats verbraucht habe. Das ist entschieden zuviel. Ich muss mir strengere Regeln auferlegen. Daher beschließe ich, in regelmäßigen Abständen zu trinken, jeden Schluck zu zählen. Am Abend vor dem Schlafengehen stellt sich dann heraus, wie viel ich verbraucht habe.

Die Schreie von Aorat erregen plötzlich allgemeine Aufmerksamkeit. Beim Aufsteigen hatte ich ihm ungewollt erneut einen Fußtritt verpasst, und jetzt empört er sich mit Recht. Dennoch erscheint mir seine Reaktion angesichts seiner robusten Natur etwas übertrieben. Sehr weh kann ich ihm nicht getan haben. Zum Glück finde ich rechtzeitig Halt an der Ladung, kann Aorats abrupte Bewegung ausbalancieren und mich festhalten. Für mich ist diese Übung jedes Mal eine akrobatische Leistung. Meine Reisegefährten dagegen schwingen sich stets mit der gewohnten mühelosen Eleganz, die alle ihre Bewegungen auszeichnet, auf die Kamele. Ich habe kaum Hoffnung, je diese Fertigkeit zu erlangen. Um die Marter des Kamelritts zu vergessen und mir die Zeit zu vertreiben, sehe ich aufmerksam in die Runde. Jedes Tier trägt eine Last aus Salzkegeln und Strohballen, ihr Futter während des Karawanenzuges. Flüssigkeit nehmen sie in der Ténéré nicht zu sich. Zweihundert Kamele zu tränken, kostet zuviel Zeit und wäre ein übertriebener Energieaufwand. Die einzige Wasserstelle entlang der Route ist der Brunnen am ›*Arbre du Ténéré*‹, dem Baum der Ténéré. Dieser Brunnen ist ungefähr dreißig Meter tief. Das Wasser wird mit einem Lederbalg, der an einem primitiven Flaschenzug befestigt ist und maximal zehn Liter fasst, aus der Tiefe gefördert. Das Wasser für eine Karawane auf diese Weise hoch zu holen, ist die reine Hölle, wenn man bedenkt, dass ein Kamel bei jeder Versorgungspause bis zu hundert Liter trinken kann. Für Mensch und Tier ist eine Salzkarawane eine harte Bewährungsprobe. Auf den Fußmärschen bekomme ich allmählich einen Blick für die Kamele. Sie sind in Charakter und Physis sehr unterschiedlich. Das sanftmütigste und stärkste ist Karimans Kamel, das kapriziöseste ein zweifarbiger Kamelhengst, passenderweise mit azurblauen Augen. Sobald sein Besitzer versucht, ihn in Bewegung zu setzen, brüllt er wie von Sinnen und beißt um sich. Es fällt auf, dass auch unter den Kamelen eine bestimmte Hackordnung herrscht. Die Leittiere gehen stets an der Spitze der Karawane und sind auch als Reittiere abgerichtet. Sie haben einen stolzen, aufrechten Gang, sind jedoch reichlich nervös. Die rangniedrigeren Tiere sind durch Seile mit den Leittieren verbunden, folgen diesen und tragen die schwersten Lasten. Sie sind kleinwüchsiger und angeblich sanftmütiger. Aber selbst sie werden gelegentlich unruhig und widerborstig und versuchen ihre Lasten abzuwerfen. So harmonisch wie es scheint, geht es eben auch bei einer Karawane nicht zu. Erst die tägliche Nähe zu Tier und Mensch offenbart, dass das äußere Bild von Frieden und Gelassenheit nicht ganz stimmt. Spannungen sind verhältnismäßig häufig, so dass die Männer täglich alle Hände voll damit zu tun haben, die aufkommenden Probleme zu lösen.

Die Jüngsten unter den Karawanenmitgliedern mischen sich in ständig wechselnden Positionen unter die Tiere, kontrollieren immer wieder, ob die Lasten gut gesichert sind, sich also nicht verschieben, registrieren aufmerksam jede Veränderung in körperlicher Verfassung und Verhalten der Kamele und versorgen die Männer an der Karawanenspitze mit Wasser und Essen. Sie sind ständig in Bewegung. Die Tuareg-Jungen nehmen ab einem Alter von zehn Jahren an den *Azalai* teil. Auf diese Weise lernen sie von klein auf die Karawanenstraßen kennen, um dereinst eine Tradition fortsetzen zu können, die auch heute noch als wichtigster Bestandteil der Nomadenkultur der Tuareg gilt. Der Junge, der mir am Morgen geholfen hatte, gesellt sich zu unserer Gruppe. Er ist sehr schüchtern. Ich vermute, dass meine Gegenwart ihn irritiert. Seinen Augen nach zu schließen, scheint er allerdings einen eher fröhlichen, unbeschwerten Charakter zu haben. In der Hand hält er eine Holzschale, die er den Männern auf den Kamelhöckern hinauf reicht. Jeder von ihnen greift mit den Fingern in die Schale, nimmt eine helle breiartige Paste heraus und schiebt sie sich in den Mund. Kariman macht dem Jungen ein Zeichen und deutet auf mich. Er nähert sich mir mit gesenktem Blick. Um mir die Schale anbieten zu können, muss er mich allerdings ansehen. Er hat wunderschöne Augen, die Augen einer Gazelle. Sie sind dunkel, von langen Wimpern beschattet und mandelförmig. Der schwarze Kajal-Strich, der sie umrahmt, macht sie noch ausdrucksvoller. Ich beuge mich weit hinunter, um ihm seine Aufgabe zu erleichtern, und riskiere beinahe, das Gleichgewicht zu verlieren. Aorat geht unbeirrt seinen Weg, und ich habe Schwierigkeiten, meine Bewegungen mit seinem wiegenden Gang zu koordinieren. Nach einigen vergeblichen Versuchen gelingt es mir endlich, meine Finger in die Schale zu tauchen und ihr etwas von der seltsamen Masse zu entnehmen, während der Junge im Laufschritt an meiner Seite bleibt. Ich danke ihm mit einem Lächeln, nicke ihm zu und schnuppere zuerst an der Paste wie ein Tier. Ihr Geruch ist reichlich streng, erinnert an vergorenen Frischkäse. Ich weiß nicht recht, was ich damit anfangen soll. Mein Blick wandert zu Ala. »Iss es! Es nennt sich *Boule*. Ist gut und gibt Kraft.« Ich mustere den Brei misstrauisch. Normalerweise habe ich mit fremder Kost auf meinen Reisen keine Probleme. Im Gegenteil. Ich versuche stets, mich von dem zu ernähren, was heimisch ist, wobei ich Gekochtes allem anderen vorziehe. Ich habe in meinem Leben schon die unterschiedlichsten Fleischsorten gegessen, angefangen von Schlange bis zu Affe, von Krokodil bis zu Heuschrecke, und es ist mir meistens bekommen. Ich bin überzeugt, dass die Essgewohnheiten vor Ort die beste Prophylaxe für Darmprobleme sind, denn die Nahrung ist immer an die jeweiligen klimatischen und geographischen Bedingungen angepasst. Davon abgesehen ist meistens auch nichts anderes als das Landesübliche zu bekommen, so dass es überlebensnotwendig ist, sich damit abzufinden. Die Paste schmeckt äußerst ungewöhnlich, ein Zwischending aus süß und salzig, aber nicht unangenehm. Von Ala erfahre ich, dass es die einzige Nahrung ist, die die Tuareg während der Karawanenzüge zu sich nehmen. Ihre Bestandteile sind Ziegenkäse, Hirsemehl und Datteln. Der einzige Nachteil ist, dass die Paste vor dem Aufbruch zubereitet wird, und sich der Käse in der Hitze rasch zersetzt. Normalerweise ist es ratsam, in heißen Klimazonen Milchprodukte zu meiden, aber der Hunger und meine angeborene Neugier obsiegen auch dieses Mal. Probieren geht über studieren, sage ich mir. Und ich esse meine ganze *Boule* und trinke einige Schluck Wasser dazu. Das alles geschieht auf dem Rücken Aorat, während die Hitze weitere Rekordhöhen erreicht. Die Temperaturen erscheinen mir im Vergleich zum Vortag noch gestiegen zu sein. Auch die kleinste Bewegung der Gliedmaßen kostet Kraft und ich habe Koordinationsprobleme. Ich versuche, in eine Außentasche des hinter mir befestigten Rucksacks zu greifen. Dort müsste sich das Thermometer befinden, das mir Oscar vor der Abreise gegeben hat. »Damit weißt du wenigstens genau, wie heiß es ist«, waren seine Worte. Und genau das interessiert mich jetzt. Es reizt mich, nachzusehen, ob ich es mir nur einbilde oder ob es tatsächlich noch heißer geworden ist. Endlich habe ich das Thermometer gefunden und stecke es in meine ›Überlebenstasche‹, mein kleines Handgepäck, und passe auf, es möglichst im Schatten zu halten. Nach einigen Minuten lese ich das Thermometer ab. Die Quecksilbersäule steht bei 60 Grad. Von wegen Einbildung! Bleibt mir nichts anderes übrig, als auf kühlere Zeiten zu hoffen. Ich igle mich wieder wie gewohnt ein und sorge dafür, dass kein Zentimeter meiner Haut der Sonne ausgesetzt ist. An diesem Morgen bin ich schon 5 Stunden zu Fuß unterwegs gewesen. Alles, was ich mir wünsche, ist eine bequemere Sitzhaltung auf Aorat zu finden, um mich ausruhen zu können. Die Idee mit der Isomatte, die mir doch recht praktikabel erschienen war, funktioniert nicht besonders. Bei jeder Bewegung des Kamels rutscht sie seitlich unter mir weg, und ich muss jedes Mal aufstehen, um sie zurechtzurücken. Eine Lösung für dieses Problem finde ich nicht. Die Matte ist zu steif, lässt sich daher nur schwer an der Last befestigen. Bei dem ganzen Gerutsche werden die wundgeriebenen Stellen an den Innenseiten meiner Schenkel auch nicht besser. Meine Moral sinkt auf Rekordtiefe. Ich weiß, dass meine Entscheidung, weiterzumachen oder aufzugeben, davon abhängt, wie ich den Tag durchstehe. Ich bin verzagt und mutlos. In düstere Gedanken versunken, spüre ich plötzlich den unwiderstehlichen Drang, aufzuschauen. Mein Blick fällt auf zauberhafte Dünenketten aus feinstem, honiggelbem Sand unter einem Himmel, den nicht der Schatten eines Wölkchens trübt. Hinter uns erstreckt sich ein langes Band der Hufspuren von unendlich vielen Kamelen. Konkret sind es zweihundert Kamele und siebzehn Männer, die mit mir durch diesen geradezu sphärisch anmutenden Raum ziehen, die Weg, Ziel und vermutlich auch Strapazen mit mir teilen. Wie konnte ich nur so überheblich sein, zu glauben, nur ich hätte Probleme? Sind wir nicht alle menschliche Wesen? Um mich herum klagt keiner, nicht einmal die Jüngsten. Alle setzen unbeirrt und schweigend ihren Weg fort, zugleich Hauptdarsteller und Zuschauer dieses großartigen Naturschauspiels. Mit der Gelassenheit des Kenners nehmen sie die Regeln an, die die Wüste ihnen auferlegt. Sie sind seit Jahrhunderten mit ihnen vertraut, führen mir vor Augen, dass das Geheimnis, nicht zu leiden, darin liegt, diese Verhaltensregeln einfach zu akzeptieren und sich aller mentalen Vorbehalte zu entledigen, die ich seit dem Aufbruch mit mir herumtrage. Ich muss den Einklang mit meiner Umgebung suchen, nicht mich gegen sie stellen. Nur so kann ich hoffen, Fortschritte zu machen.

Als die größte Hitze des Tages abklingt, gehen wir zu Fuß weiter. Meine Kräfte sind nicht erschöpft, ich merke, dass ich noch Reserven mobilisieren kann. Ich bewege mich ohne allzu große Anstrengung. Rückenschmerzen und wunde Füße ertrage ich leichter als am Vortag. Das macht mir Mut und zum ersten Mal gelingt es mir, den Kopf von all diesen Problemen freizuhalten. Ich kann mich auf der großartigen Bühne der Natur umsehen und genießen. Endlich schließe ich Frieden mit mir selbst.

Ich stecke die Hand in die Tasche meines Kasacks und taste nach den Salztabletten. Es sind die weißen, widerlich süßlichen Pastillen, die man langsam im Mund zergehen lassen muss. Sie führen mir nicht nur die Mineralstoffe wieder zu, die der Körper beim Schwitzen verliert, sondern geben mir auch neue Energie. Um mich für die *Boule* zu revanchieren, die mir zur Mittagszeit offeriert worden war, reiche ich die Pastillen meinen Reisegefährten und bitte Ala, ihnen mit einfachen Worten zu erklären, wozu sie gut sind. Als sie erfahren, dass sie Kraft geben sollen, nehmen sie die Gabe sofort an, wenn sie auch, was den Geschmack betrifft, skeptisch zu sein scheinen. Sie lösen den Gesichtsschleier nicht, um die Tabletten in den Mund zu schieben, sondern führen sie mit der Hand vom Hals her unter dem Turbantuch hindurch und zwischen die Lippen, so dass ich nicht erkennen kann, ob sie nach ihrem Geschmack sind. Der Ausdruck in ihren Augen verrät keine besondere Abneigung, und keiner spuckt die Pastille wieder aus. Sie danken mir mit kurzem Kopfnicken. Ich bin neugierig, ob sie auch bei ihnen wirken. Meine Ungewissheit dauert nicht lange. Eine Stunde später tritt Ala zu mir. »Die Männer fragen, ob sie noch eines deiner Bonbons haben können. Sie sagen, sie geben tatsächlich Kraft.« Lächelnd überlasse ich ihnen eine ganze Packung, die sie unter sich aufteilen sollen. Die Aktion war ein Erfolg.

Die schwerste Prüfung

Zum ersten Mal wird mir bewusst, dass wir die einzigen Lebewesen auf weiter Flur sind. Der Name Ténéré bedeutet ›Die absolute Leere‹. Wie zutreffend die Bezeichnung ist, hatte ich allerdings nicht geahnt. Nichts bewegt sich hier. In einem Umkreis von Hunderten von Kilometern existiert keine Form des Lebens: es gibt weder Strauch noch Tier, nicht einmal die üblichen Sandinsekten sind hier überlebensfähig. Es fliegt keine Mücke in der Luft, es gibt nicht einmal die sonst allgegenwärtigen Ameisen. Es heißt, die Ténéré sei größtenteils völlig steril, nicht einmal Bakterien oder Viren könnten sich hier entwickeln. Ursache dafür sind die extremen klimatischen Bedingungen. Die Temperaturen, während des Tages unvorstellbar heiß, fallen in der Nacht unter den Nullpunkt, was einer täglichen Temperaturschwankung von bis zu 50 Grad entspricht. Luftfeuchtigkeit ist praktisch nicht vorhanden, und es regnet so gut wie nie. Es gibt kein Wasser und weder Tier noch Pflanze, die sich diesen Bedingungen anpassen können. Gelegentlich finden sich tote Heuschrecken im Sand. Ala behauptet, sie seien von Sandstürmen hierher getragen worden. Niemand weiß, woher sie kamen, um hier zu sterben. Wir durchwandern eine totale Sandfläche. Nur vereinzelt tauchen niedrige Sanddünen auf. Es gibt keine besondere Wegmarke, an der man sich orientieren könnte. Dennoch führt Kariman uns sicher und unbeirrt, lässt sich von seiner Erfahrung und einem unfehlbaren Instinkt leiten.

Die ersten Schmerzen fahren so plötzlich in mich, dass mir der Atem stockt. Es sind in Wellen wiederkehrende Darmkrämpfe, die stetig an Heftigkeit zunehmen. Wie immer, sobald ich ein menschliches Bedürfnis verspüre, entferne ich mich von der Gruppe und suche Erleichterung hinter irgendeiner Erhebung im Sand. Zu meinem Pech liegen auf diesem Streckenabschnitt Sandformationen meist in größeren Entfernungen von unserer gewählten Route, so dass ich weite Wege zurücklegen muss. Die Schmerzen werden heftiger, ich krümme mich vor Krämpfen, während die Karawane im gewohnt gemächlichen Tempo weiterzieht und schon bald nur noch als langes schmales Band am Horizont zu erkennen ist. Jetzt bekomme ich es mit der Angst zu tun. Sobald irgendwie möglich, mache ich mich auf, meine Gefährten einzuholen. Aber ich fühle mich elend und schwach, weiß nicht, ob ich noch die Kraft habe, den Anschluss an die Karawane zu finden. Ich folge ihren Spuren, gehe so schnell, wie es mein Zustand erlaubt, aber erneute Krämpfe zwingen mich immer wieder anzuhalten, während sich die anderen immer weiter entfernen. Panik erfasst mich, aber ich gebe nicht auf, versuche mich zu beeilen, während ich überlege, was mir diese Darmprobleme beschert haben könnte. Als Erstes fällt mir natürlich die *Boule* ein. Ich bin fast sicher, dass der vergorene Käse der Grund allen Übels ist. Ich verfluche meinen Appetit und das Bedürfnis, immer alles probieren zu müssen. Ich gehe schneller, achte weder auf Hitze noch auf Schmerzen, werde allein von dem Gedanken getrieben, die Karawane unter allen Umständen einholen zu müssen. In der Hast habe ich meine Feldflasche mit Wasser zurückgelassen. Ich fühle erste Anzeichen der Austrocknung, die der Durchfall natürlich noch verstärkt. Die Zunge klebt mir am Gaumen. Es ist ein Gefühl, als hätte ich Schleimhäute aus Sandpapier. Ich habe keinen Speichel mehr, und es ist mittlerweile eine Stunde her, dass ich den Anschluss an die anderen verloren habe. Wann und ob ich sie einholen kann, erscheint mir ungewiss. Die größte Sorge dabei ist, dass ich ohne Wasser bin. Ich will einfach nicht glauben, dass mich meine Gefährten so im Stich lassen. Falls ich jedoch aus irgendeinem Grund allein ausharren muss, will ich stehen bleiben und hoffen, dass Oscar und Piero mich holen kommen, indem sie den Spuren im Sand folgen. Aber ohne Wasser und bei dieser Hitze… wie lange kann ich da durchhalten? Schon etwas benommen starre ich zum Horizont. Ich vermag nicht zu erkennen, ob die Karawane das Tempo verlangsamt hat oder ich schneller geworden bin, jedenfalls scheint es mir, als habe sich der Abstand verringert. Die letzten Kamele erkenne ich deutlich. Und plötzlich taucht hinter ihnen ein Mensch auf. Es dauert noch eine weitere halbe Stunde, dann habe ich meine Gefährten fast erreicht, und als Ersten sehe ich Ala. Er ist die Gestalt am Ende der Karawane und reicht mir sofort die Wasserflasche. Das heiße Wasser verbrennt mir fast die Lippen, aber ich spüre es kaum. Ich trinke es in gierigen Schlucken, ohne auch nur einen Gedanken an meinen Vorsatz, Wasser zu sparen, zu verschwenden. Während ich mich mit Ala wieder zu meiner Gruppe an der Spitze der Karawane geselle, erzähle ich ihm, was passiert ist, und frage: »Hättet ihr mich zurückgelassen? Ich meine, angenommen, ich hätte nicht mehr gehen können?« Er antwortet nicht sofort, aber vielleicht sucht er nur nach Worten. »Kariman hat gemerkt, dass es dir nicht gut geht. Er wollte, dass wir dich allein lassen. Er hat dich auf die Probe gestellt. Du solltest erkennen, wer du wirklich bist, ob dein Wille stark ist oder ob du schnell aufgibst. Als wir gemerkt haben, dass du kein Wasser hast, hat er mich gebeten, hinter der Karawane zurückzubleiben, um zu beobachten, ob du weitergehst oder stehen bleibst. Keiner von uns hat gedacht, dass eine weiße Frau es schaffen würde. Jetzt sind wir beruhigt. Du hast uns gezeigt, dass du ohne Angst leiden kannst.« Und dann fügt er hinzu: »Aber trotzdem, nein, allein gelassen hätten wir dich nicht.« Es verschlägt mir die Sprache. Mir wird klar, dass ich nicht mehr nur Gast der Karawane bin. Ich spüre, dass ich endlich dazugehöre. Sie haben mich akzeptiert.

Nach dieser Bewährungsprobe ist das Verhältnis zu den Tuareg ein anderes. Aber auch ich habe mich verändert. Ich lerne viel schneller, mich in der Wüste zu bewegen, und jeder Augenblick wird zur Entdeckung. Die Ängste und Sorgen der Anfangszeit sind verflogen. Ich höre auf die Zeichen, die mein Körper aussendet, und kann sie deuten. Ich verstehe, meine Gefühle und Gedanken besser zu kontrollieren, und merke, dass sich auch mein Biorhythmus umgestellt hat, langsamer geworden ist, sich der neuen Umgebung anpasst. Ich orientiere mich an den Gesten und Bewegungen der Tuareg, ahme ihre Art zu gehen nach, bedaure, nicht ihre Sprache zu sprechen, aber es ist eigentlich gar nicht notwendig. Auch untereinander sprechen die Männer nur wenig, stets von langen Pausen unterbrochen, wandern die meiste Zeit des Tages schweigend. Wenn nötig, funktioniert die Gebärdensprache ausgezeichnet, und ich merke, dass sie mitunter schon wissen, was ich sagen möchte, noch bevor ich den Mund aufmache. Ich habe den Eindruck, sie können Gedanken lesen. Allmählich komme ich zu der Einsicht, dass für die Verständigung zwischen Menschen, die sich schätzen und achten, keine Worte nötig sind.

Die Nacht in der Wüste

Von einer Minute auf die andere bricht die Dunkelheit über die Wüste herein und lässt die Temperaturen rapide fallen. Es ist die einzige Phase zwischen Tag und Nacht, in der sich der Lebensrhythmus plötzlich beschleunigt. Während die Sonne vor der Karawane versinkt, steigt hinter dem letzten Kamel die riesige Scheibe des Mondes auf. Nie habe ich Ähnliches gesehen. Der Sand verliert von einer Sekunde auf die andere die warmen Goldtöne des Sonnenuntergangs und nimmt jene kälteren Pastellfarben an, in die der Mond die Landschaft zu tauchen pflegt. Es ist wie ein abrupter Filmschnitt. Die Wüste scheint plötzlich von einer unsichtbaren weißen Lichtquelle ausgeleuchtet, und Mensch und Tier bewegen sich absolut simultan mit ihren länger werdenden, sich im Sand scharf abzeichnenden Schatten. Die Sicht ist von einer vollkommenen Klarheit. Endlich kann ich die Sonnenbrille abnehmen. An dem derart erleuchteten Himmel sind keine Sterne sichtbar. Dennoch setzt der Karawanenführer den Weg sicher in die richtige Richtung fort. Ich werde wohl nie begreifen, wie es ihm gelingt, sich mit dieser Selbstverständlichkeit zu orientieren. Ich bitte Ala, weiter zu Fuß gehen zu dürfen, sage ihm, dass ich mich bei diesem Licht kaum verirren könne. Die Sandoberfläche unter meinen Füßen ist fest und eben. Es gelingt mir, immer länger und häufiger den Blick nach oben auf den Himmel zu richten, ohne auf den Weg achten zu müssen. Ich bin vollkommen entspannt. Es ist ein herrliches Gefühl. Nirgendwo anders auf der Welt kann man wohl wandern und gleichzeitig minutenlang in die Luft schauen. Die Erinnerung an jene Nacht ist eine der intensivsten unter denen, die sich mir eingeprägt haben. Ich höre im Geiste noch immer das Schaben der Kamelsohlen über den Sand, das rhythmische Klappern eines Teils der Ladung, spüre den sanften Wind, der sich bei Einbruch der Nacht einstellt, sehe wieder die Karawane, die sich vor der Kulisse des Mondes bewegt, sehe die beleuchteten Silhouetten der Dünen. Nur die Wüste weckt Gefühle von dieser Intensität.

Die Karawane nutzt das Licht, um weiter zu ziehen. Als der Führer endlich das Zeichen gibt, anzuhalten, sind wir alle ehrlich müde. Hastig werden die Kamele abgeladen. Einige Tiere sind so erschöpft, dass sie sich im ersten Moment nicht einmal für ihr Fressen interessieren. Sie kauern bewegungslos auf dem Boden. Niemand legt ihnen Fußstricke an, denn keines der Tiere hat wohl die Kraft für einen weiteren Spaziergang. Hie und da werden die ersten Feuer angezündet, um die sich die Tuareg in Gruppen zusammenfinden. Ich krieche schnell in mein Zelt, strecke mich auf der Isomatte aus und hoffe auf Linderung meiner Rückenschmerzen. Diesmal habe ich Magenkrämpfe vor Hunger. Ich habe den ganzen Tag über nur einige Datteln gegessen, und meine Gedärme sind nach den Durchfallattacken noch in Aufruhr. Meine Lebensmittelvorräte sind auf dem zweiten Lastkamel festgebunden, aber wie soll ich sie im allgemeinen Chaos finden? Ala kommt mir zu Hilfe. Wir entdecken meine Sachen schließlich mitten zwischen den Tieren bei den übrigen Lasten. Ich nehme mir ein Paket Couscous und eine Zwiebel heraus. Mit diesen Zutaten improvisiere ich ein Abendessen für zwei. Die anderen kauen wie gewohnt ihre *Boule.* Mir allerdings erscheint es ratsam, darauf vorerst zu verzichten. Es ist nach Mitternacht, als wir endlich gegessen haben. Die Augen fallen mir schon fast zu, während ich mich zum Zelt schleppe und mich von Ala verabschiede, der sich zu den anderen zum Tee ans Feuer gesellt. Die Männer bedeuten mir, mich zu ihnen zu setzen, aber dazu bin ich zu müde. Es gelingt mir nicht einmal mehr, zwei Zeilen ins Tagebuch zu schreiben. Ich verschiebe die Eintragungen auf den nächsten Abend und krieche in den Schlafsack, ohne mich auszuziehen. Fast ist es mir schon zur Gewohnheit geworden, in Kleidern zu schlafen. Ich kann mich sowieso nicht erinnern, wo mein Rucksack mit der Wäsche geblieben ist. Ich fasse es selbst nicht, dass ich tatsächlich etliche Hemden zum Wechseln und zwei Hosen mitgenommen habe, um mich abends umzuziehen! Was habe ich mir nur dabei gedacht? Dass man in der Wüste abends ins Theater geht? Ich passe mich immer schneller an. Der einzige Unterschied zu den Tuareg ist, dass ich im Zelt übernachte, und darauf will ich nicht verzichten. Nicht aus Bequemlichkeit. Ich könnte ebenso gut am Feuer im Freien schlafen. Aber immerhin erlaubt mir das Zelt ein Mindestmaß an Intimsphäre, die ich als Frau gelegentlich brauche. Und da ich das einzig weibliche Wesen der Karawane bin, möchte ich vermeiden, Situationen heraufzubeschwören, die meine Gefährten in Verlegenheit bringen könnten. Ich vergesse keinen Augenblick, dass sie Moslems sind. Auch wenn die Tuareg im Vergleich zu anderen Völkern dieses Glaubens eine wesentlich liberalere Religionsauffassung haben. Dennoch respektiere ich sie als Männer und als Gläubige und vermeide alles, was missverstanden werden könnte. Es ist mir nicht entgangen, dass meine langen blonden Haare einige Neugier erregen. Deshalb bemühe ich mich, sie in ihrer Gegenwart nie offen zu tragen; auch dann nicht, wenn ich das Turbantuch abnehme. Zwar ist es mir lästig, das Haar stets aufzustecken, und der schwere Turban, der mir den ganzen Tag auf den Kopf drückt, macht es nicht besser. Nur im Schutz meines Zeltes kann ich die nass geschwitzten Haare lösen und trocknen lassen, bevor ich sie ausgiebig bürste, um sie von Sand und Staub zu befreien. Auch beim Aufbauen des Zeltes achte ich darauf, dass die Öffnung dem Lager abgewandt ist. In dieser Nacht lasse ich den Reißverschluss des Zelteingangs geöffnet. Und ich schlafe mit dem Bild eines strahlenden Mondes über der Wüste vor Augen ein.

Ich lerne Aorat zu versorgen

Weit vor Sonnenaufgang besorgen die Kamele wie üblich den Weckdienst. Es ist halb fünf Uhr und noch dunkel, aber im Lager herrscht bereits rege Betriebsamkeit. Ich weiß, dass ich von diesem Morgen an bei der Vorbereitung meines Kamels ganz auf mich gestellt bin, und versuche zu rekapitulieren, was man mir am Vortag beigebracht hatte. Die wichtigste Aufgabe war, das Tier richtig zu beladen. Die Salzblöcke sind von einer Strohhülle umgeben, und ich muss darauf achten, sie so zu befestigen, dass sie im Gleichgewicht sind. Mit dem Kamelhöcker in der Mitte ist das nicht leicht. Die einzelnen Ladungen werden mit Hilfe eines Stricks aus Pflanzenfasern untereinander fest verzurrt. Dabei muss man auf eine gleichmäßige Spannung der Seilverbindung achten. Kein Strick darf unter dem Bauch des Tieres durchgezogen werden, um ein Scheuern zu verhindern, das lästige Entzündungen auf der Kamelhaut hervorrufen könnte. Die ganze Last wird also nur auf dem Rücken des Kamels befestigt. Aus diesem Grund ist es unbedingt nötig, das Gewicht möglichst gleichmäßig zu verteilen. So wird vermieden, dass sich das Tier Wunden zuzieht, die dann bis zur Ankunft der Karawane nicht verheilen. Dabei kommt es auch besonders auf die Spannung der Seile an. Zurrt man sie zu fest, sitzt die Ladung zu hoch, sind sie locker, verrutscht die Last und fällt im schlimmsten Fall gerade dann herunter, wenn man selbst auch noch obenauf reitet. Der Sturz von einem Kamel ist etwas, das man unbedingt vermeiden sollte. Ich tue mein Bestes, aber Aorat merkt sofort, dass die Hand, die ihn belädt, nicht die gewohnte ist, und wird zickig. Er brüllt, sobald ich mich ihm nähere. Zuerst versuche ich, ihn zu beruhigen, rede sanft auf ihn ein. Ohne Erfolg. Dann ignoriere ich seine Proteste in der Hoffnung, dass er von selbst damit aufhört, aber er brüllt nur noch lauter. Als ich trotzdem versuche, einen Teil der Last weiter aufzuladen, wendet er den Kopf nach hinten und will mich wegstoßen. Ich kann ihm gerade noch ausweichen. Ich gebe nicht auf, aber er wehrt sich verbissen. Es ist einfach nichts zu machen. Mein Mut sinkt. Wie stelle ich es an, dass er mir vertraut? Ich sehe mich um. Die anderen sind mit dem Beladen schon fast fertig, während ich noch immer mit dem bockigen Kamelhengst kämpfe. Plötzlich fällt mir etwas ein, das ich in meiner Hast völlig außer Acht gelassen habe. Bevor ich mit dem Beladen beginne, muss ich Aorat den Maulstrick anlegen. Mit dem Strick in der Hand nähere ich mich, um ihm diesen zwischen den beiden Zahnreihen durchzuführen. Der Kamelhengst hat längst Lunte gerochen und schnappt nach mir. Ich lasse mich nicht einschüchtern, versuche, ihm den Strick ins Maul zu schieben, aber es ist nichts zu machen. Mein hilfesuchender Blick trifft den Tuareg-Jungen, der umgehend herbeieilt. Er hat Aorats Brüllen längst gehört. Während er dem Kamel mit einer Hand unter die Kehle fasst, und es damit mit offenem Maul zum Stillhalten zwingt, schiebt er ihm blitzschnell mit der anderen Hand den Strick zwischen die Lippen und gleich an die richtige Stelle. Aorat ist überrumpelt, hat nicht die geringste Chance der Gegenwehr. Nachdem der Junge den Strick unter dem Kinn mit einem Knoten zu einer Schlinge verbunden hat, lässt er die Enden bis auf den Boden herab und macht mir ein Zeichen, den Fuß darauf zu stellen. Auf diese Weise ist Aorat gezwungen, seinen Kopf gesenkt zu halten. Endlich kann ich ihn beladen, wenn auch mit eingeschränkter Bewegungsfreiheit, da ich ängstlich darauf achte, ja den Strick nicht loszulassen. Dafür hält der Kamelhengst so still, dass ich die Seile zwischen den Salzladungen mühelos festzurren kann. Der Tuareg-Junge verfolgt aufmerksam jeden meiner Handgriffe. Ich mache ihm ein Zeichen, näher zu kommen. Ich habe ein besseres Gefühl, wenn er prüft, ob alles fest und an der richtigen Stelle sitzt. Konzentriert zieht er den einen oder anderen Strick etwas fester. Schließlich beweist er seinen Sinn fürs Praktische, zieht etwas aus den Falten seines Überwurfs, das ich im ersten Augenblick fälschlicherweise für einen gewöhnlichen Stein halte, und schneidet damit von einem Stück schwarzen Stoff in seiner Hand einen Streifen ab. Davon wiederum trennt er schmale Bänder ab, die er an den Stellen anbringt, wo ich auch in Zukunft die Knotenpunkte ansetzen muss. Auf diese Weise erleichtert er mir die allmorgendliche Arbeit. Wenn ich die Seile an diesen Stellen verknüpfe, kann ich keinen Fehler machen. Während er die Bänder zuschneidet, wird mir natürlich klar, dass er dies nicht mit einem Stein tun kann. Ich bitte ihn, mir das ungewöhnliche Werkzeug zu zeigen. Der Junge hält zwischen den Fingern eine Pfeilspitze aus Stein hoch, die mindestens aus dem Neolithikum stammen muss. Er erklärt mir in Gebärdensprache, dass er sie unterwegs im Sand gefunden hat. Dieser Teil der Sahara ist reich an prähistorischen Siedlungen. Nicht selten kann man hier auf Fundstücke stoßen, die sich in dem stets ariden Klima vollkommen unversehrt erhalten haben.

Endlich ist Aorat vollständig beladen. Mit einem kurzen Ruck an seinem Maulstrick fordere ich ihn auf, auf die Beine zu kommen. Ich ziehe einmal, zweimal, dreimal. Nichts geschieht. Ich versuche es im Guten, streichle ihn sogar. Die Tuareg beobachten uns amüsiert, kommentieren untereinander meine Bemühungen. Diesmal kommt mir Ala zu Hilfe, weist mich an, energischer zu sein. Tiere hart anzufassen war nie meine Art gewesen und ich zögere auch jetzt. »Es tut ihm nichts!«, drängt Ala. »Du musst ihm nur zeigen, wer der Herr ist. Kamele spüren deine Schwäche. Mit Sanftmut erreichst du bei denen gar nichts.« Mir bleibt keine Wahl und ich überwinde mich, den Rat zu befolgen. Das Kamel steht ohne große Proteste auf und folgt mir lammfromm.

Ich werde Nomadin

An diesem Abend setze ich mich zu Ala und Kariman ans Feuer. Beide haben bereits gegessen. Ich habe es vorgezogen, mich erst nach der Mahlzeit zu ihnen zu gesellen. Es ist dann einfacher für sie. Ich weiß mittlerweile, dass meine Anwesenheit sie zwingt, ihren Gesichtsschleier auch während der Mahlzeiten nicht abzunehmen, was umständlich und anstrengend ist. Während wir reden, reicht Kariman mir die übliche Schale mit *Boule*. »Nein, danke«, wehre ich ausgesucht höflich ab und strecke gleichzeitig die Hand nach der Tasche mit meinen Vorräten aus, um etwas zu suchen, das ich essen kann. Ala mischt sich ein: »Schmeckt dir das *Boule* nicht oder hast du Angst vor den Folgen?« Ich gestehe, dass Letzteres der Grund ist. Der Geschmack sei zwar ungewohnt, aber nicht unangenehm, antworte ich. »Also wenn es deinem Gaumen nicht zuwider ist, solltest du es wieder probieren. Ich weiß, es ist dir beim ersten Mal nicht bekommen, aber dein Körper braucht Zeit, sich an die neue Nahrung zu gewöhnen.« Er sagt etwas zu Kariman, der mit dem Kopf nickt, und setzt hinzu: »Beim ersten Mal revoltiert dein Magen gegen das Neue. Das ist normal. Wenn du dich daran gewöhnt hast, ändert sich das. Mit den Anfangsqualen hast du schon einen Großteil der westlichen Nahrung ausgeschieden, die noch in dir war. Wenn du jetzt anfängst, zu essen wie wir, ist das besser für Körper und Geist.« Das leuchtet mir ein. Ich habe nur gute Erfahrungen damit gemacht, mich den ortsüblichen Essgewohnheiten anzupassen. Dennoch kann ich die Schmerzen und Durchfallattacken nur schwer vergessen, die mich gezwungen hatten, mitten in der Wüste ohne einen Tropfen Wasser hinter der Karawane zurückzubleiben, und welche Mühe es gekostet hatte, sie wieder einzuholen. Wie so oft weiß Ala sofort, was in mir vorgeht. »Keine Sorge. Du solltest es probieren. Selbst wenn's dir heute Nacht schlecht geht… Du kannst dich ausruhen… im Gegensatz zu gestern. Wenn du die *Azalai* durchhalten willst, solltest du dich möglichst an unsere Lebensweise anpassen. Hast du dich nie gefragt, weshalb die Ausländer in der Sahara so sehr leiden, warum sie hier nicht leben können? Die Antwort ist einfach: weil sie all ihre Bräuche und Gewohnheiten mitbringen, nicht auf ihre Annehmlichkeiten verzichten können. Wenn du nicht leiden willst, halte dich an unsere Regeln, iss und lebe wie wir, und lerne, wie wir zu denken.« Dieser Ratschlag von Ala und Kariman ist wichtig für mich, vor allem weil sie mir damit den Weg weisen, meinen Traum zu verwirklichen. Ich denke an die ersten Momente meiner Begegnung mit den Männern zurück. Damals hatte ich geglaubt, alles über die Tuareg zu wissen, nur weil ich während einer früheren Reise ein paar Tage mit ihnen verbracht hatte. Ich werde mir meines grenzenlosen Unverständnisses bewusst, das genährt durch die gedankenlose Fehlinterpretation ihres Verhaltens zu Missverständnissen geführt hat. So war ihr Misstrauen gegenüber einer weißen Frau, die die Arroganz besaß, sich mit ihnen, den Herren der Wüste, messen zu wollen, kein Wunder. Doch entgegen dem äußeren Schein waren sie mir gegenüber nie gleichgültig, sind es nie gewesen. Erst jetzt begreife ich zum ersten Mal, dass sie jede meiner Gesten, jedes Verhalten genau beobachtet und analysiert haben. Ohne es zu merken, war ich einem gründlichen Test unterzogen worden. Und nun laden sie mich ein, zu ihnen zu gehören, machen mir das schönste Geschenk, indem sie mir die Möglichkeit aufzeigen, an ihrer Welt teilzuhaben, mir den Weg der Erkenntnis zum Verständnis der Nomaden weisen.

Der Sandsturm

Irgendetwas liegt in der Luft. Die Kamele sind ungewöhnlich unruhig, und auch die Männer sind anders. Ihre sonst so bedächtigen Bewegungen werden hastig, fast hektisch. Zum ersten Mal erlebe ich, dass sie sich über das ganze Lager hinweg etwas zubrüllen. Die Luft scheint wie elektrisch aufgeladen, eine seltsame Hochspannung durchdringt alles und jeden, und auch ich bin keine Ausnahme. Wir haben noch nicht alle Kamele beladen, da bricht es los. Man hört das Geräusch schon von fern. Dann kommt es von einem Augenblick auf den anderen über uns. Alles, was nicht niet- und nagelfest ist, fliegt durch die Luft. Wie durch ein Wunder bekomme ich meinen Schlafsack zu fassen, als dieser an mir vorbeiflattert, und werfe mich gerade noch rechtzeitig auf ihn, um ihn zu halten. Der Himmel wechselt die Farbe. Alles ist mit einem Mal in einförmiges Beige getaucht. Im Lager geht alles drunter und drüber. Es ist der Anfang eines Sandsturmes, das in der Sahara am meisten gefürchtete Naturereignis. Ich kauere mich im Windschutz von Aorat nieder, halte Mund und Augen geschlossen und versuche, das Turbantuch mit einer Hand festzubinden, an dem der Wind reißt und das sich zu lösen droht, während ich mich mit der anderen an den Kamelstrick klammere. Der Wind peitscht den Sand vor sich her, der wie tausend Nadelstiche auf jedem Zentimeter Haut brennt. Mit Mühe gelingt es mir, die Sonnenbrille aufzusetzen, habe die Augen trotzdem im Nu voller Sand, selbst die Gläser schützen mich nicht mehr. Ich versuche, mein Gesicht mit dem Turbantuch vollständig zu bedecken, jede Ritze zu schließen, und erneut wird mir klar, wie wichtig dieses einfache Stück Stoff für eine Reise durch die Wüste ist. Die Vorbereitungen zum Aufbruch gehen unbeirrt weiter, die Männer machen keinerlei Anstalten, ihr Vorhaben abzubrechen.

Ich weiß aus Erfahrung, dass Sandstürme aus heiterem Himmel entstehen und bis zu mehreren Tagen dauern können. Schon bei früheren Reisen in dieser Region war ich in ein solches Unwetter geraten und ich habe diese Erfahrung als äußerst unangenehm in Erinnerung. In bewohnten Gebieten legt die Gewalt dieses Naturereignisses sofort alles lahm. Dann kann es vorkommen, dass man morgens aufsteht und die Straße von einer Düne blockiert ist, die der Wind in wenigen Stunden angeweht hat. Das bedeutet nicht selten, dass man in der jeweiligen Behausung festsitzt, weil sich der Sand vor Türen und Fenstern auftürmt und sämtliche Ein- und Ausgänge verschüttet hat. Ich erinnere mich, dass wir einige Tage Zwangsaufenthalt in Nuachott, der Hauptstadt Mauretaniens, einlegen mussten, wo ein Sandsturm derartig wütete, dass sofort der Flugplatz geschlossen werden musste. Mehrmals erlebte ich Sandstürme im sicheren Schutz eines Geländewagens. Und das ist dann etwas ganz anderes. Im Wageninneren kann man sich einigeln und die Reise fortsetzen, ohne dem ständigen Ansturm des Windes ausgesetzt zu sein. Und trotzdem gelingt es dem Sand irgendwie, selbst durch geschlossene Fenster und Türen zu dringen.

Für die Tuareg ist diese Art Unwetter entschieden das, was sie während der Karawanenzüge am meisten fürchten. Draußen in der Weite der Wüste, ohne die Möglichkeit, Wasser aufzunehmen und die Tiere zu tränken, ist eine Unterbrechung der Reise vollkommen unmöglich. Und ein Sandsturm kann durchaus tagelang wüten. Allerdings behaupten die Wüstenbewohner, dauert er stets eine ungerade Anzahl von Tagen, also einen Tag, drei oder fünf Tage und so weiter. Die exakte Dauer allerdings kann niemand vorhersagen. Da es der Sinn einer *Azalai* ist, die größtmögliche Salzmenge zu transportieren, wird die zusätzliche Last auf ein Minimum beschränkt, und das gilt auch für den Wasservorrat. Die Zuteilungen für die Männer der Karawane sind auf der Grundlage der vorgesehenen Reisedauer und mit nur knappem Überschuss für Notfälle kalkuliert. Das eigentliche Problem sind die Kamele, die mit ihrer schweren Last maximal acht bis neun Tage ohne Wasser bleiben können. Hinzu kommt, dass es in diesem Teil der Ténéré keine Wasserstelle gibt, so dass eine Karawane die Oasen unter allen Umständen innerhalb der vorgesehenen Zeit erreichen muss. Selbst die Sonne verschwindet hinter dem dichten Staubschleier, der alles einhüllt, und für den Karawanenführer wird es fast ein aussichtsloses Unterfangen, auf Gedeih und Verderb die richtige Orientierung zu finden. Kein Gegenstand hat noch Form oder Farbe, die Umgebung ist ein eintöniges Meer aus ockerfarbenem Nebel, in dem sich nur Schatten bewegen. Als wir schließlich aufbrechen, fällt mir auf, dass die Hufe der Tiere keinerlei Spuren im Sand hinterlassen. Jeder Abdruck wird augenblicklich vom Wind verweht. Ich sehe mich nach der Stelle um, wo wir unser Nachtlager aufgeschlagen hatten. Normalerweise sind die Spuren eines Lagers noch aus der Ferne gut zu erkennen. Doch an diesem Tag verrät absolut nichts mehr, dass zweihundert Kamele und achtzehn Personen hier die Nacht verbracht haben. Jedes Indiz unserer Gegenwart verschwindet im selben Moment, in dem es sich in den Sand geprägt hat. Niemand kann sagen, wo wir sind oder wo wir hingehen, wir bewegen uns im absoluten Nichts. Auch das letzte Band zum Rest der Welt ist durchschnitten. Ich habe weder Funkgerät noch irgendeine andere technische Vorrichtung, um mit der Außenwelt Kontakt aufzunehmen. Wir sind vollkommen auf uns gestellt, mein Überleben ist mit dem meiner Tuareg-Gefährten verknüpft und hängt allein von deren Fähigkeit ab, sich in dieser Hölle zurechtzufinden, vom magischen Orientierungssinn Karimans. Dann trifft mich ein Gedanke wie ein Schlag in die Magengrube: »Falls Kariman etwas zustößt, wie kommen wir hier wieder raus?« Ich habe Mühe, nicht in unkontrollierte Panik zu geraten. Alas Worte kommen mir in den Sinn, ich müsse denken wie sie, eine von ihnen werden. Die Männer kämpfen sich mit gesenkten Häuptern vorwärts. Der Wind steht ständig gegen uns. Ich versuche, ihre Gedanken zu erraten, darin etwas Trost zu finden. Doch wir sind alle nur damit beschäftigt, vorwärts zu kommen. Kein Tuareg besitzt eine Sonnenbrille wie ich, um die Augen einigermaßen zu schützen. Diesem ständigen Sandgebläse so ausgesetzt zu sein, muss große Schmerzen verursachen. Bei diesem Gedanken sind meine Ängste für einen Moment vergessen.

Ich schlinge mir den Kamelstrick um die Taille und ziehe ihn wie einen Gürtel fest, um meine Verbindung mit Aorat und damit zum Rest der Gruppe zu sichern. In diesem Augenblick wäre ich lieber ein Kamel wie Aorat, mit windschlüpfrig geformtem Schädel, mit Nüstern schmal und so beschaffen, dass kaum Sand eindringen kann, und mit einem gleichmäßig wiegenden, beinahe träge wirkendem Gang, der keinerlei Anstrengung zu verraten scheint. Ich habe Durst. Um zu trinken, muss ich allerdings den Gesichtsschleier abnehmen. Augenblicklich peitscht Sand ins Gesicht, versucht in jede Falte und Öffnung zu dringen und verklebt mir im Nu die Nasenlöcher. Ich öffne die Feldflasche und halte sofort die Hand über den Flaschenhals, den ich an den Mund führe, und bin leider nicht annähernd schnell genug. Ich schlucke Sand und Wasser gleichzeitig. Wir kommen nur langsam vorwärts. Die Karawane bewegt sich nicht wie sonst in einer langen, auseinander gezogenen Schlange, sondern kämpft sich in dichtem Pulk vorwärts. Die Tiere haben fast Tuchfühlung miteinander und im Gegensatz zu sonst geht jeder neben seinen Kamelen, behält dabei ständig die Seile im Auge, die sein Tier mit den anderen verbinden, um ja den Kontakt nicht zu verlieren. Wer sich auch nur wenige Meter von der Gruppe entfernt, löst sich für die anderen förmlich in nichts auf, wird verschlungen von dem alles beherrschenden gelblichen Nebel. Ich fühle, wie mir immer wieder schwindelig wird. Das Auge findet keinen Anhaltspunkt, nichts, woran es sich orientieren könnte. Ich versuche daher den Blick auf einen Punkt zu fixieren, doch meistens erkenne ich lediglich andeutungsweise die wiegenden Bewegungen des Kamels vor mir, was mein Unwohlsein nur noch schlimmer macht. Diese Art von Beschwerden kommt für mich völlig unerwartet. Nie zuvor bin ich seekrank gewesen. Selbst wenn auf Motor- oder Segelbooten deren Besatzung von Übelkeit und Schwindel gebeutelt wurde, focht mich nichts an. Die einzige Regung, die ich bei bewegter See empfinde, ist ungezügelter Appetit. Ich erinnere mich, wie schamlos ich oft in aller Heimlichkeit versucht habe, an Essbares zu gelangen, damit die anderen es nicht merkten. Stets war ich stolz auf meine Unempfindlichkeit, die ich wohl der besonderen Ausformung meines Innenohres, dem für das Gleichgewicht zuständigen Organ, zu verdanken habe. Jetzt ausgerechnet beim Fußmarsch durch die Wüste seekrank zu werden, war eine seltsame Erfahrung.

Plötzlich regt sich bei mir ein allzu menschliches Bedürfnis. Ich muss dringend. Bald kann ich fast nicht mehr weiter, fühle einen brennenden Schmerz an der Blase. Was soll ich tun? Ich habe Angst, mich von der Karawane zu entfernen, will den Strick nicht loslassen, der mich mit Aorat und dem Rest der Gruppe verbindet. Andererseits kann ich unmöglich die anderen im Schlepptau mitnehmen. Ich denke an die vielen Male, da ich dieses Problem in wirklich schwierigen Situationen bewältigen, mich oft mit Lösungen begnügen musste, die hart an der Schamgrenze waren. Diesmal ist alles ganz anders. Jede Art von Leichtsinn kann teuer zu stehen kommen. Während ich den Strick löse, fällt mir unwillkürlich mein letztes Schockerlebnis ein und ich greife nach der Feldflasche, hänge sie mir über die Schulter und sehe mich nach Ala um. Es ist schwierig, ihn unter all den Männern herauszufinden. Im Sandsturm sehen alle gleich aus, sind nur noch als dunkel gekleidete, vermummte Schatten zu erkennen. Selbst durch ihren Gang sind sie nicht mehr zu unterscheiden, wie sie sich gebeugt gegen den Wind stemmen. Die schemenhaften Figuren scheinen wie geklont, bewegen sich Luftspiegelungen gleich durch den flimmernden Staub. Ich nähere mich einem nach dem anderen. Für einen Augenblick wenden sie sich mir zu, mustern mich, verstehen nicht, wonach ich suche. Schließlich entdecke ich Ala inmitten der Tiere, verdeckt durch zahllose Kamelbeine. »Ala!«, rufe ich ihm zu und versuche das Heulen des Sturms zu übertönen. »Ich muss mal. Was soll ich machen?« »Bleib hier. Geh nicht weg!«, brüllt er zurück. »Warte einen Moment.« Er taucht aus der Gruppe von Kamelen auf und macht mir ein Zeichen, ihm zu folgen. Er führt mich an den Rand der Karawane, entfernt sich seitlich, ohne den Sichtkontakt zu den anderen zu verlieren. »Also, jetzt kannst du weiter weggehen. Aber nicht zu weit. Behalte mich im Blick. Ich warte auf dich.« Und dann fügt er laut hinzu: »*Très vite*! Wir können uns nicht lange aufhalten. Sonst verlieren wir den Anschluss.« In diesen wenigen Augenblicken des Alleinseins wird mir klar, dass Alas Sorge nicht übertrieben ist. Nur wenige Sekunden später ist das Einzige, was ich noch von der Karawane erkennen kann, die Silhouette meines Gefährten mit der schwarzen *Gandura,* die im Wind flattert. Die Karawane ist aus meinem Blickfeld verschwunden, verschlungen vom Sandnebel. Weder Geräusche noch eine Spur verraten ihre Existenz, obwohl die Entfernung nur wenige Meter betragen kann. Und obwohl ich Ala in meiner Nähe weiß, bekomme ich Panik. Wie wollen diese Männer nur den richtigen Weg aus dieser Hölle finden?

Wir sind alle fix und fertig. Den ganzen Tag über haben wir nur wenige in Sand panierte Datteln gegessen, und der Marsch durch den Sandsturm hat mir die Grenzen meiner Belastbarkeit aufgezeigt. Immer wieder schütteln wir uns den Sand von den Kleidern, der sich in jeder Falte, sogar im Turban und in den Schuhen ablagert, sich von keinem Stoff abhalten lässt, bis in jede Körperöffnung vorzudringen. Ich spucke ständig Sand, fühle ihn zwischen den Zähnen. Es ist die reinste Folter. Nur der Blick auf die Uhr verrät mir, dass das Ende des Tages naht. Gleichzeitig fällt mir ein, dass Sandstürme mit Eintreffen der Dunkelheit eigentlich rapide an Stärke abnehmen sollen. Ich hoffe inständig, dass dies auch diesmal zutrifft. Unter den gegenwärtigen Bedingungen auch noch die Nacht zu verbringen, ist eine Erfahrung, auf die ich gut und gern verzichten kann.

Der Tag fängt schlecht an

Mühsam versuche ich die dumpfe Lethargie abzuschütteln, die mich umfängt. Ich kann die Augen nicht öffnen, die Lider sind verklebt. Kopf wie Gliedmaßen sind bleischwer. Ich wälze mich auf die Seite. Knochen, Muskeln, Haut rebellieren gegen jede Bewegung, die Gelenke gehorchen mir nicht. Ich bin in Schweiß gebadet und habe doch in kurzen Abständen Schüttelfrost. Ich fühle, wie das Fieber steigt, weiß mir nicht zu helfen. Ich bin allein, in einem Zelt voller Sand, in einem Schlafsack voll Sand, völlig verdreckt, und in dem Bewusstsein, dass ein weiterer anstrengender Tagesmarsch vor mir liegt. Ich versuche, die negativen Gedanken zu verdrängen. In meiner körperlichen Verfassung ist es allerdings nicht einfach, der Situation etwas Positives abzugewinnen, um mich zu motivieren. Es geht mir schlecht und ich begreife die Ursache nicht. Bin ich einfach nur müde und erschöpft oder fehlt mir ernsthaft etwas?

Beim Zeltabbau schlucke ich etliche Pillen. Jeder Handgriff ist eine Qual. Selbst das Turbantuch lege ich nur mit Mühe an. Ich versuche mein Gesicht hinlänglich zu verhüllen, damit meine Reisegefährten nicht erkennen, wie es um mich steht. Der Sandsturm hat nachgelassen, wirbelt jedoch noch immer den feinen Staub auf, der sich einem Puder gleich auf alles legt, in jede Ritze dringt. Mit etwas Wasser versuche ich notdürftig Augen und Gesicht zu säubern, aber auch das hilft wenig. Die Haut wird augenblicklich trocken, ich fühle, wie sie spannt, rissig zu werden droht. Mit Creme kann ich das nicht behandeln. Mein Gesicht wäre augenblicklich in Sand paniert. Ich zwinge mich, ein paar Bissen zu essen, fühle, wie die Beine unter mir nachzugeben drohen. Zum Glück gehen die Vorbereitungen für den Aufbruch an diesem Morgen langsamer vor sich. Damit habe ich Gelegenheit, noch ein wenig zu verschnaufen. Nach der Anspannung des Vortages wirken Menschen und Tiere wieder ruhiger, ja beinahe schicksalsergeben angesichts der Unabwendbarkeit der Naturgewalten. Seit Jahrhunderten sind die Tuareg es gewohnt, den Mächten der Natur ausgeliefert zu sein. Sie haben längst gelernt, dass es nur ein Überleben gibt, indem man sich damit arrangiert. Eine bleischwere Last scheint auf meinen Schultern zu liegen, jeder Schritt wird zur Qual. Trotzdem schleppe ich mich weiter. Ich habe Schüttelfrost und klappere mit den Zähnen. Ala entgeht wie immer nichts. »Du gehst so komisch. Was ist los mit dir?« Ich antworte vage, sage, ich fühle mich nicht besonders. »Gib mir deine Hand!«, fordert er mich auf und merkt natürlich sofort, dass ich hohes Fieber habe. »Warum hast du das nicht gesagt? Die Anstrengung gestern hat dich geschwächt. Ein böser Geist hat sich das zunutze gemacht. Ist in deinen Körper eingedrungen.« Ich sehe ihn verstört an. Habe ich richtig gehört? Redet er wirklich von Geistern? Dann fällt mir ein, was ich über den Aberglauben der Tuareg gelesen habe. Das Nomadenvolk hat auch heute noch eine starke Bindung an die Vorstellungswelt seiner

Vorfahren. Sie glauben, ihr Handeln sei in gewisser Weise von Geistern bestimmt. Ich habe keine Wahl. Ich beschließe, mich ihm anzuvertrauen. »Was soll ich machen, Ala?« Durch den Staubvorhang hindurch sehe ich seine Augen lächeln. Vermutlich hatte er nicht erwartet, dass ich, eine weiße Frau, bereit sein würde, mich auf seine Heilkunst einzulassen. Im Weitergehen greift Ala in den Halsausschnitt seines Überwurfs und holt einen Lederbeutel hervor, den er an einem Band trägt. Er enthält ein dunkles Pulver. Es sieht aus wie fein gemahlener Tabak. Er reicht mir eine Prise des Pulvers und weist mich an, es mit Wasser einzunehmen. Ich schnuppere daran. Der Duft getrockneter Kräuter steigt mir in die Nase. Ich tue vorbehaltlos, was er mir sagt, und bedanke mich, aber es ist noch nicht genug. Am Band mit dem Lederbeutel trägt Ala auch ein Schmuckstück. Ich erkenne es. Es ist der Ring der Tuareg. Er besteht aus einem Silberreif mit einem dreieckigen Karniol, der mich in seiner Form unwillkürlich an einen Haifischzahn erinnert. »Dieser Ring hat starke magische Kräfte. Trage ihn, bis du gesund bist.« Er hängt ihn an das Band um meinen Hals mit dem Glücksbringer, den mein Sohn mir vor der Abreise geschenkt hatte. Mir bleibt nichts als zu hoffen, dass der Zauber funktioniert. Ala hilft mir auf Aorat und reicht mir einen der Stricke, mit denen die Tuareg die Salzladungen festzurren. »Damit bindest du dich ans Gepäck«, empfiehlt er mir. Und wieder gehorche ich ihm vorbehaltlos.

An die folgenden Stunden fehlt mir jede Erinnerung. Ich falle in einen schmerzfreien, tranceartigen Zustand. Ab und zu habe ich hellere Augenblicke, fühle den Drang zu schlucken, schmecke Wasser, das mir langsam durch Mund und Kehle rinnt, kann mich später allerdings nicht erinnern, getrunken zu haben. Ich scheine in einer anderen Welt zu schweben, in einer Welt ohne Raum und Zeit. Ich weiß nicht, wie lange ich ohne Bewusstsein gewesen bin. Als ich endlich die Augen wieder aufschlage, verschwindet die Sonne gerade hinter dem Horizont. Ganz allmählich erwache ich aus meiner Trance. Mir tut nichts mehr weh, meine Lebensgeister regen sich wieder. Ich fühle meinen Puls. Er ist normal. Das Fieber ist vorbei. Auch heute noch frage ich mich, ob das die herkömmlichen Medikamente bewirkt haben, die ich am Morgen geschluckt hatte, oder ob die Kräuter und das Amulett der Tuareg das Wunder vollbrachten. Instinktiv neige ich zu letzterer These. Vielleicht bin ich ja mittlerweile ebenfalls geistergläubig geworden.

Aorat zeigt sich von alledem völlig unberührt, geht mit den üblichen wiegenden Bewegungen sein gewohntes Tempo. Ich beuge mich hinab, um seinen kräftigen Hals zu tätscheln. Ich weiß nicht einmal, ob er die Berührung meiner Hand spürt, aber ich habe das Bedürfnis, mich bei ihm zu bedanken. Immerhin hat er zu allem anderen auch mich einen ganzen Tag lang mitgeschleppt. Ohne ihn hätte ich den Tagesmarsch nicht geschafft. Ich suche Ala mit Blicken und merke, dass dieser mich offenbar schon eine Weile beobachtet. Er macht mir ein Handzeichen, das gleichzeitig eine Frage ist: »Alles in Ordnung?« »Alles bestens«, erwidere ich mit derselben Geste, und weiß, dass er die Antwort bereits kannte.

Menschen und Kamele

Auf dem Karawanenzug mit den Tuareg habe ich vieles gelernt. Ihre Beziehung zu den Kamelen allerdings hat mich am meisten fasziniert.

Abends am Feuer, nach einer nahrhaften Dosis *Boule* und Datteln, kommt das Gespräch auf Aorat. Wie üblich ziehen sich die Gespräche der Tuareg in die Länge, denn jeder Aussage lassen sie meist eine ausgedehnte Pause folgen. Das gehört zu ihrer Art, sich auszudrücken. Bereits während meiner Reise im Vorjahr habe ich erlebt, wie schwierig der Umgang mit Kamelen ist. Der Karawanenzug kann diesen Eindruck nur noch vertiefen. Ein altes Sprichwort allerdings sagt: »Ein Mann ohne Kamel ist wie ein Himmel ohne Sterne.« Und allein die Vorstellung eines bedeckten Himmels über der Sahara ist absurd. So lässt dieser Vergleich ahnen, wie unverzichtbar die Tiere für dieses Nomadenvolk sind. Kamele sind nervös, launisch, unberechenbar, störrisch, aber für die Tuareg dennoch die einzig vertrauten Gefährten ihrer endlosen Streifzüge durch die Wüste. Sie kommen bis zu zehn Tage ohne Wasser aus, fressen lediglich etwas Stroh und legen bei schwierigsten Bedingungen alltäglich lange Wegstrecken zurück, die andere Vierfüßer niemals bewältigen könnten. Kamele sind für das Leben in Wüstenregionen wie geschaffen, jedes ihrer Organe ist an diesen Lebensraum angepasst. Im normalen Sprachgebrauch benutzt man den Ausdruck ›Kamel‹, denn so werden sie von den Tuareg genannt. Rein wissenschaftlich ist ›Kamel‹ der Überbegriff. Die Reit- und Lasttiere der Tuareg sind eigentlich einhöckrige Kamele, also Dromedare. Und ihr Rückenhöcker ist nichts anderes als eine Fettreserve für magere Zeiten. Augen, Nase und Ohren sind so beschaffen, dass sie auch die heftigsten Sandstürme einigermaßen problemlos überstehen können. Die Füße der Kamele enthalten ein gallertartiges Gewebe, das wie ein Sohlenpolster funktioniert und es den Tieren ermöglicht, sich mit sicherem Tritt auf unterschiedlichstem Untergrund zu bewegen. Im Unterleib haben sie einen großen abgeflachten Knorpelknochen, auf den sie sich während der langen Liegezeiten auf dem Boden abstützen. Das zänkische, widerborstige Naturell der Kamele wird häufig mit der treuen Hingabe entschuldigt, mit der sie auf langen, mörderischen Wüstenpisten Lasten transportieren. Und von dieser Art der Transporte sind die Salzkarawanen der Ténéré mit Abstand die schwierigsten.

Kamele sind das höchste Gut der Tuareg. Sie liefern Milch, Fleisch, das Grundmaterial für notwendige Gebrauchsgüter von der Sandale bis zum einfachsten Handwerkszeug. Kamele sind eine wichtige Tauschware, ja sogar der Brautpreis wird mit Kamelen entrichtet. Demnach ist es durchaus verständlich, dass der Tod eines Kamels eine Katastrophe für eine ganze Familie sein kann. Jeden Morgen, gleich nach dem Aufstehen, gilt die erste Sorge der Männer den Tieren. Jedes einzelne wird prüfend betrachtet und abgetastet; eine Prozedur, die sich allabendlich vor dem Schlafengehen wiederholt. Jeder Tuareg versorgt die eigenen Kamele, und wenn nötig jederzeit auch die der anderen. Immer wieder stößt man entlang der Karawanenstraße auf Tierskelette. Ich bitte Ala um Aufklärung. »Kamele sterben eben auf den Karawanenzügen. Leider. Aber es kommt vor. Man tut alles, um ihr Leben zu erhalten, aber gelegentlich ist nichts zu machen. Das ist dann sehr schmerzlich für uns. Es ist, als verlöre man einen Freund.« Bei dieser Gelegenheit ahne ich noch nicht, dass ich nur wenig später eine dieser schwierigen Situationen selbst miterleben werde.

Wir haben fast die Hälfte der Wegstrecke zurückgelegt, ohne auch nur einer Menschenseele oder einem Tier begegnet zu sein. Für einen Außenstehenden müsste unsere Karawane eigentlich wie eine kleine, autonome Gesellschaft erscheinen, die sich völlig autark in absoluter Freiheit in diesem grenzenlosen Raum bewegt. Diese Vorstellung allerdings ist zu schön, um wahr zu sein. Die Wirklichkeit sieht natürlich anders aus. Der Ablauf unserer Tagesmärsche ist strikten Regeln unterworfen, nichts ist dem Zufall überlassen. Jeder hat seine Aufgaben, die exakt befolgt und ausgeführt werden müssen, will man nicht die Sicherheit aller aufs Spiel setzen. Nomade sein, heißt natürlich frei sein. Diese Freiheit allerdings ist von strengen Regeln bestimmt, die der Einzelne für sich und die Gruppe insgesamt beachten muss. Es ist dies die Lektion, die die Wüste lehrt.

Der ruhige, fast schon einschläfernde Rhythmus der Karawane gerät plötzlich in Unordnung. Einer der Männer läuft zu Kariman an die Spitze, redet wild gestikulierend auf ihn ein und deutet auf das Ende der Karawane. Ich geselle mich zu den beiden, will erfahren, was passiert ist. Offenbar ist etwas mit einem der Lastkamele. Die Männer erklären mir, es handle sich um eines der Jungtiere auf seiner ersten *Azalai,* das noch nicht an die Last und die Strapazen gewohnt ist. Ich entdecke das entsprechende Tier schließlich am Ende der langen Reihe von Lasttieren. Sein Gang ist schleppend. Wiederholt knickt es mit den Hinterläufen ein. Einige Männer umkreisen es und lösen es aus dem Verband. Ein Junge nimmt seinen Maulstrick, führt es allein und in maßvollerem Tempo weiter, was seinem Zustand eher zu entsprechen scheint. Kariman hilft auf seine Art, nimmt die Kamele an der Spitze etwas zurück, so dass die ganze Karawane langsamer wird. Ich beobachte, wie der Tuareg-Junge versucht, dem Tier eine feuchte, dunkle Paste einzuflößen. »Sind Teeblätter«, klärt Ala mich auf, während er unaufhörlich beruhigend auf das Jungtier einredet und ihm übers Maul streichelt. Auch mich macht der unglückliche Zwischenfall betroffen. Ich fühle mich hilflos. Wir ziehen langsam weiter. Einer nach dem anderen lässt sich zurückfallen und begutachtet immer wieder den Zustand des Tieres. Nach zwei Stunden trifft Kariman eine Entscheidung. Da eine Karawane unter keinen Umständen Halt machen darf, soll die Gruppe am hinteren Ende vom Rest der Karawane getrennt werden. Es handelt sich dabei um ungefähr zwanzig Kamele, die das langsame Tempo beibehalten werden, um das Jungtier nicht zu verlieren. Der Sandsturm ist vorbei. Es besteht keine Gefahr, dass sie sich verirren. Am Abend wird man sich im Lager treffen. Sie werden uns in einigem Abstand folgen, sich an unseren Spuren orientieren.

Das Bild des leidenden Tieres geht mir nicht aus dem Kopf.

Eine kurze Zeit noch kann ich die kleine Gruppe erkennen, von der wir uns immer weiter entfernen, bis ich sie schließlich ganz aus dem Blick verliere. Ich frage Ala, wie sich die Tuareg in solchen Situationen verhalten. »Wenn sich herausstellt, dass das Tier so nicht weiter kann, nehmen die Männer ihm die Last ab. Die wichtigsten Dinge und die persönliche Habe werden auf die anderen Kamele verteilt. Alles, was entbehrlich oder zu schwer ist, wird an der Karawanenstraße zurückgelassen. Auch das Salz bleibt zurück. Wer immer es findet, darf es behalten.« Mir fehlt der Mut zu fragen, was geschieht, sollte das Kamel selbst dann nicht weiter können. Ich kann mir die Antwort jedoch denken. Ala spürt, was in mir vorgeht, und fährt fort: »Wir haben Glück. Wenn das im Sandsturm passiert wäre, hätte das Tier keine Überlebenschance gehabt. Es ist noch sehr jung und kann sich schnell wieder erholen. Es braucht nur eine Verschnaufpause. Sein Herr ist ein guter Mann, kennt sich aus mit Kamelen, weiß, wie man die bösen Geister vertreibt.« Dass auch Kamele Opfer böser Mächte werden können, ist neu für mich. Mir fallen die zahlreichen Amulette ein, die auch die Tiere um den Hals tragen. Ich hoffe, dem jungen Kamel helfen sie, wie sie mir geholfen haben.

Azalai

Die Geschichte der Karawanen reicht bis auf das Jahr 1000 unserer Zeitrechnung zurück. Die Karawanen der Tuareg allerdings nehmen ihren Anfang mit der Entdeckung der Salzoasen in der Mitte des fünfzehnten Jahrhunderts. Auch heute noch ranken sich Geschichten und Legenden darum, wie alles begann. Ein Tuareg zum Beispiel soll irgendwann gemerkt haben, dass seine Kamele für einige Monate im Jahr wie vom Erdboden verschwanden. Eines Tages schließlich untersuchte er nach der Rückkehr der Tiere deren Dung und stellte fest, dass dieser Dattelkerne enthielt. Daraufhin beschloss er, seinen Kamelen zu folgen, als es wieder soweit war, und entdeckte so die Salzoasen. Den glanzvollen Höhepunkt erreichte die Tradition der Karawanenzüge im vergangenen Jahrhundert. Tausende und Abertausende von Kamelen durchquerten damals mit ihrer kostbaren Fracht die Wüste und wurden häufig Opfer von Überfällen der Araber und Tubu. Die Salzkarawanen, von den Franzosen *Azalai* genannt – eine Bezeichnung eindeutig griechischen Ursprungs – sind auch heute noch die einzige unverfälscht erhaltene Tradition der Tuareg-Nomaden, die aufgrund der weiterhin gefragten Handelsware Salz überleben konnte. Und Dank des Salzes sind die Blauen Menschen tatsächlich in der Lage, sich mit lebensnotwendigen Gebrauchsgütern zu versorgen. Auch heute noch spielt Geld bei ihren Verhandlungen kaum eine Rolle. Ihre Geschäfte gründen sich fast ausschließlich auf dem Tauschhandel. Die Salinen sind sämtlich im Besitz der Tuareg. Und dieses Monopol erlaubt es ihnen, das weiße Gold der Wüste gegen Artikel des täglichen Bedarfs wie Hirse, Datteln und Tee einzutauschen. Die Tuareg sind ihren alten Traditionen eng verbunden. Für sie und ihre Kultur ist es wichtig, die Salzkarawanen am Leben zu halten, die sie in ihrer Sprache, dem Tamaschek, *Tarhalamt* nennen. Die *Azalai* folgen genauen Routen. Jeder Tuareg absolviert sie nur einmal im Jahr. Mehrere kleine Gruppen von Nomaden bilden jeweils eine gemeinsame Karawane. Jeder Teilnehmer ist Eigentümer einer gewissen Anzahl von Kamelen. Nur die gesündesten und widerstandsfähigsten Tiere werden für diese Aufgabe ausgewählt und von klein auf für diese Arbeit ausgebildet. Zur Karawanen-Saison im Oktober und November treffen sich die Gruppen an den Salinenstätten und warten hier auf den Karawanenführer, dessen Aufgabe es ist, sie sicher durch die Wüste zu geleiten. Die eigentlichen Vorbereitungen beginnen bereits in den jeweiligen Heimatoasen, wo sich jeder noch ausschließlich um die eigenen Belange und die eigenen Kamele kümmern kann. Es ist eine langwierige und mühsame Arbeit, die mehrere Tage in Anspruch nimmt. Der wichtigste Teil ist die Ernte des *Afozo* oder *Aferzu* (*Panicum turgidum*), eines übel riechenden, nährstoffarmen Grases ähnlich unserem Stroh, das die einzige Nahrung der Tiere während der Dauer des Karawanenzugs darstellt. Es wächst in der Nähe der Oasen wild. Die Männer schneiden es, pressen es zu Ballen und kappen sämtliche aus dem Ballen hervorragenden Halme, damit die Last das Fell der Kamele auf dem Transport so wenig wie möglich reizt. Auf dem Weg zu den Salinen besteht die Last der Kamele hauptsächlich aus ihrem Futter. Die letzte Phase der Vorbereitungen gilt dem Wasservorrat. Die Tiere werden vor dem Aufbruch ausgiebig getränkt, denn bis zu den Salinen müssen sie ohne Flüssigkeit auskommen. Auch die Menschen füllen ihre Wassersäcke aus Ziegenbälgern, denn an der Karawanenstraße durch die Ténéré gibt es weder Wasserlöcher noch Brunnen. Können die Kamele auch tagelang ohne Wasser leben, so müssen sie doch täglich und regelmäßig Futter erhalten. Dem entsprechend nimmt die Vorratsmenge an Stroh auf dem Weg nach Fachi stetig ab und es entsteht Platz für die neue Last, das Salz, das in der Oase aufgenommen wird. Während der klimatisch günstigsten Zeit im Spätherbst herrscht ein ständiges Kommen und Gehen der Karawanen in den Salinenoasen. Tatsächlich sinken während dieser Zeit die nächtlichen Temperaturen selten unter 10 Grad, was es Mensch und Tier erleichtert, im Freien zu übernachten, ohne zu frieren und damit zu viele Kalorien zu verbrauchen.

»Was die Wüste will, nimmt die Wüste«, sagen die Tuareg; und nicht mehr und nicht weniger der *Azalai* gebührt ihr.

Wieder vereint

Es ist tiefste Nacht, doch keiner schläft. Wir haben uns wie immer ums Feuer versammelt, um Tee zu trinken, und horchen auf das kleinste Geräusch in der Hoffnung, das vertraute Schaben der Kamelsohlen auf dem Sand zu hören. Die kleine Gruppe mit dem kranken Kamel ist noch immer nicht wieder aufgetaucht. Seit wir sie zurückgelassen haben, ist jeder Kontakt abgebrochen. An diesem Abend fällt es Kariman zu, den Tee zu bereiten. Für die Tuareg ist dies eine geradezu feierliche Handlung, die aus der Abfolge von stets identischen Handgriffen besteht. Im Sand hebt er eine kleine Vertiefung aus, die er mit Glut füllt. Darauf stellt er den Emailkessel. Aus einem Ledersäckchen nimmt er eine Hand voll grüner Teeblätter, gibt diese in das Gefäß und füllt es mit Wasser: ein Glas pro Person. Dann fügt er reichlich Zucker hinzu und lässt alles zusammen einige Minuten kochen. Unterdessen stellt er die Gläser im Sand bereit. Dann füllt er jedes Glas, indem er den Tee aus einer gewissen Höhe in die Behältnisse gießt, wodurch sich auf der Oberfläche ein grünlicher Schaum bildet. Dann schüttet er die Flüssigkeit zurück in den Kessel und gießt sie erneut aus, nachdem sich die Zutaten gut gemischt haben. Dieses wird dreimal wiederholt. Der erste Teeaufguss ist der kräftigste, und jedem am Feuer fällt die gleiche Menge zu. Anschließend füllt Ala den Kessel erneut mit Wasser und Zucker, benutzt jedoch die Teeblätter des ersten Aufgusses. Diese Prozedur wiederholt sich noch zweimal. Dem letzten Aufguss fügt er einige geschmacksverstärkende Minzeblätter zu. Das Resultat ist ein sehr süßes, karamellartiges, sehr bekömmliches Gebräu. Es bewirkt einen tiefen Schlaf, der allerdings nie mehr als drei oder vier Stunden dauert. Beim Aufwachen fühlt man sich erstaunlich frisch und erholt, so als habe man viele Stunden geschlafen.

An diesem Abend sind alle wortkarg, sind mit ihren Gedanken bei den Gefährten, die noch immer im Dunkeln in der Wüste unterwegs sind. Zum Glück scheint der Mond, und zahlreiche Feuer erhellen das schon von weitem sichtbare Nachtlager. Die Feuer werden unermüdlich in Gang gehalten, und niemand denkt ans Sparen, obwohl der in Fachi aufgenommene Holzvorrat bis zum Ende des Karawanenzuges ausreichen muss. Die Männer erheben sich abwechselnd und starren in die Dunkelheit und die Richtung, aus der wir gekommen waren. Alles bleibt ruhig. Schließlich ist es einer der Jüngsten, der sie hört. Er ruft etwas in Tamaschek, und aus der Dunkelheit kommt prompt die Antwort. Alle sind sofort auf den Beinen. Wie durch Zauberhand taucht die kleine Gruppe vor uns aus der Nacht auf, nähert sich langsam, aber stetig im gewohnten Rhythmus der Karawane. Wir suchen mit den Blicken das kranke Kamel. Es ist bei den anderen, trägt jedoch keine Last. Die Männer aus dem Lager eilen den Gefährten zu Hilfe. In kurzer Zeit haben sie die Tiere abgeladen und führen sie zu den anderen zum Futter. Dem geschwächten Tier allerdings wird eine besondere Behandlung zuteil. Sie bringen es dazu, sich niederzulegen. Dann übergibt einer der Männer dem Eigentümer einen großen Emailkrug voller feuchter Teeblätter, die man speziell zu diesem Zweck aufbewahrt hatte. Der Targi nähert sich seinem bewegungslos daliegenden Tier und öffnet ihm das Maul. Mit einer einzigen Handbewegung flößt er ihm die Wunderdroge ein, sorgsam bemüht, nicht ein Blatt der kostbaren Medizin zu vergeuden. Das Kamel, von den Strapazen des Tages völlig erschöpft, zeigt erste Reaktionen und beginnt langsam zu kauen. Der Tuareg streichelt es dabei zärtlich und flüstert ihm etwas ins Ohr. Als alle Teeblätter verfüttert sind, entfernt er sich kurz und kehrt mit der üblichen Schale *Boule* zurück. Er schiebt seinem Kamel die Paste portionsweise ins Maul und wartet stets geduldig, bis das Tier geschluckt hat. Erst als er sicher ist, dass es genug hat, isst er den Rest im Sand sitzend an der Seite seines Kamels, mit dem er die Nahrung geteilt hat. Viel später erst gesellt er sich zu uns ans Feuer. Er erzählt, dass er die ganze Salzlast zurücklassen musste. Er hatte keine andere Wahl. Nur so konnte er sein Kamel retten. »Das Salz gehört dem, der es findet«, schließt er ohne zu klagen und fügt hinzu: »Was die Wüste will, nimmt die Wüste.«

In Richtung Brunnen

Zum ersten Mal seit Beginn der Reise begegnen wir anderen Menschen. Eine Karawane, wesentlich kleiner als unsere, taucht hinter einer Düne auf, und im ersten Moment glaube ich an eine Fata Morgana. Seit Fachi haben wir nichts anderes gesehen als Sand. Da war kein Fels, kein Grasbüschel, absolut nichts, das auch nur die Existenz einer Welt außerhalb der Wüste verraten hätte. Nur gelegentlich überrasche ich mich dabei, wie ich mir Farben vorstelle. Ich sehne mich nach etwas Grünem, denke an einen Wald, eine Wiese, einen Teich mit üppiger Ufervegetation, an das Meer, an blaue Wellen und bunte Fische. Die Ténéré ist monochrom. Lediglich bei Sonnenauf- oder -untergang nimmt das allgegenwärtige Ocker eine leicht rosarote bis beigefarbene, selten sogar eine graue Tönung an, wobei alles wiederum dieselbe Färbung hat, alles gleichermaßen die Farbe ändert. Die einzige Ausnahme ist lange mein bunter Rucksack, bis auch er sich farblich immer mehr dem Rest angleicht.

Die andere Karawane unterscheidet sich rein äußerlich nicht von der unseren. Nur die Menschen sind andere, winzige blaue und schwarze Punkte wie üblich. Sie folgen derselben Route wie wir auf einer parallel verlaufenden Karawanenstraße, nur durch eine Dünenkette von uns getrennt. Vermutlich haben wir deshalb ihre Feuer am Vorabend nicht gesehen. Allein der Sand hat uns voneinander fern gehalten. Ich wundere mich, dass niemand Anstalten macht, die Route zu ändern und sich der anderen Karawane zu nähern. Kariman folgt ungerührt dem einmal eingeschlagenen Weg, weicht keinen Meter seitlich davon ab. Wie ist es nur möglich, dass niemand nach den langen Tagen der Einsamkeit den geringsten Wunsch verspürt, die anderen zumindest zu begrüßen, ein paar Worte mit ihnen zu wechseln? Ich gehe zu Ala. »Habt ihr sie nicht gesehen? Da drüben ist eine andere Karawane.« Ala schüttelt verständnislos den Kopf. »Wieso? Die sehen wir doch schon seit gestern«, erwidert er. Dann merkt er, wie überrascht ich bin. »Ach so, du denkst, wir sollten zu ihnen gehen? Uns treffen? Du hast keine Ahnung. Die sind viel weiter weg, als du glaubst. Würde uns Stunden kosten, allein die Dünen zu überwinden.« Und er hat natürlich Recht. Das ungeübte Auge hat in der Wüste große Mühe, Entfernungen und Größenverhältnisse korrekt einzuschätzen. Ich muss noch viel lernen.

Also folgt jede Karawane ihrem Weg, bis wir uns aus den Augen verlieren. Möglich, dass wir uns am Brunnen beim *Arbre du Ténéré* wiedersehen, an jenem obligaten Treffpunkt aller Karawanen in diesem Teil der Sahara und der einzigen Wasserstelle auf der Route von den Salinen in den Süden und Westen. Gleichzeitig ist dieser Brunnen das Ende der schwierigsten Etappe des Karawanenzugs. Vom Brunnen beim *Arbre du Ténéré* aus sind bereits die ersten Silhouetten des Air-Massivs zu erkennen, an dem man sich orientieren, den Karawanenzug auch ohne den Führer fortsetzen kann.

Mittlerweile ist mir klar, dass sich mein Leben völlig unerwartet innerhalb weniger Tage drastisch verändert hat. Ich habe gelernt, wie die Tuareg mein tägliches Pensum zu absolvieren und mich trotz der täglichen Gewaltmärsche und des stets nervenaufreibenden und anstrengenden Umgangs mit den Kamelen in ihrer

Umwelt unbefangen zu bewegen. Die Strapazen sind erträglich geworden. Mein Körper hat sich verändert. Ich bin magerer und zäher, meine Muskeln sind geschmeidiger. Die ständige Bewegung im Freien und die besondere, aber karge Kost zeigen Wirkung. Und während meine Gedanken zurückwandern, stellt sich tiefe Befriedigung ein. Ich denke an die schlimmen Momente nach dem Aufbruch, an die Krise und Niedergeschlagenheit des ersten Tages, an die nicht enden wollenden qualvollen Stunden des Kamelritts. Die Rückenschmerzen sind ein ständiger Begleiter, mit dem ich mich mittlerweile arrangiert, gelernt habe damit zu leben und damit umzugehen. Ich empfinde die Stille auf den langen Stunden der Fußmärsche nicht mehr als Last und entdecke, wie wohltuend es ist, den Gedanken freien Lauf zu lassen. Die Männer sind mir gegenüber offener und ungezwungener geworden. Auch der so schüchterne Tuareg-Junge hat die Verlegenheit der ersten Tage abgelegt, und ich habe ihn mehr als einmal dabei überrascht, wie er seinen Gesichtsschleier herunterließ und mich unverhohlen anlachte. Zwischen den Mitgliedern der Karawane und mir hat sich ein enges Verhältnis entwickelt, geprägt von gegenseitigem Respekt und Verständnis. Das ist umso erstaunlicher, als ich mich, mit Ausnahme von Ala, mit keinem von ihnen je direkt unterhalten konnte.

Ich beginne, mich seelisch bereits auf die Trennung von den meisten der Männer einzustellen. Diese soll wie verabredet am Brunnen stattfinden. Dort wird sich die Karawane aufteilen. Die einzelnen Gruppen sollen von da aus allein zu ihren jeweiligen Heimatoasen aufbrechen. Die Zweckgemeinschaft ist dann nicht mehr nötig, der gefährlichste Teil der Ténéré überwunden. Karimans Aufgabe ist dort beendet.

Zum ersten Mal seit Tagen treffen wir auf die Spuren anderer Karawanen, die allesamt in Richtung Wasserstelle weisen. Gelegentlich finden sich im Sand Tierexkremente und vereinzelte

Strohreste, die sich wohl aus einer Ladung oder einer Strohmatte gelöst haben. Immer häufiger treffen wir auch auf die Überreste verendeter Kamele neben der Karawanenstraße. Gerade in Brunnennähe erscheint mir das merkwürdig. Warum sterben sie gerade hier, so kurz vor dem Ziel? Ala hat dafür eine einfache Erklärung: »Es ist die Erschöpfung, die sie überwältigt. Das Ziel vor Augen, lassen sie sich gehen, ihr Lebenswille versiegt.« Dabei fallt mir ein, dass Schiffbrüchige häufig nach ihrer Rettung sterben. Sind einmal gewisse Grenzen überschritten, gibt es kein Zurück.

So Allah will

Der Lärm ist unbeschreiblich. Vielleicht kommt es mir nach der tagelangen Stille auch nur so vor. Jedenfalls herrscht ein biblisches Sprachgewirr an der Wasserstelle. Die Menschen tauschen Nachrichten und Informationen aus, jeder erzählt die Geschichte seiner Wüstendurchquerung, zahllose Hände werden zum traditionellen Gruß erhoben, und das Quietschen des Flaschenzuges, mit dem das Wasser aus der Tiefe geholt wird, untermalt den allgemeinen Lärm. Die Kamele wittern das Wasser und werden unruhig. Ihre Herren haben alle Hände voll zu tun, sie vom Brunnen fern zu halten, während andere die *Girbe*, die Wassersäcke aus Ziegenbälgern, auffüllen, die mittlerweile fast leer sind. Die Tiere protestieren mit lautem Gebrüll und zerren an den Stricken, durch die sie miteinander verbunden sind. Ich versuche vergeblich, mich unauffällig mit meinen Reisegefährten durchzumogeln, aber meine helle Kleidung, die unterschiedliche Statur und vor allem meine Schuhe erregen unweigerlich die Aufmerksamkeit der anderen Tuareg. Überall in meiner Umgebung senken die Männer die Stimme, verstummen die Gespräche. Ob sie mich sofort als Frau erkennen, vermag ich nicht zu sagen. Die Farbe der Haut an den Händen und in der Umgebung der Augen, die einzigen unbedeckt gebliebenen Körperteile, verraten meine europäische Herkunft. Immer wieder gesellt sich ein fremder Tuareg zu meinen Reisegefährten, redet eindringlich auf sie ein. Aus Tonfall und Blicken schließe ich, dass ich das Objekt der Neugier bin. Ich halte mich abseits. Erst als das Gespräch beendet ist, mische ich mich wieder unter sie, um von Ala eine Erklärung zu verlangen. »Man ist neugierig«, antwortet er. »Noch nie haben sie eine Frau bei einer Karawane getroffen. Sie begreifen nicht, weshalb du dich freiwillig auf eine *Azalai* begibst. Hier tut das niemand, wenn er nicht muss. Für uns ist es Arbeit, aber für dich... Sie fragen immer wieder nach deinen Gründen – weshalb du unbedingt die Ténéré durchqueren willst.« Dann fügt er mit maliziöser Miene hinzu: »Stell dir vor, einer dachte sogar, dass du die weiße Frau von einem von uns bist!« Er lacht, und im Scherz frage ich, wie viele Kamele man wohl für mich bezahlen müsste. »Zu viele«, erwidert er. »Jedenfalls kaum weniger als vierzig. Europäische Frauen sind für die Tuareg von großem Wert.« Nach den Berechnungsgrundlagen für diesen Preis wage ich nicht zu fragen. Trotzdem schmeichelt es mir, dass die Tuareg mich als so kostbar ansehen.

Durch das Leben in der Wüste und die Schwierigkeiten des Alltags haben sich die Nomaden eine pragmatische Einstellung zu vielen Dingen bewahrt. Sie begreifen nicht, was mich bewogen hat, diese Strapazen freiwillig auf mich zu nehmen. Und ich glaube, bis heute hat keiner meiner Karawanengefährten wirklich eine Erklärung gefunden, die in ihren Augen befriedigend gewesen wäre.

Plötzlich tritt ein Nomade auf uns zu, spricht mit Ala, ohne den Blick von mir zu wenden und mustert mich eingehend von Kopf bis Fuß. Ala behandelt ihn auffallend respektvoll und ehrerbietig, was mich veranlasst, ihn meinerseits genauer zu beobachten. Der Targi trägt einen eleganten Turban aus einem neuen, schillernden Material, das mit Silberfäden durchwoben scheint. Sein Schwert ist mit kostbaren Ziselierungen versehen, und um den Hals trägt er eine Kette mit dem prächtigsten Anhänger, den ich bislang gesehen habe. Es ist eine viereckige, reich ziselierte, mit Lederfransen geschmückte Silberplatte, die den Großteil seiner Brust bedeckt. Ich verfolge das Gespräch neugierig, ohne ein Wort zu verstehen. Ala wirkt plötzlich verlegen, und als ich ihn frage, worum es denn ginge, senkt er nur den Kopf. Diese Reaktion macht mich natürlich noch neugieriger. Erst nach langem Schweigen entschließt sich mein Freund zu antworten. »Er ist einer der reichsten Männer der Gegend. Besitzt Tausende von Kamelen. Alle kennen und achten ihn.« Soviel hatte ich mir fast denken können. Dass es sich um eine wichtige Persönlichkeit handeln muss, war auch mir aufgefallen. »Ich weiß nicht, wie ich es dir sagen soll. Es geht um dich. Ich soll dir seine Worte genau übersetzen. Bitte reg dich nicht auf.« Natürlich rege ich mich prompt auf, wenn auch der Gesichtsschleier zum Glück meinen Gefühlsausbruch verbirgt. »Er fragt, ob du seine Frau werden willst. Er ist bereit, eine ganze Menge für dich zu zahlen.« Die Knie zittern mir. Ich überlege fieberhaft. Was soll ich ihm nur sagen? Wie verhalte ich mich, ohne ihn zu beleidigen? Hypnotische Augen fixieren mich in Erwartung einer Antwort. Ich versuche mir den Rest seines Gesichts vorzustellen. Nach den Augen zu urteilen, muss er ein sehr gutaussehender Mann sein. Das Problem ist, dass es ihm offenbar ernst ist mit seinem Angebot. Die Situation ist peinlich. Verzweifelt suche ich nach einem Ausweg. Vergeblich. Ich sehe Ala um Hilfe flehend an. Wie immer findet er eine Lösung: »Ich sage ihm, dass du schon mit einem weißen Mann verheiratet bist. Er muss ihn um Erlaubnis fragen. Einverstanden?« Ich nicke. Ala übersetzt. Der Nomade scheint meine Antwort befriedigend zu finden. Er sieht sich fragend um, versucht in der Menge meinen Mann auszumachen. »Er ist nicht hier«, versichert Ala ihm hastig. »Er wartet in der Oase Tureiet. Am Ende der Reise.«

Bei dem Gedanken, wie Oscar auf diese Episode reagieren würde, muss ich insgeheim lachen. Zum Glück ist er noch weit weg. Sollte mein Verehrer enttäuscht sein, zeigt er es jedenfalls nicht. Er spricht noch ein paar Worte mit Ala. Sie drücken sich dreimal die Hand, wie es der Brauch will, dann wendet er sich an mich und neigt leicht den Kopf. »*As-salamu aleikum*«, sagt er. »*Aleikum-el-as-salamu*«, erwidere ich. Dann steigt er auf ein Kamel, das so weiß ist wie Aorat, und entfernt sich mit seinen Leuten. Ich sehe ihm nach, wie er am Horizont verschwindet, fasziniert vom Adel und der Eleganz seiner Haltung. »Was hat er beim Abschied zu dir gesagt?«, will ich von Ala wissen. Mit ernstem Ausdruck erwidert er: »Er hat gesagt, so Allah will, werden sich unsere Wege erneut in der Wüste kreuzen.«

Abschiede

Ich bin noch immer aufgewühlt von der Begegnung mit dem aufregenden Tuareg, als die Vorbereitungen zur Aufteilung unserer großen Karawane beginnen. Menschen und Tiere finden sich in kleinen Gruppen zusammen, die sich dann allein zu den jeweiligen Heimatoasen aufmachen. Das Ende der Reise ist noch weit. Wir haben bisher nicht einmal die Hälfte der Strecke zurückgelegt, doch die wild romantische Kulisse des Air-Massivs, das am Horizont aufragt, dient allen als sicherer Orientierungspunkt für die jeweilige Route.

Die einzelnen Gruppen rufen sich Abschiedsgrüße zu. Die wenn auch kurze Begegnung an der Wasserstelle hat den Tuareg die Möglichkeit gegeben, einige persönliche Erlebnisse auf dem ersten Teil der Reise auszutauschen. Noch lange Tage des Marsches liegen vor ihnen, aber die Anspannung, die auf der bereits überwundenen Strecke geherrscht hatte, ist von ihnen abgefallen. Wieder einmal haben sie den schwierigsten Teil der Wüstendurchquerung gemeistert. Der eine oder andere muss den Verlust von Kamelen verschmerzen oder war gezwungen, einen Teil der Ladung zurückzulassen. Menschen sind jedoch glücklicherweise nicht zu Schaden gekommen. Sie nehmen den Marsch wie gewohnt schweigend in kleinen Gruppen auf, bis sie ihren Zielort erreichen. »*Inch'Allah.*« So Gott will.

Die Rast an der Wasserstelle war kurz, hat nur knapp über eine Stunde gedauert, und dennoch ist die Erinnerung daran eine der intensivsten des ganzen Unternehmens. »Madame! Madame!« Ich drehe mich überrascht um. Meine Gefährten rufen im Chor nach mir. Ala hat ihnen diese einfache französische Vokabel beigebracht, und jetzt wollen sie mich damit überraschen. Es ist ihr Abschiedsgeschenk. Ein Tuareg nach dem anderen kommt, um mir Lebewohl zu sagen. Ich weiß, dass ich sie nie wiedersehen werde, und beim Gedanke an diesen Abschied wird mir schwindelig. Zum ersten Mal geben wir uns die Hand, pressen dreimal die Handflächen gegeneinander, wie es der Brauch der Nomaden verlangt. Der Tuareg-Junge ist einer der Letzten, hat den Gesichtsschleier gelöst und überreicht mir mit seinem typischen Lächeln das letzte Mal eine Hand voll Datteln. Ich weiß, dass ich gegen die Konvention verstoße, aber ich kann nicht anders. Ich strecke die Hand aus und streichle ihm über die Wange. Die Geste wird augenblicklich mit zahllosen Zurufen kommentiert, die angespannte Zurückhaltung löst sich auf in fröhliches Lachen.

Ich weiß nicht, was die Anwesenheit meiner Person für die Karawane bedeutet hat. Ich möchte an einen positiven und angenehmen Einfluss glauben. Mit Bestimmtheit weiß ich es nicht. Für mich ist es menschlich und gefühlsmäßig eine reiche und wertvolle Erfahrung. Ich habe unendlich viel von den Herren der Wüste gelernt und vielleicht trifft das ein wenig auch umgekehrt zu. Eines allerdings ist gewiss: In der Ténéré waren wir alle gleich, isoliert vom Rest der Welt, gleich in unseren Gefühlen, in der Wertschätzung der einfachsten Dinge des Lebens, in unserer gegenseitigen Achtung, aber vor allem gleich in unserer Liebe zur Wüste, zum Leben und zu unseren Mitmenschen. Während wir uns voneinander entfernen, jeder seinem Zielort zustrebt, rufen wir uns immer wieder Grußworte zu, bis wir uns schließlich aus den Augen verlieren. Wir werden uns nie wiedersehen und bleiben doch aufgrund unserer Erinnerungen für immer verbunden.

Schließlich bin ich allein mit Ala, Kariman und neun Kamelen. Vor dem Aufbruch aus Fachi war beschlossen worden, dass unser Ziel die Heimatoase des Karawanenführers sein sollte, in der auch Ala Verwandte hat. Dort wollten Oscar und Piero mich erwarten. Zuerst ist es eine Umstellung, sich plötzlich in einer derart reduzierten Gruppe wiederzufinden, auch wenn der Tag und die Arbeit nach demselben Rhythmus verläuft. Der einzige Unterschied für die Karawanenmitglieder ist, dass in der großen Gruppe im Bedarfsfall jeder dem anderen helfen, oder die Tiere des anderen versorgen muss, während man sich jetzt auf die eigenen Belange beschränken kann.

Mit fortschreitender Wegstrecke beginnt sich das Bild der Wüste allmählich zu wandeln. Weit verstreute, spärliche Büschel von Wüstengras sind erste Anzeiger dafür, dass wir langsam die Region der absoluten Leere verlassen. Ein kleiner Vogel setzt sich unvermittelt auf ein Kamel und pickt seelenruhig Stroh aus den Ballen, ohne sich von der wiegenden Gangart des Tieres aus der Ruhe bringen zu lassen. Er hatte eine mobile Oase gefunden und nutzt das weidlich aus. Nach den Tagen im totalen Nichts, in dem sich kein Hindernis den wandernden und wechselnden Sandformationen in den Weg stellt, tauchen die ersten Anzeichen von Leben auf. Plötzlich genügt ein Grashalm, und der Wind weht winzige Dünen an, zaubert unermüdlich neue Muster in den Sand. Wir kommen immer langsamer voran, denn unsere Kamele, die sich tagelang nur von trockenem Stroh ernährt hatten, können der Versuchung von frischem Futter nicht widerstehen. Immer häufiger senken sie die Hälse, um einen Halm aus dem Sand zu zupfen, auch wenn die Stricke, durch die sie verbunden sind, ihre Bewegungsfreiheit stark einengen. Wir marschieren noch immer schweigsam nebeneinander her, nichts hat sich zwischen uns verändert. An Zeit zum Nachdenken mangelt es wahrlich nicht. Unvermeidlich kehren die Gedanken zu den vor wenigen Stunden verlassenen Gefährten zurück, zu ihren Streifzügen durch die Wüste, zu den Nomaden aus Tradition und Notwendigkeit.

Die Tuareg sind ursprünglich ein Berbervolk. Sie führen ihre Ursprünge auf die Garamanten aus dem fernen libyschen Fezzan zurück. Früher bildeten sie eine in drei Adelskasten unterteilte Feudalgesellschaft. An ihrer Spitze standen Fürsten, deren Hauptbeschäftigung Überfälle auf die Karawanen waren, die Gewürze, Stoffe und andere kostbare Handelswaren durch die Wüste transportierten. Heute sind die großen Karawanen fast vollkommen aus der Wüste verschwunden. Aus den adeligen Räubern sind Viehzüchter geworden, die dennoch die alte Tradition der Nomaden aufrecht erhalten. Es gibt ungefähr eine Million Tuareg, fast die Hälfte davon im Niger, die dank der Abgeschiedenheit, in der sie leben, auch heute noch unvermischt geblieben sind. Sie gehören alle dem Islam an, folgen jedoch eigenen Gesetzen, geprägt durch die matriarchalischen Strukturen ihres Gesellschaftssystems. Sie sind monogam, und die Frauen genießen einige Privilegien. So können sie ohne Erlaubnis des Gatten die Scheidung verlangen und sind nicht verpflichtet, den

Schleier zu tragen. Die Faszination der Blauen Menschen ist die eines einfachen, freien Volkes, in dessen Sprache es kein Wort gibt, mit dem es sich und seinen Stamm bezeichnet. Es sind die anderen gewesen, die sie Tuareg genannt haben. Sie fühlen sich keiner Rasse, geschweige denn einer Nation zugehörig. Ihr gemeinsames Band ist ihre Kultur, die Tradition, die Sprache. *Kel Tamaschek* ist der, der die Sprache der Tuareg spricht. Wer sich in alledem wiederfindet, ist ein echter Tuareg.

Die Gedanken schweifen in die Ferne

Allabendlich schließe ich meine Tagebucheintragung mit demselben Satz: »Ciao, Pippo, du fehlst mir so.« Pippo ist für Oscar und mich der Kosename für unseren Sohn. Als er im Kleinkindalter einmal von einer Freundin ebenfalls so gerufen wurde, reagierte er angesichts dieser plumpen Vertraulichkeit prompt ziemlich böse. Er wollte nur von Mama und Papa so genannt werden. Die Unmöglichkeit, Nachrichten zu verschicken oder zu erhalten, ist das Unangenehmste, mit dem ich mich in dieser Abgeschiedenheit abfinden muss. Zwei Wochen haben wir nichts voneinander gehört. Ich weiß, dass die Geländewagen mit Funkgeräten ausgestattet sind und in regelmäßigem Kontakt mit ihrer Basis in Agadèz stehen. Zweifellos kann Oscar Nachrichten nach Italien schicken. Ich jedoch bin vollkommen von der Außenwelt abgeschnitten. Ich hatte Max zwar versprochen, dass er zu uns in die Sahara kommen dürfe, weiß jedoch nicht, ob das inzwischen geklappt hat. Meinen Eltern habe ich das wahre Ziel der Reise verheimlicht. »Wir drehen einen Dokumentarfilm, macht euch keine Sorgen«, habe ich ihnen zum Abschied gesagt. Allerdings glaube ich nicht, dass Max das Geheimnis gegenüber den Großeltern für sich behalten konnte. Es mag seltsam klingen, aber ich denke ohne Angst und Sorge an zu Hause. Ich bin heiter und ausgeglichen und möchte glauben, dass es meinen Lieben ebenso ergeht. Ich vermisse keine der gewohnten Annehmlichkeiten. Die Erlebnisse weniger Tage haben jene Werteskala auf den Kopf gestellt, die sich jeder je nach Lebensstil, Erziehung und ureigenen Notwendigkeiten zurechtlegt. All das, was ich für Grundbedürfnisse gehalten habe, hat keine Bedeutung mehr. Dagegen werden Dinge zu unverzichtbarem Gut, an die ich früher keinen Gedanken verschwendet habe. Zu Hause ist für mich die Dusche zum Tagesanfang ein Muss. Hier ist die erste Handlung des Tages, nach den Kamelen zu sehen, denn sie sind das unverzichtbare Transportmittel in der Wüste. Wasser wird ausschließlich zum Trinken genutzt und nur selten für andere Zwecke missbraucht. Hier wäscht man sich nach Nomadenart mit Sand. Selbst der Prophet hat den Tuareg das Recht zugestanden, für die rituelle Waschung nach dem Gebet Sand zu benutzen. Beim Gedanken an die zahllosen aufgereihten Fläschchen, Tuben und Töpfchen auf der Ablage in meinem Badezimmer in Mailand muss ich unwillkürlich lächeln. Utensilien wie diese sind aus dem Leben in der Stadt nicht wegzudenken, aber in der Wüste völlig überflüssig. Was sollte ich wohl hier mitten in der Sahara mit hautstraffenden Lotionen und Nagellack? Längst habe ich den kleinen Spiegel vergessen, den ich bei Reisebeginn irgendwo bei meinen Sachen hatte. Vermutlich ist er zusammen mit allen anderen Nutzlosigkeiten ganz zuunterst in einer Rucksacktasche gelandet. Ich denke unwillkürlich an jene nicht unerhebliche Zahl von Menschen aus meinem Bekanntenkreis, deren einzige Sorge Schlankheitskuren sind, und die ein Vermögen für kosmetische Behandlungen und in Schönheitsfarmen ausgeben. Vermutlich ist es nicht ratsam, ihnen Schocktherapien wie die Teilnahme an einer *Azalai* zu empfehlen, aber meine körperliche und seelische Verfassung ist in diesem Moment ganz gewiss besser als ihre.

Ich lasse den Blick durch das winzige Zelt schweifen, das mir als Zuflucht dient. Es ist mein mobiles Zuhause, das ich jeden Morgen abbaue, um es allabendlich an einem anderen Ort wieder aufzuschlagen. Es ist alles andere als stabil, aber nichts ist sicherer. Das einzige Ritual, auf das ich an keinem Ort der Welt verzichte, ist die Abendlektüre. Selbst wenige Zeilen vor dem Schlafengehen am Abend, im Licht einer Taschenlampe, genügen zur Entspannung nach einem langen und anstrengenden Tag.

Wo sind die Kamele?

Vergangenen Abend, nachdem wir die Tiere von ihren Lasten befreit hatten, haben wir ihnen nur Fußstricke an den Vorderläufen angelegt, um sie ungehindert weiden zu lassen. Dieser Strick ist nichts anderes als ein Stück zusammengeknotetes Seil von bestimmter Länge, das man dem Kamel während des Tages um den Hals hängt. Wenn nötig, streift man diese Schlinge lediglich über die Vorderläufe des Tieres und knotet sie um die Fesseln. Die ganze Angelegenheit ist einfach und doch nicht ungefährlich. Um einem Kamel den Fußstrick anzulegen, muss man vor den Vorderläufen niederknien. Und in Anbetracht des wenig konzilianten Charakters dieser Tiere ist das Risiko, sich einen Fußtritt einzuhandeln, alles andere als gering. Aber nun geht unser Vorrat an Futterstroh zu Ende, und die Männer beschließen, die Tiere frei zwischen den niedrigen Büschen weiden zu lassen, die fast überall aus dem Sand sprießen. Sie sind für die erschöpften Tiere ein wesentlich nahrhafteres Futter. Noch bis zum Einschlafen haben wir sie ganz in der Nähe des Lagers im Dunkeln gehört. Als wir im kalten Licht des Morgengrauens erwachen, sind sie fort. Ala und Kariman scheinen ruhig, während sie mir erklären, dass sie die Tiere suchen müssten. Beim Fressen, so sagen sie, könnten sie sich ohne Weiteres einige Kilometer weit entfernt haben. Das Problem ist allerdings, dass Kamele nicht in einer Gruppe beisammen bleiben wie Herdentiere, sondern dazu neigen, sich einzeln in alle Himmelsrichtungen zu entfernen. Und die endlose Sandfläche der Wüste macht ihnen dies zu allem Übel auch noch leicht. Die Männer kramen zwischen der Ladung die Seile hervor, mit denen die Kamele zusammengebunden werden. Dann stecken sie eine Hand voll Datteln ein, und jeder hängt sich einen mit Wasser gefüllten Ziegenbalg um. Ich mache Anstalten, mich ihnen anzuschließen, aber sie wehren ab. »Du bleibst im Lager bei unseren Sachen. Allein hier herumzustreifen, ist gefährlich. Schon nach wenigen hundert Metern verliert man sich aus den Augen. Du könntest dich verlaufen, ohne dass du es überhaupt merkst. Rühr dich nicht vom Fleck. Unter keinen Umständen. Warte, bis wir zurück sind!« Ich schaue ihnen nach, wie sie sich in verschiedene Richtungen entfernen, und nach wenigen Minuten sind sie bereits hinter dem Horizont verschwunden. Zum ersten Mal bin ich in der Wüste wirklich allein, ohne meine Gefährten. Nicht einmal ein Tier leistet mir Gesellschaft. Da sind nur Sand, das Säuseln des Windes und einige Grasbüschel. Viele Tagesmärsche trennen mich von den ersten Oasen. Ich habe kein Funkgerät, mit dem ich jemandem sagen könnte, wo ich bin. Ich weiß es ja nicht einmal selbst. Also ziehe ich es vor, die negativen Gedanken zu vertreiben, die mich zu überwältigen drohen. Aber so einfach ist das nicht. Es vergehen Stunden. Die Sonne steht bereits im Zenit. Ich sitze im Sand und warte auf die Rückkehr meiner Reisegefährten. Plötzlich entdecke ich aus den Augenwinkeln, dass sich neben meinen Füßen fast unmerklich etwas bewegt. Bedächtig wende ich den Kopf, um festzustellen, was meine Aufmerksamkeit erregt haben könnte. Aus Erfahrung weiß ich, dass Stillhalten in Situationen wie dieser am ratsamsten ist. Doch häufig verfolgt der Gegenpart dieselbe Taktik. Und ich sehe ihn sofort, nur wenige Zentimeter vor meinen Zehen entfernt, obwohl seine Farbe dem Sand perfekt angepasst ist. Es ist ein Skorpion, etwa fünfzehn Zentimeter lang. Er hat seine Scheren und den gebogenen Hinterleib mit dem gefährlichen Stachel in deutlicher Angriffshaltung aufgestellt. Ich weiß um seine Beweglichkeit und dass jede hastige Bewegung eine blitzschnelle Reaktion auslösen kann. Ohne ihn auch nur eine Sekunde aus den Augen zu lassen, greife ich mit den Händen in den Sand und werfe eine Ladung nach ihm. Fast gleichzeitig springe ich auf und mache einen Satz rückwärts. Ich habe ihn überrumpelt und seinen Angriff abgewehrt, ohne ihn zu verletzen. Im ersten Moment ist er orientierungslos, dreht sich sinnlos im Kreis und beschließt dann, sich lieber davon zu machen. Ich behalte ihn noch eine ganze Zeit im Auge, bis er sich schließlich in ungefährlichem Abstand in einem Grasbüschel verkriecht. Ich bin fast sicher, dass er sich nicht wieder in meine Nähe wagt, aber der Gedanke daran, was hätte passieren können, macht mich schaudern.

Habe ich schon Halluzinationen? Von fern weht der melodische Ton eines Musikinstruments zu mir herüber. Es klingt wie eine Flöte. Ich fange an zu glauben, meine Fantasie spiele mir in dieser Einsamkeit einen üblen Streich, als ich am Horizont einen winzigen Punkt entdecke. In der Wüste braucht man schon ein geschultes Auge, um Proportionen korrekt abzuschätzen, und häufig entpuppt sich das, was als großer Gegenstand erscheint in Wirklichkeit als sehr klein oder umgekehrt. Dann werden aus dem Punkt mehrere Punkte, und diese zu Silhouetten von Menschen und Kamelen. Sie kommen zurück. Kariman marschiert an der Spitze. Er spielt auf einer einfachen Holzflöte. Die langsamen und monotonen Laute verwehen in der flimmernden Luft. Die Tiere folgen ihm freiwillig und wie hypnotisiert. Keines wird am Strick geführt. Die Szene erinnert an den Rattenfänger von Hameln. Nur trägt Kariman statt einer spitzen Kappe einen blauen *Chech.*

Nach dem Intermezzo mit den verschwundenen Kamelen spielt Kariman jeden Abend am Feuer auf seiner Flöte. Ich begreife nicht, weshalb er das nicht schon früher getan hat. Vielleicht hat er sich geschämt oder gefürchtet zu stören, und als sich ihm die Gelegenheit bot, ohne großes Publikum zu spielen, hat er sie ergriffen. Am Abend, als wir im Sand sitzen, bitten Ala und ich ihn, uns sein Instrument zu zeigen. Kariman zieht das Instrument aus seiner Stoffhülle und reicht es uns behutsam. Er gesteht, dass er die Flöte selbst angefertigt, persönlich das beste Holz dafür ausgewählt und sie an den langen einsamen Abenden seines Nomadenlebens geschnitzt hat. Während ich ihm zuhöre, wird mir klar, wie viel ihm seine Flöte bedeutet. »Spiel uns etwas vor, Kariman.« Er lässt sich nicht lange bitten. Seine Augen leuchten, als er aufsteht, sich weiter in den Schatten des Feuers zurückzieht und den Gesichtsschleier abnimmt, um das Instrument an den Mund zu führen. Unter dem Vorwand, ein Holzstück zurecht legen zu müssen, rücke ich näher zum Feuer, um ihm seine Verlegenheit zu nehmen. Die klagende Melodie der sich monoton wiederholenden Flötentöne klingt sehr arabisch und passt ideal zu der uns umgebenden Landschaft. Ich stelle mir vor, wie ein Außenstehender, ein zufällig vorbeikommender Reisender die Szene erleben müsste: Ein kleines Feuer im Meer der Dunkelheit, an dem drei Personen unter der gigantischen, von Milliarden von Sternen erleuchteten Himmelskuppel sitzen und auf die über der Wüste schwebenden Klänge einer Flötenmelodie lauschen. Nie habe ich mich so eins mit dem Universum gefühlt.

Auf dem Weitermarsch zur Oase verändert die Wüste praktisch täglich ihr Gesicht. Manchmal wandern wir stundenlang über eine von Wind und Sand geschliffene Schotterdecke, für

Mensch und Tier gleichermaßen gefährlich, da jeder Schritt sorgfältig gesetzt werden muss, um nicht auszugleiten. Dann wieder geht es ständig auf und ab über flache Sandsteinhügel, die das Fortkommen ebenfalls erschweren. Die Kamele werden immer widerspenstiger und unleidlicher. Die Grenze ihrer Belastbarkeit ist erreicht. Immer öfter wälzen sie sich am Abend, kaum dass wir sie abgeladen haben, auf eine Seite und bleiben so etliche Stunden liegen, ohne zu fressen. Wir versuchen während des Tages so wenige Stunden wie möglich auf ihnen zu reiten, um sie nicht weiter zu belasten, sitzen nur ein paar Stunden um die Mittagszeit auf, wenn die Gluthitze ihren Höhepunkt erreicht, denn auch wir sind am Ende unserer Kräfte. Schließlich erreichen wir eine Mondlandschaft aus riesigen Sandkratern mit verstreut aufragenden Felsen und zertrümmertem Steinsplitt. Hier ist es unmöglich, die Blicke schweifen zu lassen wie in den ersten Tagen, jeder Schritt birgt Gefahren. Dann ganz plötzlich scheut Karimans Kamel an der Spitze der Gruppe. Dicht neben seinen Hufen hat sich etwas bewegt. Ala zeigt auf ein Reptil, das blitzschnell unter einem Stein verschwindet. »Ist eine Hornviper«, erklärt er. Ich kenne sie vom Hörensagen, habe bisher nur ihre Spuren im Sand gesehen. Sie ist ganz objektiv eine der gefährlichsten Schlangen, die in dieser Steinwüste ihren bevorzugten Lebensraum gefunden hat. Diese Begegnung macht uns noch vorsichtiger, wir marschieren im Gänsemarsch, achten auf jede Bewegung. Schließlich treibt uns der Anblick einer großen, rosarot und golden gefärbten, vollkommen harmlosen Echse vor Schreck den Schweiß auf die Stirn.

Bis zum letzten Augenblick ist die Wüste immer für Überraschungen gut. Als wir einen Hügel überwinden, bietet sich uns aus heiterem Himmel ein unglaubliches Schauspiel: Vor uns liegt plötzlich mitten in der Wüste eine sattgrüne Wiese voller kleiner gelber Blumen. Wahrscheinlich hat sich in der natürlichen Senke jene Menge an Feuchtigkeit gehalten, die sich aufgrund der Temperaturschwankungen nachts bildet und nun einen unglaublichen Garten Eden hervorgezaubert hat. Ich sinke in die Knie, um die Halme zu berühren, denn ich kann nicht fassen, dass es sich um echtes Gras handelt. Die Kamele bleiben abrupt stehen, senken die Hälse und beginnen, taub für jeden Befehl, ungerührt zu fressen. Kariman beschließt, Rast zu machen, auch wenn es noch fast eine Stunde bis zum Sonnenuntergang ist. Das unerwartete Geschenk der Natur an unsere Tiere ist zu wichtig, denn das frische Gras enthält auch eine nicht unerhebliche Portion an Wasser. Damit können unsere Kamele mindestens noch einen Tag länger ohne Flüssigkeitszufuhr auskommen. Wir befreien sie von ihren Lasten, bevor wir ihnen die Fußstricke anlegen, aber in dieser Nacht entfernen sie sich kaum von unserem Standort. Auch uns schenkt diese unerwartete Rast einige zusätzliche erholsame Stunden. Auf der Erde ausgestreckt, während die Sonne ein weiteres Mal hinter dem Horizont verschwindet, sammeln wir uns: Gemeinsam sind wir bis hierher gekommen, Menschen und Kamele, haben in tagelangen Fußmärschen jedes Hindernis überwunden, uns gemeinsam unter Mühen vorwärts gekämpft, um alles zu einem guten Ende zu bringen. Seite an Seite sind wir zum Wohl und Nutzen aller bis an die Grenze unserer Belastbarkeit gegangen, ohne je zu klagen, vereint in unserem Respekt für der Wüste. Und die Wüste hat uns letztendlich für das ihr entgegengebrachte Vertrauen belohnt. Der Kreis schließt sich auch dieses Mal: »Was du gegeben hast, wird auch dir gegeben werden.« Ich stimme in das stumme Dankesgebet meiner Gefährten an den ein, der uns geholfen hat, das zu erreichen: nie habe ich mich ihnen so zugehörig gefühlt.

Dem Ziel nahe

»Morgen sind wir da.« Diese Worte Alas treffen mich dann doch wie aus heiterem Himmel. Natürlich wusste ich sehr wohl, wie nahe wir dem Ende unserer Reise waren, aber als er dies laut ausspricht, bin ich endlich gezwungen, den Tatsachen ins Auge zu sehen. Er mustert mich einen langen Augenblick. »Tut es dir Leid?« Selbstverständlich tut es mir Leid, und das weißt du, Ala, sehr wohl. Ich reagiere mit einem knappen Kopfnicken und wende mich ab, um die Tränen zu verbergen. Ich wandere weiter, durchlebe in Gedanken wieder die vergangenen Tage, sehe die Gesichter der Gefährten, die wir am Brunnen verlassen haben. Die Erinnerungen überschlagen sich. Es sind nur wenige Tage, doch sie zählen für ein ganzes Leben. Kariman verliert nie die Fassung, sollte er etwas merken, zeigt er es nicht, setzt nur frohgemut den Weg fort, ist im Geist bereits zu Hause. Für einen Moment kommt mir ein verrückter Gedanke: Was, wenn ich mich entschließe, bei ihnen zu bleiben, hier in der Wüste bei den Tuareg zu leben?

Im nächsten Moment schäme ich mich schon. Ich habe eine Familie, die auf mich wartet, ein Haus, einen Beruf. Bin ich denn verrückt geworden? Die neu erworbene Abgeklärtheit lässt mich diese Reaktion sofort verurteilen. Warum sollte ich mich denn schämen? Nur die Gedanken sind wirklich frei, und sie schweifen zu lassen, ist ein großes Privileg. Niemand hat das Recht, sie in einen Käfig zu sperren. Ich weiß, dass ich hier nie leben kann. Dennoch hat mir die Tatsache, dass ich es mir auch nur für einen Moment gewünscht habe, gezeigt, wie tief mich dieses Erlebnis bewegt und geprägt hat.

Den letzten Abend widmet Kariman den Märchen. Er hatte bereits ein paar Mal Märchen erzählt, aber diesmal redet er bis tief in die Nacht. Während er erzählt, malt er in den Sand. Zuerst glättet er die Stelle mit der Handfläche, dann zeichnet er die Kürzel in die weiche Fläche, mit denen er die Geschichten illustriert. Ala übersetzt jedes Wort, während ich Karimans Finger fasziniert folge, um auch ja keine Passage zu versäumen. Als er die Erzählung beendet, löscht er alle Bilder, um eine neue Illustration zu beginnen. Die Märchen der Tuareg erinnern stark an die des lateinischen Fabeldichters Phaedrus. Die Hauptpersonen sind meist Tiere. Außerdem haben sie einen moralischen Hintergrund. Sie handeln von Schakalen, Kamelen, Schlangen. Ala und ich hängen an Karimans Lippen. In jenen letzten verzauberten gemeinsamen Stunden sind wir wieder Kinder, fühlen uns zurückversetzt in jene fantastische Welt, die ich so liebe und die ich beinahe vergessen habe. Als Kariman die Geschichten ausgehen, trinken wir mit den üblichen drei Gläsern Tee auf das Ende der Reise.

Die Oase Tureiet

Die Wespen lassen uns keine Ruhe. Schon vor etlichen Tagen sind sie aufgetaucht, aber heute werden sie zu einer echten Plage. Sie sind größer als die, die ich bisher kannte, und von grell gelber Farbe. Sie erscheinen pünktlich jeden Morgen und stürzen sich auf alles Essbare, das sie finden können. Die Tüte mit dem Zucker ist natürlich ihre liebste Beute, so dass wir gezwungen sind, sie im Sand zu vergraben, um sie vor den ständigen Attacken in Sicherheit zu bringen. Ala klärt mich auf, dass ihr Stachel ein starkes Gift enthält, das unangenehme Schwellungen hervorruft, die oft tagelang nicht abklingen. Es ist fast unmöglich, zu trinken ohne das Risiko, eine Wespe dabei zu verschlucken, so dass wir mittlerweile Kopf und Gesicht vollständig verhüllen, während wir hastig das kleine Glas unter dem Gesichtsschleier leeren. Mit der freien Hand halten wir dann das Turbantuch fest zu. Das letzte Lager bauen wir hastig in der Hoffnung ab, diese Plage endlich los zu sein. Glücklicherweise folgen sie uns nicht, sondern ziehen es vor, sich über die Reste unseres Frühstücks herzumachen.

Aus dem Sand tauchen vereinzelt dornige Akazienbäume auf, und die Büschel aus Wüstengras deuten darauf hin, dass Wasser zumindest nahe sein muss. Die weißen Dornen der Akazien sind derartig hart und spitz, dass sie sogar Autoreifen durchstechen. Dennoch sind ausgerechnet sie die Leib- und Magenspeise der Kamele. Es ist mir ein Rätsel, wie sie diese von den Ästen streifen, ohne sich zu verletzen. Sie zermalmen sie mit ihren großen Zähnen wie Blätterkrokant, stecken dazu das Maul zwischen das wirre Geäst, in das kein anderes Tier vordringen könnte, ohne sich schmerzhafte Verletzungen zuzuziehen.

Kariman deutet auf einen Punkt in der Ferne. Das erste Strohdach einer Hütte taucht auf. Fast im selben Augenblick nehmen die Umrisse eines Kindes mit einer kleinen Ziegenherde im Schlepptau vor unseren Augen Formen an. Der kleine Junge erkennt wohl die Kamele noch bevor er die Menschen sieht und läuft uns schreiend entgegen. Wie auf Knopfdruck kommen hinter Sträuchern andere Kinder aller Altersstufen hervor, die nun ebenfalls auf uns zu rennen. Ala und Kariman begrüßen ein Kind nach dem anderen mit Namen, streicheln jedem zärtlich über das dunkle Kraushaar. Dann ziehen sie Datteln aus den Taschen, verteilen diese an die aufgeregt durcheinander schreiende Schar. Sie verstummen abrupt, als sie mich sehen. Die Halbwüchsigen unter ihnen nähern sich mir mit neugierigen Blicken, während sich die Kleinen hinter den Männern verstecken. Als Kariman zu ihnen spricht, hören sie schweigend zu. Dann deutet eines der Kinder schüchtern einen Gruß an.

Bevor wir in Tureiet einziehen, fassen meine Gefährten und ich uns an den Händen. So kommen wir an, umringt von allen Kindern. Die Frauen der Oase haben ein Spalier gebildet und erwarten uns unverschleiert. Die älteste unter ihnen hält ein Tablett aus geflochtenem Stroh mit frischem Käse in den Händen, den sie uns lächelnd anbietet. Sie ist Karimans Mutter. Dann geht alles drunter und drüber. Alle reden durcheinander, begrüßen sich, umarmen sich. Ich drücke dutzendweise Hände, während Kariman seinen Leuten erklärt, wer ich bin und was ich vollbracht habe. Das löst allgemeine Verblüffung und Ungläubigkeit aus, keiner kann es fassen, dass eine kleine, zierliche Frau wie ich die Ténéré mit der Karawane durchquert haben soll.

»Carla, wir sind hier!« Der Klang meiner Muttersprache und die vertraute Stimme übertönen den Lärm um mich herum. Piero wühlt sich grinsend durch das Durcheinander, während Oscar, noch aufgeregter als sonst, meterweise Filmmaterial abdreht, ständig hin und her springt und dabei ruft: »Großartig! Das hast du einfach großartig gemacht!« Jemand legt von der Seite die Arme um mich. Ohne mich umzudrehen, weiß ich, dass er es ist, ein Irrtum ist ausgeschlossen. Auch ich drücke ihn heftig an mich, vielleicht sogar etwas zu heftig, aber er lacht nur glücklich und wiederholt die Worte seines Vaters: »Großartig. Das hast du großartig gemacht, Mama.«

Die Wiedersehensfreude lindert etwas den Abschiedsschmerz angesichts der bevorstehenden Trennung von meinen Tuareg-Freunden. Die widersprüchlichsten Gefühle streiten in mir: einerseits die Zufriedenheit über das Erreichte, über die Tatsache, etwas zu Ende gebracht zu haben, das als ein unerreichbarer Traum erschienen war, und andererseits das Bedauern über eben dieses Ende. Der Wunsch, zusammen mit der Familie nach Hause zurückzukehren, stand im Widerspruch zum Schmerz über die Trennung von denjenigen, dir mir zu neuen, reichen Erfahrungen verholfen haben, in einer Umgebung wie der Wüste, die ich so sehr liebe. Die Tuareg sind ein freies Volk, Herrscher über einen Ozean aus Sand, in dem sie leben; ohne Grenzen, nach einfachen und gerechten Regeln, in Hochachtung vor der Natur und jedem ihrer Lebewesen. Innerhalb weniger Tage habe auch ich diese Grundsätze verinnerlicht. Die Liebe zur und die Achtung vor der Natur ist von jeher ein Teil von mir gewesen. Heute jedoch sind diese Werte mehr denn je zu meiner Lebensgrundlage geworden. Ich weiß durchaus, dass es nicht einfach sein kann, mit diesem neuen Anspruch in der Stadt zu leben, aber mir bleibt keine andere Wahl. Wieder einmal muss ich ein Gleichgewicht finden, die Balance zwischen meinen neuen Erkenntnissen über das Leben und meiner gewohnten Umwelt. Es ist ein steiniger Weg, der vor mir liegt. Dennoch muss ich ihn im Zuge jenes Reifeprozesses gehen, den jeder von uns in seinem Leben durchläuft.

Festlichkeiten

Die Nacht bricht mit gewohnter Schnelligkeit über die kleine Oase herein, aber die lärmende Betriebsamkeit hält an. Unmittelbar nach unserer Ankunft, nach der allgemeinen Begrüßung, widmen sich die Männer sofort ihren Kamelen. Während die Tiere zum letzten Mal abgeladen werden, wird jedes einzelne sorgfältig untersucht, jede durch die Ladung verursachte Schürfwunde mit einer zähen Salbe behandelt, die die Frauen auf Hennabasis eigens zu diesem Zweck angerührt haben. Dann endlich können die Kamele zur Tränke an den Brunnen geführt werden. Ich sehe ihnen nach, wie sie gemeinsam, frei von ihren Lasten in Richtung Wasserstelle davon traben. Von Aorat habe ich mich bereits verabschiedet. Ich habe dieses verrückte, stets nervöse Tier mit seinem schwierigen Charakter lieb gewonnen, das sich trotz allem mit meiner plumpen Unerfahrenheit arrangiert hatte. Auch er wird mir fehlen.

Dann kommen die Geländewagen. Das Geheul der Motoren ist für meine die Stille und gedämpften Geräusche der Karawane gewohnten Ohren fast schmerzhaft. Allmählich beginnt mir die Rückkehr nach Hause Sorgen zu machen. Ich löse das mittlerweile völlig verdreckte Turbantuch, das die Farbe des Sandes angenommen hat, als mein Blick auf einen der Seitenspiegel fällt. Ich nähere mich zögernd, und zum ersten Mal seit Tagen sehe ich mich im Spiegel. Eine Fremde blickt mir entgegen. Das Gesicht ist hager und ausgemergelt, gezeichnet vom Staub und den Strapazen. Die Haut spannt über den Backenknochen. Mein Haar ist sandverkrustet. Die Kleidung, noch immer die, in der ich aufgebrochen bin, ist von der Sonne ausgeblichen. Alles in allem kein schmeichelhafter Anblick. Dennoch ist da ein nie gekanntes Leuchten in den Augen, ein Ausdruck, der mir neu ist. Und mit einem Mal fühle ich mich unbehaglich in der Gegenwart meiner Lieben. Der Augenblick, den Traum hinter mir zu lassen, in die Wirklichkeit zurückzukehren, ist gekommen. Im Schatten der Autos finde ich zwei Kübel mit Wasser, die mir die Chauffeure bereitgestellt haben, und daneben einen Schwamm, Shampoo und Seife. Ich entledige mich der Tuareg-Kleidung und wasche mich mit dem Inhalt des einen Kübels. Allmählich nimmt meine Haut wieder ihre normale Tönung an. Ich stecke den eingeseiften Kopf in den zweiten Eimer und bleibe einige Sekunden unter Wasser. Als ich wieder auftauche, ist das Wasser dunkelbraun. Ich ziehe eine Hose und ein sauberes Hemd an. So bin ich wieder bereit, mich meiner Familie zu präsentieren. Ich mag zwar rein äußerlich wieder die Alte sein, aber in mir lebt die Nomadin fort.

Alles in der Oase ist auf den Beinen. Mit Frauen, Männern und Kindern zählt der Ort nicht mehr als hundert Bewohner, und sie alle nehmen an dem großen Fest teil, mit dem das Ende der *Aza-*

lai begangen wird. Rings um ein großes offenes Feuer sind Strohmatten ausgebreitet. Wir setzen uns zu den anderen. Die Frauen bringen Schalen mit gekochtem Ziegenfleisch, Käse und im Sand gebackene Hirsefladen. Alle tragen Festtagsstaat: knöchellange Gewänder und herrliche Ketten und Ohrgehänge. Einige haben Kopfschmuck angelegt, der ihnen über die Stirn fällt und das ganze Gesicht verdeckt. Die Männer haben alle ihre Augen geschminkt und sehen in ihrem festlichen *Chech* aus blau-violett schillerndem, von ziselierten Silberschnallen gehaltenem Stoff prächtig aus. Ihre Brusttücher sind aus aufwendig besticktem Damast, deren Muster sich an den Rändern ihrer Hosenbeine wiederholen. Um den Hals tragen sie die traditionellen flachen, fein gearbeiteten Anhänger und über der Schulter die unvermeidliche *Takuba.* Nach dem Essen stimmen sie die Gesänge der Tuareg an, welche die Frauen mit den charakteristischen Lockrufen untermalen. Die Mutter von Kariman führt diesen Chor an. Schon beim Zuhören allein bekomme ich Gänsehaut. Dann erheben sich nacheinander die Männer zu akrobatischen Tanzeinlagen um das Feuer. Auch der ungemein elegant wirkende Ala nimmt unter allgemeinem Beifall daran teil. Die Kinder bilden einen Kreis um Max. Sie sind gekleidet wie die Erwachsenen. Als Schmuck tragen sie Ketten aus Datteln, die Kariman aus Fachi mitgebracht hat. Sie unterhalten sich, malen dazu im Sand, und ab und zu brechen alle auf einmal in schallendes Gelächter aus, ohne dass ich begreife, wie sie sich so schnell und problemlos miteinander verständigen können. Die Erklärung finde ich allerdings in der Erinnerung an die vergangenen Tage: diese Art von Verstehen ist ein vollkommen natürlicher Vorgang, der sich wie von selbst aus dem Einklang mit sich selbst und denen, die einem nahe sind, ergibt. Man gewinnt eine ganz besondere Sensibilität für das, was andere mitteilen möchten. Für das Volk mit dem Schleier ist diese Art der Kommunikation normal. Wie oft ist es schließlich Ala gelungen, meine Gedanken zu erraten, während ich stets Mühe hatte, die anderen zu verstehen. Kinder sind in ihrer unvoreingenommenen, offenen Art noch bereiter, diese Art der Verständigung aufzubauen. Sie müssen sich nicht wie ich erst einer Art Gehirnwäsche unterziehen. Und ich bin stolz, mich auf die Entwicklungsebene eines Kindes hinaufgearbeitet zu haben.

Gegen alle Anstandsregeln der Tuareg umarmen wir uns zum Abschied. Niemand weiß, ob sich unsere Wege je wieder in der Wüste kreuzen. Ich bin tief bewegt, und vielleicht geht es meinen Gefährten ebenso. Dennoch fühle ich mich heiter und geläutert. Sie haben mich gelehrt, vorwärts zu gehen, ohne zurückzuschauen, nichts zu bereuen. Die Erfahrungen, ob gut oder schlecht, werden als das akzeptiert was sie sind, werden in der Seele bewahrt wie in einer Schatzkiste. Sie sind die Bausteine unseres Lebens, helfen uns jeden Morgen an uns zu wachsen. Ein Sprichwort der Tuareg besagt: »Ein Feuer brennt nicht ewig von einem Holzscheit allein.« Ein seltsamer Gedanke für ein Nomadenvolk, das in der Einsamkeit seinen Lebenszweck fand, aber reich an Weisheit. Es ist gut, allein sein zu können, aber notwendig, die eigenen Erfahrungen einzubringen, um leben zu lernen.

Der Salar de Uyuni

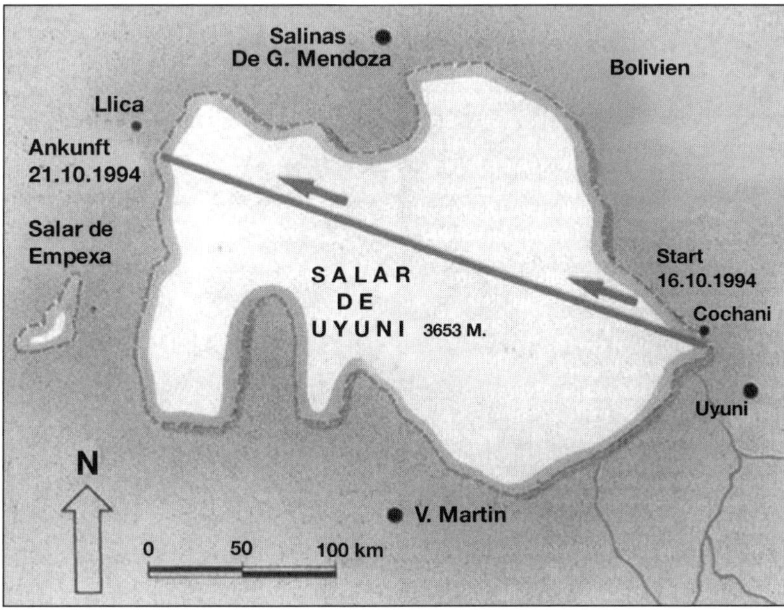

Die Entdeckung

Seit mehr als einer Stunde bewegen wir uns mit dem Jeep in einer vollkommen unwirklichen Dimension. Die dünne Luft zeichnet Konturen und Farben in ungewohnter Schärfe und Intensität. Aber das ist nichts im Vergleich zu den gleißenden, schillernden Reflexionen des Lichts auf dem Boden. Es fängt sich in Milliarden von Kristallen und bricht sich in einem Blendwerk kleiner glitzernder Strahlen. Allein im tiefen Azurblau des Himmels findet das Auge Erholung. Weit und breit empfängt uns nicht einmal die Andeutung von Leben. Wir allein bewegen uns in der absoluten Leere weißer Unendlichkeit. Die Landschaft war unfassbar, hatte die Qualität eines bizarren Traumes, schien nicht von dieser Welt zu sein. Ich bitte unseren Fahrer und Fremdenführer anzuhalten. Der untersetzte Bolivianer mit dem klassisch runden, flächigen Gesicht, dem typisch blauschwarzen glatten Haar und der olivfarbenen, von der sengenden Hochgebirgssonne gegerbten Haut, gehorcht sofort. Wir steigen aus und betrachten die weiße Fläche zu unseren Füßen genauer. Wir wissen zwar, woraus sie besteht, aber die Unwirklichkeit dieser Landschaft lässt uns eher an eine vereiste Schneedecke oder Sand denken. Ich knie nieder, streiche mit dem Finger darüber und stecke ihn in den Mund. Es ist Salz. Wir befinden uns mitten in einer kreisrunden Fläche von zehntausend Quadratkilometern aus reinem, schneeweißem Salz. Bei jedem Schritt knirscht und knistert es unter den Sohlen unserer Bergstiefel ohne einzubrechen. Die Oberfläche ist steinhart und kompakt wie ein Marmorfußboden. Der Anblick lässt uns nicht los. Die Fläche ist nicht einfach nur weiß. Tausende und Abertausende geometrischer Formen wie Fünfecke, Sechsecke, ja sogar Achtecke überziehen sie und bilden die Figurenfolge eines großartigen, makellosen Mosaiks. Minutenlang saugen wir den Anblick dieses unfassbaren Meisterwerks der Natur in uns auf, ohne zu ergründen, wie es zustande gekommen sein könnte. Erst unser Führer klärt uns auf. »In der Regenzeit nimmt der Boden nur wenig Wasser auf. Tagelang bleibt die Flüssigkeit auf dem Salz stehen, bis sie durch Wind und hohe Lufttrockenheit nur allmählich verdampft. Beim Verdunstungsvorgang hinterlässt das Wasser diese dünne Salzkruste auf der Oberfläche, die ihr jetzt seht. Das, was ihr für Muster haltet, sind lediglich die Umrisse ehemaliger, inzwischen ausgetrockneter Wasserpfützen.« Fasziniert hören wir ihm zu. Dennoch fällt es mir schwer, die Vorstellung zu akzeptieren, dass dieses Kunstwerk alljährlich vom Regen zerstört werden soll, um sich anschließend mit einer frischen Vielfalt an Mustern von identischer Schönheit neu zu erfinden, und das seit Jahrtausenden. Die Ränder sind nicht einmal einen Zentimeter hoch und brechen unter unseren Tritten. Instinktiv versuchen wir, bei jedem Schritt die Füße in die Mitte jeder Figur zu setzen, um nichts zu zerstören. Es widerstrebt mir zutiefst, diesen Kunstwerken der Natur Schaden zuzufügen. Der Ort übt sofort eine magische Anziehungskraft auf mich aus. Er ist mit nichts vergleichbar, das ich je gesehen habe. Der Funke springt sofort über. Es ist Liebe auf den ersten Blick. Ein altbekanntes Gefühl erfasst mich und macht sich umgehend mit beschleunigtem Herzschlag und Hitzewallungen bemerkbar. Ich beginne die Botschaft zu begreifen, die der Körper unbewusst bereits empfangen hat.

Warum wir hier sind

Wie so oft wird die Idee auf einer Reise geboren. Die meisten Themen für unsere Dokumentarfilme sind rein zufällig entstanden, oft in den skurrilsten und schwierigsten Phasen einer unserer vorausgegangenen Expeditionen. Manchmal genügte eine Zufallsbegegnung. Dann wiederum waren sie Früchte langer Gespräche mit anderen Reisenden, das Ergebnis eines Informations- und Erfahrungsaustauschs, der oftmals zustande kam, um Spannungen zu lösen, die sich in Tagen psychischer und physischer Grenzsituationen aufgebaut hatten. Auf diese Weise war uns vermutlich auch die Idee gekommen, eine Dokumentation über die Chipaya zu drehen. Die Chipaya sind eine Volksgruppe, die in völliger Isolation, autonom und autark in viertausend Metern Höhe im bolivianischen Hochland lebt, und sich bis heute gegenüber den anderen Bewohnern der Region als geschlossene Gemeinschaft behauptet hat. Die Chipaya sprechen eine eigene Sprache, Uru-Chipaya genannt, die sich grundlegend von der anderer benachbarter Ethnien unterscheidet. Sie rühmen sich, das älteste Kulturvolk der Anden zu sein. Im Oktober 1993, nach der üblichen langen Prozedur mit Visa und Genehmigungen, reisen wir mit unserer Filmausrüstung nach Bolivien und direkt in das Gebiet der Chipaya. Das Unternehmen erweist sich als komplizierter als angenommen. Und wie das eben so ist, zog sich alles in die Länge. Die hartnäckige Weigerung des Häuptlings, uns in sein Dorf zu lassen, machte uns zu schaffen. Wir vergeudeten mehrere Tage nutzlos, bevor wir mit den Dreharbeiten beginnen konnten. Schließlich gelang es uns vor allem aufgrund der Erfahrenheit unseres Führers, all jene Aktivitäten zu filmen, die das Leben dieser Indianer bestimmen und regeln, die in völliger Zurückgezogenheit am Rande der Welt existieren.

Ungefähr tausend Menschen leben dort in der Umgebung von San'Ana de Chipaya, einem abgelegenen Dorf auf einem Hochplateau nahe der Mündung des Lauca in den Salar de Coipassa. Die Umgebung des Salzsees ist wüstenhaft, flach und das Klima arid. Es ist eine harte, lebensfeindliche Landschaft, über die ständig ein erbarmungsloser Wind fegt. Der salzhaltige Boden ist so gut wie unfruchtbar. Die Sage behauptet, die Chipaya seien die letzten Nachkommen eines vom Gott der Sonne ausgerotteten Volkes, dessen Ursprünge auch heute noch im Dunkeln liegen. Ihre Nachbarn, die Aymara, nennen sie verächtlich *Chullpa,* was soviel bedeutet wie ›Menschen, die aus dem Grab kommen‹, denn für die Aymara stehen die Chipaya auf dem Entwicklungsstand von Tieren. In Wirklichkeit geht diese Bezeichnung allerdings auf die physische Ähnlichkeit der Chipaya mit bereits ausgestorbenen Völkern zurück, deren Ursprünge in der Zeit vor der Eroberung durch die Spanier liegen. Und die Kleidung, die sie noch heute tragen, entspricht tatsächlich den Funden, die man in den antiken Siedlungen und Gräbern der Chullpa aus präkolumbianischer Zeit gemacht hat. Über den weiten Hosen tragen die Männer ärmellose Ponchos, alle von derselben Machart aus beigefarben und kastanienbraun gestreiftem Stoff, die sie in der Taille mit einem Gürtel zusammenhalten. Sie sind aus feinster Lama- und Schafwolle, welche die Frauen heute noch von Hand auf einfachsten Webstühlen aus Holz weben. Sie werden auch die ›Bildhauer des Raumes‹ genannt, denn sie haben eine Fähigkeit entwickelt, ihr Territorium in zwei deutlich zu unterscheidende und voneinander unabhängige Regionen zu teilen: in einen urbanen Mittelpunkt und das ländliche Umfeld. Die Chipaya wechseln ein Leben lang allmonatlich von der einen Zone in die andere, um sich der Aufzucht von Tieren wie Schafen, Ziegen und Lamas zu widmen. Im Unterschied zu sämtlichen anderen Andenvölkern sind die Chipaya leidenschaftliche Jäger. Bei der

Jagd bedienen sie sich seit alters her ausschließlich der antiken *Bolas*, wie sie auch die Gauchos in Argentinien verwenden. Diese *Bolas* bestehen aus zwei, an den Enden eines Stricks befestigten Steinkugeln. So bewaffnet gehen die ausschließlich jungen Männer gruppenweise in den eiskalten, in dieser Gegend häufig vorkommenden Lagunen auf Treibjagd. Stundenlang waten sie dann mit nackten Füßen durch das eisige Wasser, das am Morgen meist noch von einer dünnen Eisschicht überzogen ist, um ihre Beute aufzustöbern. Ihre Jagdopfer sind hauptsächlich Enten oder Hochlandflamingos, die sich auf Futtersuche auf der Lagune niederlassen. Sobald sich die Vögel wieder in die Luft erheben, zücken die jungen Männer ihre *Bolas*, lassen sie mit einer Hand geschickt über ihren Köpfen kreisen und schleudern sie dann in Richtung ihrer Beute. Getroffen fällt diese ohnmächtig, nicht tot, ins Wasser, wo sie dann von den Jägern herausgefischt wird. Die Chipaya jagen nicht zum Vergnügen, sondern allein zur Nahrungsbeschaffung. Sie halten Traditionen lebendig, die unter den Andenvölkern einmalig sind, und die daher einige Zweifel bezüglich ihrer Herkunft aufkommen lassen. Die Frauen flechten sich gegenseitig ihr Haar zu festen Zöpfen in einer Manier, die an die traditionellen Haartrachten afrikanischer Stämme erinnert. Die Chipaya sind in ihrer Mehrheit katholisch, halten jedoch gleichzeitig zahlreiche heidnische Bräuche aufrecht. Die Hauptgottheit ihrer Vorfahren ist Pachamama, die Mutter Erde, der sie Tieropfer bringen. Ihr Blut soll die Erde fruchtbar machen. Tatsächlich lässt die Beschaffenheit des Bodens kaum Landwirtschaft zu. Das einzige Produkt, das sie dem Boden entlocken können, ist Quinoa, auch als ›Reis der Inkas‹ bekannt. Quinoa ist zusammen mit Schafskäse das Grundnahrungsmittel der Chipaya. Sie wohnen in Behausungen, die sich von den Häusern der anderen Andenvölker grundlegend unterscheiden. Es handelt sich um Rundbauten mit einem Durchmesser von 3 Metern und einer Öffnung im Dach, durch die der Rauch der Feuer entweichen kann, die im Inneren stets brennen. Die einfache Bautechnik ähnelt der von Iglus bei den Eskimos. Dazu stechen die Chipaya ziegelgroße Stücke aus dem harten, dichten Boden, die, an der Sonne getrocknet, das Baumaterial darstellen. Jedes Haus ist mit seinem Eingang nach Osten in Richtung Sonne ausgerichtet und hat den erbarmungslosen Andenwind im Rücken. Wie die meisten Bewohner der Hochlagen, kauen auch die Chipaya permanent Kokablätter, die sie in einem Stoffsäckchen um den Hals tragen. Diese Blätter sind ein natürliches Aufputschmittel, das die Folgen der Belastung durch die Höhe neutralisiert, und ohne das man schwerere Arbeit dort nicht ausführen könnte. Der Medizinmann, neben dem Dorfältesten die wichtigste Person einer Gemeinschaft, sieht in die Zukunft, indem er Kokablätter in die Luft wirft, sie auf den Boden fallen lässt und seine Schlüsse aus der Lage der gefallenen Blätter zieht.

Die dünne Luft macht auch uns zu schaffen, und mehr als einmal sind wir gezwungen, die Filmaufnahmen zu unterbrechen, um Schwächeanfälle aufgrund mangelnden Sauerstoffs zu vermeiden. Trotz zahlloser Unwägbarkeiten gelingt es uns, die Dreharbeiten im festgelegten Zeitrahmen zu beenden. Aus diesem Grund beschließen wir nach Rücksprache mit unserem Führer, die Aufnahmen über die Chipaya durch weitere Bilder aus Bolivien zu ergänzen. Auf diese Weise entdecken wir für uns dieses großartige, an einzigartigen Naturschönheiten reiche Land, in dem sich gebirgige Regionen mit vollkommen flachen Ebenen und kleinen Wüsten mit rosafarbenem Sand abwechseln. Es ist ein Erlebnis, in 5000 Meter Höhe über dem Meer auf eine saharaähnliche Landschaft zu stoßen. Das Panorama wechselt täglich. Unser überwältigendstes Erlebnis allerdings ist, als wir ein Labyrinth aus vereisten Schneezinnen durchqueren, die jeweils über einen Meter hoch aus dem Sand ragen, und die der Wind stellenweise zu bizarren, orgelpfeifenähnlichen Formen modelliert hat. Der Anblick ist so fremdartig, dass man sich beinahe in einer Traumwelt wähnt. Ein anderes faszinierendes Naturschauspiel sind die zahlreichen Lagunen der Hochlagen. Jede Wasserfläche hat entsprechend des unterschiedlichen Mineralgehalts des Bodens eine andere Farbe. Die Palette reicht von Grellgelb mit schwefelhaltigem Untergrund nur wenige Kilometer weiter über Grün bis zu Aquamarinblau mit schaumigen Rändern aus Bor, weiß wie Schnee. Der absolute Höhepunkt hier ist wohl die Laguna Colorada, die zu bestimmten Tageszeiten aufgrund von Mikroorganismen in den Algen auf ihrem Grund eine deutliche Rottönung annimmt. Sie wird von Hunderten rosafarbener Hochlandflamingos bevölkert, die perfekt an das Klima und die dünne Luft angepasst sind und vermutlich hier exakt die richtige Nahrung und ideale Bedingungen für ihre Brut vorfinden.

Nach zwei Wochen Arbeit leidet unser Körper nicht mehr unter den Höhenbedingungen, und wir können uns freier bewegen. Unser Atemrhythmus hat sich ebenfalls angepasst, und wir ermüden im Vergleich zu den Anfangstagen weniger schnell.

»Ihr dürft nicht abreisen, ohne den Salar de Uyuni gesehen zu haben«, eröffnet uns eines Abends unser Chauffeur, während wir fröstelnd ein hastiges Abendessen im geschlossenen Zelt einnehmen, das uns als Küche und Aufenthaltsraum dient. Dann fügt er hinzu: »Es ist ein magischer Ort. Von den Leuten dort ist der Salar gefürchtet. Früher sind viele Karawanen über ihn gezogen, aber die meisten sind verschollen, für immer im Nichts verschwunden.« Unsere Neugier war geweckt. Stolz erzählt er weiter: »Nie hat man erfahren, was mit ihnen geschehen ist. Die Legende besagt, die ›Augen‹ des Salar hätten sie verschlungen. Ich habe diese Augen nie gesehen, aber es gibt sie. Das weiß ich. Jedes Jahr feiert man am Ufer des Salzsees ein Fest. Dabei bringen die Bewohner der Gegend Opfer dar, um den Salar milde zu stimmen.« Wir können uns diesen Ort nicht vorstellen. Wie können Karawanen einen See überqueren? Wir sitzen auf unseren Isomatten, in dicke Daunenanoraks gehüllt, und hören ihm weiter fasziniert zu. Er erklärt uns, dass der Salar de Uyuni ein großes natürliches Becken in fast 3800 Metern Höhe ist. Ursprünglich war er ein Salzwassersee, größer als der Titicacasee, der auch heute noch mit seiner Wasserfläche die Grenze zwischen Peru und Bolivien darstellt. Durch eine Laune der Natur ist das Oberflächenwasser vor circa zehntausend Jahren ungewöhnlich schnell verdunstet und hat eine dicke Salzkruste hinterlassen. Ursache ist das überaus aride Klima und die heftigen Winde, die in dieser Region mehrere Stunden täglich wehen. Heute ist der Salar mit seiner Ausdehnung von zehntausend Quadratkilometern die größte Salzpfanne der Welt. Offenbar fühlten sich sogar die amerikanischen Astronauten während ihrer diversen Missionen im All von diesem großen weißen Fleck angezogen, den sie während ihrer Erdumkreisungen mit schöner Regelmäßigkeit zu sehen bekamen. Bei seiner Rückkehr aus dem All beschloss daher Kapitän Armstrong, der als erster Mensch den Mond betrat, nach Bolivien zu reisen, um sich den Ort aus der Nähe anzusehen, der so nachhaltig seine Neugier erregt hatte.

Es ist schon spät, als unser Führer mit seinen Berichten zu Ende ist. Wir ziehen uns in unser Zelt zurück. Inzwischen fegt ein eisiger Wind unerbittlich und heftig über das Altiplano. Eingekuschelt in meinen Daunenschlafsack versuche ich mich aufzuwärmen und warte, dass der Schlaf kommt. Oscar atmet neben mir bereits ruhig und gleichmäßig, während meine Fantasie wieder einmal auf eines ihrer fantastischen Abenteuer geht. Ich überlasse mich diesen Gedankenflügen, lasse mich zu neuen Ufern tragen.

Ein weiteres Abenteuer beginnt

Aus Bolivien kehre ich verändert zurück. Die Erlebnisse dieser Reise haben mich tief beeindruckt. Die Bilder, die wir mit nach Hause bringen, halten die Faszination für dieses Land weiter lebendig. Der Salar de Uyuni schließlich ist es, der in mir die intensivsten Erinnerungen weckt. Der Wunsch, mich erneut in einer ungewöhnlichen Landschaft zu bewähren, wird immer stärker. Inzwischen sind seit meiner Durchquerung der Ténéré 2 Jahre vergangen. Mit einem Mal wird mir klar, dass ich eigentlich nur auf die Gelegenheit zu einem neuen Abenteuer warte. So entsteht der Plan, den Salar an seiner breitesten Stelle von West nach Ost zu überqueren. Das Abenteuer scheint mir einen Versuch wert. Die Strecke beträgt 180 Kilometer. Ich muss sie zu Fuß und allein, ohne fremde Hilfe und ohne Funkgerät zurücklegen. Es erweist sich als schwierig, ein weiteres Unternehmen dieser Art zu organisieren. Einige Kontakte sind verloren gegangen, und unser Dokumentarfilm über die Chipaya hat bereits die spektakulärsten Bilder publik gemacht. Trotzdem bin ich überzeugt, dass nichts im Leben Zufall ist, dass wir vorbestimmten Bahnen folgen. Ich spüre, es ist der Weg, den ich gehen muss. Zufällig spreche ich mit Antonio Soccol über mein Projekt. Er ist Redakteur der Illustrierten ›*No Limits*‹ und ein guter Freund. Er schließlich bringt die Dinge ins Rollen: »Warum schlägst du das Projekt nicht der Firma Sector vor? Die sind immer bereit, interessante Unternehmen zu unterstützen. Und das, was du vorhast, passt in ihr Konzept.« Also, warum soll ich es nicht versuchen? In den folgenden Tagen bin ich angespannt, schwanke zwischen Hoffnung und Unsicherheit, lasse mich jedoch nicht entmutigen. Wie immer hält mich jener energische Optimismus aufrecht, der mich schon beim ersten Mal begleitet hat. Und als die offizielle Zusage kommt, dass mein Projekt angenommen ist und ich reisen kann, kann ich nur sagen: »Es musste ja so kommen.«

Ich beschließe, den Versuch einer Überquerung im Oktober zu unternehmen, exakt ein Jahr nach unserer ersten Bolivienreise. Zufällig war das auch der Monat meiner Ténéré-Durchquerung, und ich nehme dies als gutes Omen. Damit habe ich viel Zeit bis zur Abreise – theoretisch. In Wirklichkeit wird es für die ungewöhnlich umfangreichen Vorbereitungen doch knapp. Bald ist klar, dass die Organisation des Unternehmens wesentlich komplizierter ist und das Projekt selbst durch die Umweltbedingungen des Salar erschwert wird. Als Erstes kann ich aufgrund der dort herrschenden Windverhältnisse nicht im Zelt übernachten. Damit stellt sich das Problem, wie und wo ich die Nächte verbringen soll. Im Freien zu biwakieren ist auch schon wegen der Temperaturen ausgeschlossen. Außerdem sollte ich den direkten Kontakt mit der Salzfläche so gut es geht vermeiden. Die einzige Lösung ist, ein Transportgefährt zu benutzen. Irgendwann kommt mir die Idee, wir könnten eine Art Handkarren konstruieren. Mein Vorschlag trifft auf uneingeschränkte Zustimmung. Marco Francesconi, Leiter der Sportabteilung bei Sector und damit mein Hauptsponsor, ist begeistert. Bleibt nur noch die Frage, wie mein Vorschlag zu realisieren ist. Wir prüfen mehrere Lösungen unter Berücksichtigung der Umweltbedingungen und meiner persönlichen Bedürfnisse. Was schließlich herauskommt, ist etwas ungewöhnlich, doch wir glauben, es könnte funktionieren: Es ist ein Gefährt, nach meinen Maßen konstruiert, in dem ich schlafen kann, und das mir tagsüber als Transportmittel meiner Ausrüstung dient. Scherzhaft nenne ich es meinen ›Sarg‹. Eigentlich ähnelt es mehr einem Eiswagen. Es hat drei schnell und einfach zu montierende Mountainbike-Räder, zwei an der Seite und eines an der Rückfront, und ist mit einer zusätzlichen, ausklappbaren Stütze an der Vorderfront ausgerüstet, die nachts und während der Marschpausen am Tage zusätzliche Stabilität garantiert. Als Material wurde eine besonders leichte Aluminiumlegierung verwendet. Das Endresultat ist eine silbern glänzende Konstruktion mit roten Kanten. Das Innere ist gegen die nächtliche Kälte und den direkten Kontakt mit dem Metall mit einer Isolierfolie und einer dünnen wattierten Schicht ausgekleidet. Die Oberseite deckt eine Plane aus verhältnismäßig schwerem Segeltuch, die durch eine stabile Gummischnur gehalten und zusätzlich durch mehrere, an den Seiten des Karrens angebrachte Haken gegen die vorwiegend nachts zu erwartenden Sturmböen gesichert wird. An der Vorderfront sind beidseitig leicht zur Mitte zulaufende Metallstangen angebracht, die in einen starr montierten Haken münden. Sie sind sozusagen die Zugvorrichtung, an der ich das Gefährt über die Salzfläche schleppe. Die hakenartigen Enden dieser Stangen werden in Hüfthöhe in Ringe eingehängt, die sich an dem Gurt befinden, den ich am Oberkörper trage. Es ist ein einfacher, für diesen speziellen Zweck abgeänderter Klettergurt, der praktisch wie ein Pferdegeschirr funktioniert. Jede Einzelheit meiner Ausrüstung ist Ergebnis genauer Studien und langer Tests, die immer wieder zu neuen Entscheidungen und damit zahllosen Änderungen führten. Im letzten Moment entschließt man sich, zusätzlich eine Profilstange an der Rückseite des Karrens anzubringen, damit ich ihn mehrere Stunden täglich schieben kann, um meine Rückenmuskulatur zu entlasten. Endlich kommt der heiß ersehnte Anruf. »Der Wagen ist fertig. Sie können ihn ausprobieren.« Ich bin aufgeregt wie beim ersten Rendezvous. Als ich dann vor ihm stehe, bin ich seltsam gerührt. Immerhin wird er mein einziger Gefährte während der gesamten Überquerung sein.

Im Unterschied zu meiner ersten Wüstendurchquerung kann ich mein Vorhaben nicht länger geheim halten. Die Familie nimmt die Nachricht sehr unterschiedlich auf. Max, mittlerweile achtzehn, studiert seit etlichen Monaten im Ausland. Ich spreche während der Sommerferien mit ihm, und seine Reaktion verblüfft mich. Er hebt die flache Hand und klatscht mich mit der unter jugendlichen Sportlern weit verbreiteten Geste ab. »Give me five, Mama! Lass dich nicht aufhalten! Du bist stark!« Wie häufig habe ich gesehen, dass er diese Geste mit den Kameraden seiner Eishockeymannschaft nach einer erfolgreichen Aktion getauscht hat. Dass sie jetzt mir gilt, macht mich stolz. Ich fühle mich bestätigt, auf dem richtigen Weg zu sein. Und ich begreife, dass mein Wunsch, mich bei solchen Unternehmungen zu bewähren, niemals reiner Selbstzweck sein kann. Ich erfülle dadurch keineswegs nur persönliche Sehnsüchte. Projekte wie diese müssen auch jenen Mitmenschen nützen, die zum Beispiel nicht in der Lage sind, derartige Erfahrungen zu machen.

In dem Bewusstsein, dass meine Bewährungsproben gleichzeitig Anregung und Vorbild für viele sein können, habe ich den wahren Sinn meiner Unternehmungen gefunden. Die Erkenntnis, dass auch die Jugend meine Projekte begeistert verfolgt, überzeugt mich täglich mehr davon, ein Zeichen setzen zu können.

Worauf ich mich tatsächlich einlasse, wird mir klar, als die ersten Interview-Anfragen vom Fernsehen und einigen Zeitungsjournalisten kommen. Ich hatte nicht im Traum daran gedacht, mit meinem Projekt soviel Aufmerksamkeit und Interesse erregen zu können, und sehe die Entwicklung nicht ohne Sorge. Von jetzt an werden sich viele Augen auf mich richten, und ich fühle mich in die Pflicht genommen. Das macht mir Angst. Denn es ist nicht das, was ich wollte. Ich hätte es lieber gesehen, mein Projekt wäre erst durch sein erfolgreiches Ende Gesprächsthema geworden.

Einige Tage vor meiner Abreise verabschiede ich mich von

meinem Freund Ambrogio Fogar. Wir hatten häufig miteinander telefoniert, und in der ersten freien Minute besuche ich ihn. Er empfängt mich mit dem üblichen »Hallo, Champion!« Worauf ich stets antworte: »Wieso? Der Champion bist allein du!« Es ist ein Spiel zwischen uns und endet stets mit lautem Gelächter. Ambrogio hat meine Vorbereitungen mit einigen nützlichen Ratschlägen begleitet. Er hat mir die beste Position der Zugstangen für eine optimale Gewichtsverteilung berechnet, und mir in Momenten des Zweifelns geholfen, die schwierigsten Probleme zu lösen. Wir haben viel über seine Nordpolexpedition gesprochen, über seinen zähen Kampf allein mit seinem treuen Hund Armaduk gegen den verheerenden arktischen Sturm, oder über die endlos einsamen Stunden, die er in seinem Zelt eingeschlossen war, während er auf Wetterbesserung wartete, um seinen Marsch übers Packeis fortzusetzen. Ambrogio ist der Einzige, der meine Gemütsverfassung nachvollziehen kann. Er hat sich schwierigen Herausforderungen schon häufiger gestellt, und mit ihm zu reden, ist lehrreich und anregend. Beim Abschied gestehe ich, am meisten Angst vor der Einsamkeit zu haben, die mich auf dem Salar erwartet. »Aber du bist nicht allein«, entgegnet er. »Ich bin da. An deiner Seite. Du wirst meine Gegenwart spüren.« Im ersten Moment nehme ich das als ermutigende, wenn auch etwas abgedroschene Floskel. Erst später sollte ich begreifen, wie viel Wahrheit darin steckt. Zu diesem Zeitpunkt steht für mich bereits fest, dass ich mein Unternehmen ihm widmen werde. Ich weiß, er genießt es, und es ist meine Verbeugung vor einem Mann, der Abenteuer dieser Art zu seinem Lebensinhalt gemacht hat und dem es gelungen ist, die schwierigsten Bewährungsproben mit ungeheurem Mut und großer innerer Kraft zu bestehen.

Abreise

Die letzten Tage vor der Abreise herrscht Hektik. Das Material, das mir von den technischen Sponsoren zur Verfügung gestellt wird, trifft ein. Im Haus stapeln sich Schachteln jedweden Inhalts. Das alles muss geordnet, katalogisiert und anschließend für den Transport nach Bolivien verpackt werden. Die üblichen Scherereien in Verbindung mit einer Abreise übersteigen das Normalmaß bei weitem, was sich auf meine sportlichen Vorbereitungen auswirkt. Ich bin gezwungen, mehrere Trainingseinheiten ausfallen zu lassen, was mich nur noch gereizter macht. Am Vorabend der Abreise bin ich angespannt, nervös und todmüde. Das Gefährt wird praktisch zur Transportkiste für alles, das mit mir reist. Und als sie fertig gepackt ist, wiegt mein Gepäck stolze 180 Kilogramm, die Foto- und Filmausrüstung nicht mitgerechnet. Das Telefon klingelt unaufhörlich, so dass ich das Gefühl habe, keine Sache richtig zu Ende führen zu können. Ich wünsche mir sehnsüchtig, mindestens noch einen Monat Zeit zu haben, dabei sind es nur noch wenige Stunden. Ich gehe in die Garage, um mir meinen Handwagen noch einmal anzusehen, bevor die Transportkiste geschlossen wird, in dem er über den großen Teich reisen soll. Automatisch fange ich an, mit ihm zu sprechen. Ich rede mir meine Ängste von der Seele, breite die Gefühle vor ihm aus, die ich sonst niemandem mitteilen kann. Ich bilde mir ein, dass er mich versteht, auch wenn er stumm bleibt. Zum ersten Mal seit Monaten kann ich die Sorgen laut aussprechen, die Tag für Tag mehr von mir Besitz ergriffen haben. Danach geht es mir besser. Ich bin frei von negativen Gedanken und bereit, mich dem neuen Abenteuer zu stellen, das mich erwartet.

Dann sitzen wir plötzlich auf den Aluminiumkisten mit der Foto- und Filmausrüstung und warten auf das in Italien aufgegebene Gepäck. Oscar und ich sehen uns müde an. Es ist drei Uhr morgens. Wir sind gerade in La Paz gelandet. Der Flug schien nicht enden zu wollen. In viertausend Metern Höhe kostet jede Bewegung Kraft, und wir sind von der Reise erledigt. Wir halten noch immer nach der Frachtkiste mit meinem Handkarren Ausschau, als ein Flughafenangestellter auf uns zu kommt. Er teilt uns äußerst höflich mit, dass der Flughafen in Kürze geschlossen wird. »Aber was ist mit unserem Gepäck? Wo ist es geblieben?« »Tut mir Leid, aber das Flugzeug ist ausgeladen. Der Frachtraum ist leer.« Oscar bekommt prompt einen Wutanfall, und ich frage, wann die nächste Maschine aus Italien landet. »In drei Tagen«, erwidert der Flughafenangestellte ohne Zögern. Fassungslos starre ich den beiden Männern nach, die sich aufmachen, eine Verlustanzeige aufzugeben. Ich wehre mich dagegen, an eine Pechsträhne zu glauben, warte fröstelnd, dass die Formalitäten endlich erledigt sind, und frage mich, was zum Teufel wir drei Tage lang in La Paz ohne ein einziges Kleidungsstück zum Wechseln anfangen sollen. Schließlich beruhige ich mich von selbst. Das Wichtigste erscheint mir, ein Taxi ins Hotel zu nehmen und alles erst einmal zu überschlafen. Morgen können wir logischer denken. Während wir ins Zentrum dieser unglaublichen Stadt hinunterfahren, die sich wie ein Amphitheater über die umliegenden Hänge ausbreitet, wandern meine Gedanken ein Jahr zurück, als genau hier in Bolivien die Idee für mein Unternehmen entstanden war. Im Augenblick scheint es schlecht um meinen Traum zu stehen. Meine Hoffnungen haben einen Dämpfer erhalten. Aber ich will nicht aufgeben. Fehlt nur mein Gefährt, das irgendwo zwischen Europa und Südamerika verschollen ist. Und ohne das gute Stück kann das Abenteuer nicht beginnen.

Der Salar ist noch weit

Wie die lebendigen Beweise für die Richtigkeit des Spruchs ›Nichts im Leben ist sicher‹ sitzen wir in La Paz fest und warten auf unser Gepäck. Pünktlich nach drei Tagen fahren wir zum Flughafen und warten mitten in der Nacht auf die Maschine aus Europa. Wir sind sicher, endlich unsere Sachen in Empfang nehmen zu können. Doch auch diesmal kommt die Nachricht, dass unser Gepäck offenbar nicht dabei ist. Die Fluggesellschaft habe den bolivianischen Behörden versichert, die Sachen müssten bereits angekommen sein. Fassungslos bitten wir den Flughafenangestellten, sich noch einmal zu vergewissern, dass unser Gepäck nicht zufällig mit anderer Luftfracht in irgendeinem Lagerraum gelandet ist. Nichts. Nicht die Spur von der Holzkiste mit meinem Gefährt. Ich bin niedergeschlagen und kann nicht verstehen, wie man eine fast 200 Kilo schwere, als Sonderfracht deklarierte Kiste vergessen haben kann. Meine Hauptsorge gilt unserem Zeitplan. Der Zeitpunkt für die Expedition ist nicht zufällig, sondern das Resultat genauer, sich an den klimatischen Verhältnissen der Region orientierender Berechnungen. In einer Höhe von beinahe viertausend Metern kann das Wetter sehr schnell umschlagen, und die ersten Oktoberwochen gelten als stabil und für das Unternehmen ideal. Sollte sich die Warterei noch lange hinziehen, besteht die Gefahr, dass ich in die Regenzeit gerate. Damit wäre ich unweigerlich gezwungen, meinem Vorhaben Adieu zu sagen. Die folgenden Tage vergehen in ängstlicher Anspannung. Das einzig Positive ist, dass wir uns in der Höhe akklimatisieren, bald die steilen Straßen von La Paz ohne Atemnot und Schweißausbrüche bezwingen. Es vergeht eine Woche. Dann, nachdem die Fluggesellschaft uns versichert, unser Gepäck werde in zwei Tagen in La Paz sein, komme ich zu dem

Entschluss, dass wir lieber schon in die Region des Salar de Uyuni vorausfahren sollten. Unsere Ausrüstung kann mit einem Wagen nachgeschickt werden. Damit hätte ich Zeit, den Beginn meines Vorhabens vor Ort zu organisieren. Während wir die Stadt im Geländewagen verlassen, lasse ich die vergangenen Tage Revue passieren. Das Einzige, was hätte schief gehen können und was wir nicht einkalkuliert hatten, war schief gegangen. Die Arbeit eines ganzen Jahres stand auf dem Spiel. Es sollte uns eine Lehre sein. Nichts ist selbstverständlich.

Die Begegnung

Die Fahrt bis Uyuni kostet uns zwei Tage und achthundert Kilometer auf staubiger Piste, die sich unterwegs im Altiplano irgendwann in der Landschaft verliert. Außer Tieren begegnen wir kaum jemandem. Meistens sind es friedlich weidende Lamas, die sich von einem Auto nicht stören lassen, und mehrfach haben wir Glück und bekommen Vicuñas zu sehen, die überaus scheuen Wildkamele, die Menschen ängstlich meiden. Vicuñas sind äußerst selten, stehen auf der roten Liste für aussterbende Tierarten, und sind dennoch wegen der kostbaren Wolle, die ihr Fell liefert, auch heute noch gern die Beute skrupelloser Jäger. In der Stadt Uyuni, nach der unser Salzsee benannt ist, empfängt uns ein eiskalter, böiger Wind, der graue Staubwolken vor sich her treibt. Es ist kurz vor Sonnenuntergang, und der gefürchtete Wind des Salars fegt wie jeden Abend unerbittlich über die Landschaft. Die Erlebnisse des vergangenen Jahres wiederholen sich mit erstaunlicher Duplizität – bemächtigen sich meiner Gedanken. Es ist wieder einmal nicht die richtige Stunde für den Salar. Angesichts der Dunkelheit müssen wir das Wiedersehen auf den kommenden Tag verschieben. In der Zeit des Wartens sind meine

Gedanken häufig rückwärts gewandt. Ich frage mich, ob alles so sein wird, wie ich es in Erinnerung habe. Oder sollte ich die Bilder vom vergangenen Jahr im Lauf der Zeit verklärt haben? Könnte ich einer Illusion aufgesessen sein? Hänge ich einem falschen Traum nach? Plötzlich habe ich Angst.

Am folgenden Morgen ist jeder Zweifel verflogen. Während ich Schritt für Schritt auf den Salar zugehe, sind die bekannten Gefühle sofort wieder da. Schillernd und gleißend liegt der Salar vor mir, bereit, sich entdecken zu lassen. Jedenfalls möchte ich es glauben. Aber ich bin nicht gekommen, ihn zu erobern oder ihn herauszufordern. Ich möchte ihn lediglich genauer kennen lernen, in seine Welt eintauchen, um das innere Bedürfnis zu befriedigen, mich in den Weiten der Natur selbst zu finden. Dabei habe ich nicht vor, die Natur als Feindbild wiederzubeleben. Das gehört der Vergangenheit an, ist ein Relikt aus der Zeit, als Forschungsreisende das Unbekannte noch in fruchtlosen Kleinkriegen bekämpften, um sich den zweifelhaften Ruhm des Helden zu erwerben. Behutsam mache ich die ersten Schritte auf der Salzfläche, gehe fast auf Zehenspitzen, um das magische Gleichgewicht nicht zu stören, das mich spürbar umgibt. Und in Gedanken entbiete ich einen ersten Gruß an diesen unwirklichen Ort, und bitte um Beistand bei der Verwirklichung meines Traums.

Der Salar

Bolivien ist das Land der Salare, jener natürlich entstandenen Salzpfannen, die sich in dieser Region so zahlreich finden. Die berühmtesten sind der Salar de Coipasa, an der Grenze zwischen Bolivien und Chile, und der Salar de Uyuni, die größte Salzkruste der Welt.

Zusammen mit den Schwefelminen, die ein weiteres Charakteristikum des Altiplano sind, waren die Salare stets eine unerschöpfliche Quelle des Reichtums für die Wirtschaft des Landes. Bis in die Zeit vor der Herrschaft der Inkas hatten um das alleinige Recht der Ausbeutung des Salzvorrates regelrechte Kriege stattgefunden. Der Salar de Uyuni war daher lange Zeit in zwei Teile geteilt, wobei der eine den Inkas und der andere den Quechua gehörte. Damit hatten die zwei Völker einen für beide Seiten praktikablen Kompromiss gefunden, das kostbare Mineral zu vermarkten. Davon abgesehen sind die Salzvorkommen des Salar de Uyuni derart nachhaltig, dass sie für alle ausreichen. Zehntausend Quadratkilometer einer Dutzende von Metern tief reichenden Salzschicht sind mehr als genug für den Bedarf von einer ganzen Reihe von Volksstämmen. Der einzige Nachteil ist, dass das Salz hier kein Jod enthält. Die Salzpfannen waren nie ein abflussloses Meer, sondern von jeher Salzwasserseen vulkanischen Ursprungs. Daher unterscheidet sich die Zusammensetzung dieses fossilen Salzes grundlegend vom Meersalz.

Im Lauf der Jahrhunderte reduzierte sich der Salzabbau immer mehr. Heute ist die Salzgewinnung auch aufgrund der immer höheren Arbeitskosten kaum noch profitabel. Das Interesse an diesem Mineral ging damit immer weiter zurück und Salar und Schwefelminen versanken in Bedeutungslosigkeit. Bis heute hat nur noch je ein Unternehmen an den Ufern des Salar de Coipasa und dem Salar de Uyuni überlebt. Dabei handelt es sich um eine Hand voll Verzweifelter, die sich in einer Kooperative zusammengeschlossen haben. Unter den gleißenden Strahlen der erbarmungslosen Hochgebirgssonne schlagen sie mit primitiven Werkzeugen unregelmäßige Blöcke aus der Salzkruste, die dann in kleinere Stücke zerteilt werden. Häufig wird ein Teil der Arbeit von den Söhnen, Kindern im Alter von acht bis zehn Jahren geleistet, die viele Stunden mit nackten Füßen in der Salzlake stehen, fast immer ohne Sonnenbrille oder Handschuhe. Die Salzblöcke werden gestapelt und einmal pro Woche auf die Lkw der Kooperative verladen. Ein Teil des Salzes dagegen, das reinste und weißeste, das sich unmittelbar an der Oberfläche befindet, wird vor Ort zerkleinert und in einer primitiven, von Hand betriebenen Salzmühle zu Pulver zermahlen, in Jutesäcke gefüllt und in die Raffinerie gebracht, wo man ihm Jod zusetzt und es für den menschlichen Verbrauch veredelt. Nie arbeiten mehr als vier oder fünf Personen im Salz, und eine davon ist meistens ein Kind, das einen Pickel schwingt, der größer ist als es selbst. Es wird um die schönste Zeit seiner Kindheit betrogen, um eine Arbeit ohne Zukunft zu verrichten. Keiner spricht, nur das Scharren und Kratzen der Schaufeln und das nervtötende Rattern der Maschine lässt die Luft in weitem Umkreis vibrieren.

Endlich breche ich auf

»Ihr Handkarren ist angekommen. Morgen haben Sie ihn.« Als mir der Chauffeur die Nachricht überreicht, die per Funk aus La Paz gekommen war, kann ich es kaum glauben. Es ist derselbe Fahrer wie im vergangenen Jahr, und er hat bereits in der ganzen Gegend die Nachricht von meinem Versuch einer Alleinüberquerung des Salar verbreitet. Häufig treffen mich auf der Straße misstrauische Blicke, die mir nur zu deutlich sagen, dass mich die Leute hier für reichlich verrückt halten. Hier begreift niemand, dass ich den See überqueren will, den sie so sehr fürchten.

In einer Staubwolke schließlich taucht der Jeep mit dem Gepäck auf. Er war Tag und Nacht unterwegs, um rechtzeitig anzukommen. Ich prüfe sorgfältig jeden Gegenstand. Offenbar ist alles in Ordnung. Auch der Karren hat keine sichtbaren Transportschäden erlitten. Am nächsten Morgen will ich mich endlich auf den Weg machen.

Es ist nicht einmal acht Uhr morgens, und das reflektierte Licht auf der Salzfläche bereits von gleißender Helligkeit. Ich montiere die Reifen übungshalber einige Male auf und ab, um im Notfall gerüstet zu sein. Es geht spielerisch leicht. Danach mache ich mich daran, mein Transportgefährt zu beladen. Ich wiederhole die bereits in Italien vielfach geübten Handgriffe. Jeder Gegenstand hat seinen nach Gewicht und Umfang bestimmten Platz. Ich muss die Anordnung im Schlaf kennen, um die Ausrüstung morgens und abends schnell aus- und einladen zu können. Die faltbaren Kanister sind bereits mit Wasser gefüllt. Sie werden an der Rückseite in einem eigens für sie mit herausnehmbaren Metallstangen abgetrennten Raum verstaut. Die Stangen muss ich allabendlich entfernen, um die Beine nachts ausstrecken zu können. Vor dem Aufbruch am Morgen werden sie dann wieder installiert. Schlafsack, Film- und Fotoausrüstung, Erste-Hilfe-Kasten und Batterien kommen zusammen mit der Kleidung in die Mitte, während die Kiste mit den Lebensmitteln vorn ihren Platz hat, eingeklemmt zwischen Ersatzreifen und Werkzeugkasten.

Als alles verstaut ist, decke ich die Plane über den Wagen, spanne sie mit Hilfe der Gummischnur und zurre alles fest. An die Ecken in meiner Reichweite hänge ich den kleinen Sack mit der Überlebensausrüstung und zwei Feldflaschen, in der einen ist pures, in der anderen mit Mineralien angereichertes Wasser. Danach brauche ich nur noch mein Peilgerät umzuhängen, das mich auf dem richtigen Kurs hält. Ich schalte mein GPS (Global Position System) ein. Das Gerät ist nur wenig größer als eine Zigarettenschachtel. Es nimmt bereits in wenigen Minuten Verbindung mit Satelliten auf, und sobald es die Signale von dreien von ihnen gleichzeitig empfängt, übermittelt es Daten. Ich brauche dann nur noch die Koordinaten der Breiten- und Längengrade abzulesen. Auf diese Weise kenne ich zu jedem Zeitpunkt des

Unternehmens meine genaue Position, welche Strecke ich bereits zurückgelegt habe und welche noch vor mir liegt. Aber das Wichtigste ist, dass es mich auf dem Kurs hält, den ich vor dem Aufbruch in das Gerät eingegeben habe. Natürlich trage ich auch einen Kompass bei mir und habe eine genaue Karte des Gebietes. Fehlt nur noch eine Kleinigkeit: Vor unserer Abreise aus La Paz hat mir eine nette junge Verkäuferin kunsthandwerklicher Souvenirs eine kleine Stoffpuppe geschenkt, als sie von meinem Vorhaben erfuhr. »Nimm sie mit. Als Glücksbringer. *Buena suerte!*« Ich stecke das Püppchen hinter den Gummistrick, der die Segeltuchplane hält. Sie ist von nun an meine Reisegefährtin.

Während ich mir den *Chech* um den Kopf winde, so wie es Ala mich in der Ténéré gelehrt hat, muss ich unwillkürlich lächeln. Wie das Leben doch spielt! Nach exakt drei Jahren mache ich wieder diese Handgriffe, um zu einem Unternehmen aufzubrechen, das sich von meinem ersten Abenteuer allerdings grundlegend unterscheidet. Durch eine seltsame Fügung des Schicksals dreht sich auch diesmal fast alles um Salz, also um jenes weiße Mineral, das in der Geschichte der Menschheit und in der Kultur vieler Völker eine so wichtige Rolle spielt.

Ich verabschiede mich hastig von Oscar und dem Fahrer, möchte den Augenblick der Trennung nicht weiter hinauszögern. Es fällt immer schwer, das Vertraute, die festen Bestandteile des täglichen Lebens zurückzulassen, um sich in eine fremde Welt voller Unwägbarkeiten zu wagen, in der andere Regeln gelten und gewohnte Prioritäten in wenigen Stunden ihre Gültigkeit verlieren können. In dem Augenblick, da man die Wirklichkeit verlässt, um einen eigenen Traum zu leben, wird eben dieser Traum zur Realität. Eine Veränderung, die schnell und problemlos akzeptiert wird, wenn der eigene Wunsch dahinter steht. Ich wende mich der Weite des weißen Raumes zu, die sich vor mir im Unendlichen verliert und laufe, den Handwagen hinter mir herziehend, einfach los, ohne mich noch einmal umzudrehen, obwohl ich die bohrenden Blicke meiner Gefährten in meinem Rücken spüre. Es ist die Angst vor einem letzten Blickkontakt, die mich weitertreibt. Trennung ist ein schmerzlicher Prozess. Mir ist ein schneller, sauberer Schnitt am liebsten. Emotionsgeladene Abschiedsszenen blockieren mich, gefährden einen positiven Beginn des Unternehmens.

Allein

Mit einem Mal tauche ich ein in vollkommene Stille. Ich kann mich nicht erinnern, diese je mit vergleichbarer Intensität wahrgenommen zu haben. Es ist, als sei sie ertastbar, als lege sie sich wie eine wattige Wolke auf jeden Zentimeter meiner Haut. Dieses Gefühl erinnert mich an einen Tauchgang, in dem Augenblick, da der Druck des Wassers auf die Haut zu einem spürbaren, wissenschaftlich erwiesenen Faktor wird, der sich proportional zur wachsenden Tiefe erhöht. Allerdings kann ich mich nicht entsinnen, sie je so intensiv empfunden zu haben wie diese Stille jetzt. Die suggestive Macht der Einbildung überwindet gelegentlich sogar physikalische Gesetze.

Mein Gefährt folgt mir lautlos. Es ist, als trage selbst der Wagen diesen neuen Bedingungen Rechnung. Allerdings ist das Ziehen reichlich mühsam. Immerhin sind es 130 Kilogramm, die, wenn auch gut verteilt, Schultern und Rücken belasten. Mein Training im Fitnessraum war daher auf diese Art der Beanspruchung abgestimmt, und bislang machen meine Muskeln gut mit. Bleibt abzuwarten, ob ich auch einer tagelangen gleichartigen Belastung standhalte. Allerdings dauert es nicht lange, bis mir klar wird, dass meine Art, mich fortzubewegen, nicht mit der des Wagens harmoniert. Wir arbeiten gegen- und nicht miteinander.

Er rollt auf Rädern, bewegt sich gleichmäßig. Ich dagegen gehe zu Fuß und mache unwillkürlich in dem Moment eine kurze Pause, da ich das Gewicht von einem Fuß auf den anderen verlagere. Also bewegen wir uns nicht synchron, was zur Folge hat, dass bei jedem Schritt ein Ruck durch meinen ganzen Rücken geht, was auf die Dauer auch für die Bandscheiben nicht gesund sein kann. Bei den Tests in Italien hatte ich das nie gemerkt. Es zeigt sich wieder einmal, wie schwierig es ist, Situationen bei so unterschiedlichen Bedingungen exakt zu simulieren. Ich stehe vor dem Problem, möglichst schnell eine Lösung finden zu müssen, bevor mein Körper Schaden nimmt. Als Erstes krame ich jenes Stück Schaumgummi aus meinem Gepäck, das ich im letzten Augenblick aus einem Impuls heraus mit in die Kiste gesteckt hatte. Jetzt entpuppt sich diese Eingebung als äußerst vorausschauend. Ich stecke das Schaumgummi in der Nierengegend unter den Gurt. Eine gewisse Erleichterung stellt sich umgehend ein. Dennoch ist es nicht genug. Ich muss die Gangart ändern. Die des Karrens ist nicht zu ändern. Ich probiere lange herum, bis ich feststelle, dass ich bei jedem Schritt das Gewicht nicht nach vorn, sondern seitlich verlagern muss, um die Bewegungen des Wagens abzufedern. Dabei kommt ein wiegender Gang heraus, der an das Watscheln einer Ente erinnert. Aber es funktioniert. Diese Art, mich fortzubewegen, war mir so in Fleisch und Blut übergegangen, dass ich noch einen Monat nach meiner Rückkehr in Mailand auf der Straße Mühe hatte, mich normal und ohne Schwanken fortzubewegen.

Als Nächstes erscheint es mir notwendig, eine Marschtabelle mit festen Zeiten zum Trinken und zur Navigationskontrolle aufzustellen. Ich beginne mit einem Rhythmus von eineinhalb Stunden, den ich problemlos einhalten kann. Bei der ersten Rast muss ich mich praktisch zwingen, ein paar Schluck Wasser zu mir zu nehmen. Ursprünglich hatte ich einen hohen Flüssigkeitskonsum erwartet. Überraschenderweise habe ich kaum Durst. Dabei herrschen Temperaturen von fast 30° Celsius und die Luft ist extrem trocken, trockener als in der Sahara. Das Bedürfnis, das Wasser solange wie möglich im Mund zu behalten, um die Schleimhäute zu befeuchten, ist größer als der Wunsch zu trinken. Nur durch die Nase zu atmen, ist unter diesen Bedingungen fast unmöglich. Da ich zusätzlich mit dem Mund atme, ist meine Kehle trotz des wie ein Filter wirkenden Turbantuchs schnell ausgetrocknet und die Zunge ist bald dick und rau wie ein Reibeisen. Mehr zum Zeitvertreib als aus einem echten Bedürfnis heraus kaue ich eine Energietablette, und gehe nach zehn Minuten weiter. Ich beschließe, diesem Rhythmus zu folgen, um festzustellen, ob ich ihn den ganzen Tag lang durchhalten kann. Unterdessen betrachte ich die Landschaft. Die Fläche unter meinen Füßen ist bretteben und steinhart, so wie ich sie aus dem vergangenen Jahr in Erinnerung hatte. Die Salzausblühungen, die mich damals schon fasziniert hatten, überziehen sie wie ein Teppich mit Endlosmustern. Allerdings kann ich es mir diesmal nicht leisten, über jede kristalline Formation hinwegzusteigen. Der Karren gleitet problemlos über sie hinweg, auch wenn er die kleinen Hindernisse mit einem sanften Ruck ankündigt und die Räder dunkle Spuren in der makellos weißen Fläche hinterlassen. Der Himmel ist von einem tiefen Azurblau, an dem sich kein Wölkchen zeigt, und das Sonnenlicht bricht sich milliardenfach in den Salzkristallen. Die grelle Helligkeit des Lichts schmerzt beinahe, und ich habe Mühe, trotz meiner Sonnenbrille mit dichtem UV-Filter die Augen offen zu halten. Selbst in der wachsenden Hitze halte ich jeden Zentimeter meines Körpers bedeckt, streife sogar ein Paar leichte Handschuhe über, um die Haut vor der mörderischen Strahlung zu schützen. Ich spüre, wie meine Haut unter dem Stoff zu spannen beginnt, immer schneller austrocknet. Die Bedingungen sind härter als erwartet, und ich nehme mir vor, mich auch während der Marschpausen immer wieder dick einzucremen. Das ist zwar gegen meine Gewohnheit, aber hier ist es ein Muss, will ich irreparable Schäden vermeiden. Die Bergkette in meinem Rücken verschwindet allmählich in der Ferne, während sich vor mir eine Mondlandschaft auftut. Nichts, nicht einmal ein kleiner Stein, unterbricht die beklemmend weiße Monotonie der Salzfläche. Ich bin selbst gespannt, ob es mir gelingt, mit dieser andauernden Eintönigkeit fertig zu werden. Manchmal fühle ich mich wie bei der Überquerung eines Hochgebirgsgletschers. Allerdings will das umliegende Panorama dazu überhaupt nicht passen. Noch immer ist es mir schleierhaft, wie die Natur eine Landschaft von so eigenartiger Faszination hat schaffen können.

Als ich Halt mache, um Mittag zu essen, ist es kurz nach zwölf Uhr. Ich lege mein Geschirr ab und klappe den vorderen stabilisierenden Stützfuß aus, bevor ich die Plane abdecke, um an meine Lebensmittel heranzukommen. Ich habe nicht nur keinen Durst, ich bin auch nicht hungrig. Und das nach einem vierstündigen Fußmarsch ohne einen Bissen zu essen. Das Einzige, auf das ich Appetit habe, ist eine warme Brühe. Ich bin noch reichlich unorganisiert, so dass eine Menge Zeit vergeht, bis ich Gaskocher, Gaskartusche und Anzünder beieinander habe. Ich muss den Inhalt meiner Kiste fast von oben nach unten kehren, bevor ich finde, wonach ich suche. Als ich schließlich soweit bin, das Wasser aufzusetzen, ist eine halbe Stunde vergangen. Ich nehme mir vor, schon morgens vor dem Aufbruch alle nötigen Utensilien in einer Ecke des Wagens bereitzulegen, um in den Stunden, die für den Fußmarsch vorgesehen sind, nicht unnötig Zeit zu verlieren. Zusammen mit dem Brühwürfel gebe ich etwas Knoblauch, Paprikapulver und Parmesan ins kochende Wasser. Zwei Cracker und einige Trockenfrüchte runden die Mahlzeit ab. Nach dem GPS zu urteilen habe ich 15 Kilometer zurückgelegt. Das ist für den Anfang nicht schlecht. Um zu essen, muss ich Gesicht und

Hände frei haben, und merke augenblicklich die Kraft der Sonne brennend auf der Haut. Ich befeuchte das Turbantuch mit etwas Wasser und gebe eine dicke Schicht Sonnenschutzcreme auf Gesicht und Lippen, suche vergeblich etwas Schatten, während ich an Oscar denke, der sich stets über meinen unersättlichen Sonnenhunger lustig macht und mich spaßhaft eine Eidechse nennt. Auch der Wärmebedarf von Eidechsen hat gewisse Grenzen.

Die Krise

Nach einer Rast von eineinhalb Stunden nehme ich meinen Marsch wieder auf. Anfänglich haben meine gefühllos gewordenen Beine Mühe, den richtigen Rhythmus wiederzufinden, aber dann falle ich automatisch in die gewohnte Gangart. Um mich herum herrscht vollkommene Ereignislosigkeit, nichts bewegt sich, alles ist gleichförmig. Es gibt nicht einen Gegenstand, an dem ich mich messen könnte. In Bewegung ist nur mein Karren, und ich bewege mich mit ihm, so dass ich nicht einmal mehr merke, ob wir überhaupt vorwärts kommen. Ich ziehe meine Handschuhe aus, stülpe sie übereinander und werfe sie wie einen Ball einige Meter voraus, um zumindest einen Anhaltspunkt für mein Fortkommen zu haben. Angstgefühle beschleichen mich, zuerst allmählich, dann immer spürbarer. Ich erkenne die eindeutigen Symptome sofort: Es ist die übliche Anfangs-Krise, die in der Ténéré jenen schwierigen inneren Konflikt zwischen den beiden Seelen in meiner Brust ausgelöst hatte. Ich versuche mich verzweifelt zu erinnern, wie ich diesen Zustand damals überwunden habe. Aber hier gibt es keinen Ala und keinen Kariman, die mir zur Seite stehen könnten. Da ist nur der Karren. Ich halte an, nehme den Gurt ab, trete zu meinem Begleiter auf Rädern und spreche mit ihm wie am Vorabend der Abreise, gebe ihm einen Namen: » Nur Mut, Chico. Es ist hart, aber wir können es schaffen. Hilf mir weiter, wir müssen da wieder rauskommen.« Die kleine Puppe starrt mich unverwandt an, so als höre sie mir zu. Ich beschließe, auch ihr einen Namen zu geben, und nenne sie etwas fantasielos einfach Chica, rede auch mit ihr wie zu einem Kind. Jetzt, mit all der zeitlichen Distanz, frage ich mich, ob mein Verhalten damals normal oder bereits Zeichen einer gewissen seelischen Vereinsamung war. Sicher ist nur, dass es für mich das einzige Mittel war, eine Situation in den Griff zu bekommen, die mir zu entgleiten drohte und damit mein Projekt gefährdet hätte. Gegenständen Leben einzuhauchen, ist ein Relikt aus unserer Kindheit, als wir uns eine kleine, sehr private Welt schufen, in die wir uns flüchten konnten, wenn unsere Sicherheit bedroht schien. Und ich spüre, dass es noch immer funktioniert. Ein stärker werdendes Gefühl innerer Ruhe vertreibt die Angst, während die Schatten auf der Salzfläche länger werden. Ich bin sowohl physisch also auch psychisch erschöpft, und dennoch zufrieden. Die harte Bewährungsprobe, die mich erwartet, schreckt mich nicht mehr. Wohin das alles auch führen mag, ich spüre in mir die Kraft, weiterzumachen.

Die Nacht

Es ist kurz nach fünf Uhr abends. Ich bin noch immer auf den Beinen, als ich es aus der Stille heraus langsam kommen höre. Zuerst ist es nur ein leises Säuseln, das sich allmählich zu einem allgegenwärtigen Rauschen auswächst, das schnell näher kommt: es ist der gefürchtete Wind des Salar, der erbarmungslos über eine Salzfläche fegt, die ihm nichts entgegenzusetzen hat. Er erfasst mich schräg von vorn. Ich senke den Kopf, halte an, um die dicke Windjacke mit Kapuze zu suchen, die ich über den *Chech* ziehen kann. Danach spanne ich mich wieder vor den Wagen, um meinen Marsch fortzusetzen, und merke, dass ich nicht vom Fleck komme. Der Wind erfasst den Karren von der Seite, beutelt ihn hin und her. Mir selbst gelingt es nur mit Mühe, einen Schritt vor den anderen zu setzen. Dabei hatte ich gehofft, bis zum Sonnenuntergang, das heißt noch eine weitere Stunde weiterzugehen. Allerdings kosten mich wenige Meter übermäßig viel Energie. Es hat keinen Sinn, gegen den Wind anzukämpfen. Ich wende den Wagen mit der schmalen Seite in den Wind, damit er den Böen so wenig Angriffsfläche wie möglich bietet, und stabilisiere ihn mit Hilfe der ausklappbaren Stütze und des senkrecht gestellten Hinterrades. Dennoch ächzt das schwere Gefährt beängstigend in all seinen Fugen. Es ist das einzige Hindernis, das sich in einem Umkreis von vielen Kilometern auf freier Fläche dem Wind entgegenstellt. Aus Angst, der Wind könne die Plane mitreißen, und ich damit meine Ausrüstung verlieren, wage ich es nicht, sie abzudecken. Blind stecke ich die Hände zwischen Wand und Plane, versuche, die leichteren Sachen beiseite zu räumen, um die schweren Gegenstände auszuladen. Ich staple die Wasserbehälter vor die Räder und überlege fieberhaft, wie ich mir einen Windschutz basteln könnte. Ich muss mich setzen und die Beine ausstrecken können, und frage mich, ob ich den Kocher überhaupt in Gang bekomme, um mir eine warme Mahlzeit zuzubereiten. Während ich die Kiste mit den Lebensmitteln heraushieve, kommt mir eine Idee. Ich stelle sie statt der Kanister mit Wasser auf den Boden vor das Rad und vergewissere mich, dass sie als Gegengewicht schwer genug ist. Dann versuche ich, den Deckel aus hartem Kunststoff zwischen Kiste und Rad zu klemmen. Auf diese Weise verlängere ich den Schutz der Wagenwand bis zum Boden. Die Maßnahme funktioniert, scheint dem Wind standzuhalten. Auf die gegenüberliegende Seite stelle ich den Sack mit allen möglichen Ausrüstungsgegenständen, während die Foto-

und Filmausrüstung samt Batterien und GPS mit der Puppe und dem Schlafsack im Wagen bleiben. Dann breite ich eine alubeschichtete Isolierfolie auf dem Boden aus, die ich an den Seiten mit den Wasserkanistern beschwere. Auf diese Weise schaffe ich mir einen nutzbaren Platz von ungefähr einem halben Meter Breite, auf dem ich mich im improvisierten Windschutz aus Handkarren und Kistendeckel einigeln kann. In Anbetracht der Situation ist das nicht übel, auch wenn meine ausgestreckten Beine von den Knien an über die Isolierfolie hinausragen. Nach zahllosen vergeblichen Versuchen gelingt es mir endlich, die Flamme des Gaskochers am Brennen zu halten. Dazu muss ich den Brenner mit den Beinen vor dem Wind schützen, ohne den kleinen Kochtopf aus den Händen zu lassen. Ein Augenblick der Unaufmerksamkeit genügt, um alle Mühe zunichte zu machen. Eingeigelt, die Mütze mit Gesichtsmaske statt des Turbantuchs über den Kopf gestülpt, warte ich geduldig, dass etwas Essbares heiß wird, während die Außentemperaturen weiter sinken. Längst nicht mehr in der Lage, einen klaren Gedanken zu fassen, füge ich mich dem Willen der Natur. Allein im Dunkeln, ohne die Möglichkeit, mich einer Menschenseele mitzuteilen, lasse ich wie benommen die Zeit an mir abgleiten und warte auf den Moment, da ich in den Karren steigen und mich zum Schlafen niederlegen kann. Jedes Gefühl, jede Erinnerung ist aus meinem Gedächtnis verbannt. Ich habe nur die Hoffnung, dass die Nacht bald zu Ende sein wird. Mir fehlt die Kraft, den Blick zu heben, das Heulen des Windes ist alles, was ich wahrnehme, meine einzige Verbindung zur Wirklichkeit. Unbewusst kommen mir die Tränen. Die Gesichtsmaske wird nass. Dennoch bin ich nicht traurig. Die Tränen sind nur Ausdruck all meiner Schwäche und Verwundbarkeit. Ich weiß, dass ich den Mächten der Natur hilflos ausgeliefert bin. Meine einzige Chance ist es, negative Gedanken auszuschalten, den Salar nicht als Feind, sondern als Verbündeten für mein Vorhaben zu sehen, für ein Abenteuer, das ich bis zuletzt auszukosten gedenke.

Bevor ich mich in meinem mobilen Schutzraum einschließe, legte ich alle losen Gegenstände in die stabilsten Behälter und stelle sie gegen die Außenwände des Karrens. Die Kanister hülle ich in die Alufolie und stelle sie zwischen das übrige Gepäck, um zu verhindern, dass das Wasser darin gefriert. Schließlich bin ich so weit, meine erste Nacht in der Salzwüste kann beginnen. Beim Einsteigen muss ich aufpassen, den Handkarren nicht aus dem Gleichgewicht zu bringen. Leer ist er doch reichlich instabil. Der Schaumstoff auf dem Boden des Karrens ist mir Matratze und Wärmeisolation zugleich. Leider ist die Schicht nicht dick genug, um mich hinreichend vor dem kalten Metall und dem eisigen Wind zu schützen, der erbarmungslos durch jede Ritze dringt. Ich ziehe noch einen Pullover über, krieche eingemummt in den Schlafsack und stopfe Jacken, Pullover, Socken, einfach alles, was ich habe, in jeden Winkel meiner Eiskiste, um mich zu wärmen. Durch den langen Aufenthalt draußen vor dem Wagen bin ich ziemlich durchgefroren. Aber die Stunden, die ich eingezwängt im Wagen verbringen kann, ohne Muskelkrämpfe zu bekommen, sind beschränkt. Die letzte Aufgabe des Tages ist auch die schwierigste: Ich muss die Plane über dem Karren schließen, das heißt sie von innen draußen an den Haken befestigen. Es ist mühsam, mit einer Hand das Gummiseil in der richtigen Spannung zu halten, während die andere nach dem Haken tastet. Die Schnur darf auf keinen Fall reißen. Sollte das passieren, hätte ich ein echtes Problem. Nach schweißtreibenden Minuten und einigen Fehlversuchen habe ich es geschafft. Dann liege ich auf dem Rücken, gefangen in meiner Kiste, mit gerade mal zehn Zentimetern Spielraum an den Seiten, die Plane nur eine Handbreit über dem Gesicht. Zum Glück bin ich nicht klaustrophobisch veranlagt, und Gott sei Dank kann ich die Beine zwischen Filmkamera und Fotoapparat ausstrecken, das Stativ in den Kniekehlen. Es ist halb neun Uhr abends, ich bin todmüde und kann doch nicht schlafen. Ich taste nach dem Buch, das ich stets bei mir habe. Diesmal ist es *Siddharta,* und nichts könnte passender sein. Welche Reise ich auch unternehme, ob beruflich oder privat, der Platz, der den Büchern in meinem Gepäck zusteht, ist heilig. Wie oft habe ich deshalb mit Oscar gestritten und war gezwungen, selbst wichtige Gegenstände zu Hause zurückzulassen, nur um nicht auf Bücher verzichten zu müssen, wenn das Gewicht des Gepäcks bis auf das letzte Gramm genau berechnet war. Manchmal konnte ich meine Lektüre nur heimlich im letzten Moment ins Handgepäck schmuggeln. Ich habe die Erfahrung gemacht, dass ein Buch nicht nur Unterhaltung, sondern ein unverzichtbarer Reisebegleiter sein kann, um Zeit zu überbrücken und unvermeidliche Wartestunden zu verkürzen. Ich setze die von einem Gummiband gehaltene batteriebetriebene Grubenlampe auf. Es ist nicht bequem, aber es funktioniert. Während draußen der Wind heult und an meinem Gefährt rüttelt, gelingt es mir, für eine halbe Stunde in eine andere Welt zu entfliehen, mich in meine Lektüre zu vertiefen, endlich Entspannung zu finden.

Ein weiterer Tag erwartet mich

Als ich mich entschließe, das Gefährt zu verlassen, hat sich der Wind gelegt und die Szene einem eiskalten Sonnenaufgang von ungeahnter Klarheit überlassen. Schnell setzt das stärker werdende Licht der Salzfläche Millionen von Lichtern auf, die von kalten Blautönen kurz in wärmere Farben übergehen, bevor sie alles erneut in gleißende Helligkeit tauchen. Ich lasse den Blick ins Rund schweifen, verwundert darüber, dass ich überhaupt noch da bin in diesem absoluten Nichts. Noch habe ich mich an die neue Wirklichkeit nicht gewöhnt. Ich führe mit lauter Stimme Selbstgespräche, singe, schreie schließlich so laut ich kann, doch der Klang meiner Stimme verhallt ohne Echo in der Leere. Es gefällt mir, aus vollem Hals zu brüllen, denn ich weiß, dass ich niemanden stören kann, weder Mensch noch Tier. Es ist ein merkwürdiges Gefühl für jemanden wie mich, die ich im dicht bevölkerten Mitteleuropa lebe, in dem man selten allein ist. Nur mitten in einer Wüste oder auf dem Meer ist es erlaubt, sich derart auszutoben, nur dort kann man frei sein. Ich muss unwillkürlich lachen, als mir die Frage einer Zuschauerin eines meiner Diaabende einfällt, die mich beiseite nahm und zwischen Verlegenheit und Neugier schwankend wissen wollte: »Und wenn Sie auf die Toilette müssen, wie machen Sie das?« In diesem Fall könnte ich antworten: »Aber Signora, wenn Sie über hundert Quadratkilometer für sich allein zur Verfügung haben, ist das doch wahrlich kein Problem.«

Es ist nicht einmal sieben Uhr morgens und ich habe schon viel erledigt. Das Geschirr vom Vorabend ist gespült und der Müll eingesammelt. Die Essensreste, die verrotten, lasse ich auf der Salzfläche zurück. Das Papier und alles was brennbar ist, verbrenne ich jeden Morgen. Ich möchte auf dem Salar so wenig wie möglich Spuren meiner Überquerung hinterlassen. Das gebietet schon die Achtung vor dieser unverdorbenen Naturlandschaft. Es ist herrlich, sich frei, ohne die ständigen Attacken des Windes bewegen zu können. Kaum bin ich fertig, spanne ich mich vor den Karren und fordere ihn auf: »Gehen wir, Chico! Vorwärts. Nur Mut!« Dann werfe ich einen Blick auf Chica, die an der gewohnten Stelle steckt, und wünsche ihr einen guten Morgen, bevor ich mich wieder ins Geschirr lege. Meine Beine finden wie von allein den richtigen Rhythmus, und nach einigen Stunden habe ich das Gefühl, als bestünde ich aus zwei unabhängigen Teilen: aus Rumpf und Armen, die ungleichmäßig und häufig unkoordiniert funktionieren, und aus einem unteren Teil, von der Hüfte abwärts mit Beinen und Füßen, der sich beinahe mechanisch und rhythmisch, fast eigenständig fortbewegt. Um mich herum scheint alles still zu stehen. Nicht einmal das Panorama ändert sich, alles ist untermalt von der monotonen Gegenwart der Stille. Seltsamerweise verspüre ich keine Lust, Musik oder gar Stimmen zu hören. Dabei habe ich ein paar Kassetten von zu Hause mitgebracht; die eine haben Oscar und Max, unterbrochen von Musikstücken, besprochen. Sie haben mir dieses Band klammheimlich im Sommer zusammengestellt, damit ich es während meines Abenteuers hören kann, dann, wenn ich ganz allein bin. Und obwohl mich sein Inhalt durchaus neugierig macht, ist meine gefühlsmäßige Verfassung noch nicht stabil genug, die Stimmen meiner Lieben zu hören. Ich ziehe es daher vor, damit zu warten, bis ich mein inneres Gleichgewicht wiedergefunden habe. Allmählich macht mir das blendende, durch die Salzfläche reflektierte Sonnenlicht immer mehr zu schaffen. Über die Sonnenbrille mit starkem UV-Filter setze ich daher noch eine Gletscherbrille mit Seitenlichtschutz, um die Augen zu schonen, aber jede Vorsichtsmaßnahme erweist sich als sinnlos. Das Licht trifft wie tausend Nadelstiche gleichzeitig auf meine Netzhaut und löst einen ständigen Tränenfluss aus. Bei jedem Halt nehme ich Augentropfen, verspüre jedoch keine Besserung. Schließlich bin ich gezwungen, mit halb geschlossenen Lidern und gesenktem Kopf zu gehen, denn die Schmerzen nehmen zu. Ich vermute stark, dass nicht allein die Sonnenstrahlung, sondern auch der feine Salzstaub, den der Wind ständig aufwirbelt, schuld an meinen Beschwerden ist. Als ich zur Mittagszeit anhalte, sind meine Augen nur noch zwei schmale, tränende Schlitze, geschwollen und gerötet. Tastend finde ich in meiner Lebensmittelkiste etwas Essbares, aber kaum versuche ich die Augen zu öffnen, durchfährt mich ein stechender Schmerz, und ich lasse sofort davon ab.

Jetzt wird mir klar, dass es sich um eine Bindehautentzündung handeln muss. Viel mehr als den Augen soviel Ruhe wie möglich zu gönnen und sie ständig mit Augentropfen und Salbe zu behandeln, kann ich nicht tun. Zum Glück ist das Terrain, auf dem ich mich bewege, meistens eben. Also beschließe ich, vorzugsweise mit halb geschlossenen Lidern weiterzugehen. Sehnsüchtig erwarte ich den Sonnenuntergang. Aber als das Licht endlich schwächer wird, kommt augenblicklich der verdammte Wind auf und bläst mir mehr Salzstaub ins Gesicht. Jetzt schütze ich die Augen auch mit den Händen und verfluche das Pech, das plötzlich so gehäuft über mich hereinbricht. Selbst in der Dämmerung bin ich gezwungen, beide Schutzbrillen zu tragen, um zumindest den Kontakt mit dem feinen Salzstaub zu mindern, was mich natürlich beim Aufbau des Nachtlagers schwer behindert. Die Lust, mir ein Abendessen zuzubereiten, ist mir sowieso vergangen. Nur widerwillig kaue ich an einem Stück Käse und zwei Energieriegeln, bevor ich mich angezogen in meinen Schutzraum zurückziehe. Es ist erst sieben Uhr abends, aber ich habe nur noch den Wunsch, mit geschlossenen Augen im Dunkeln zu liegen, mich in meinen Schmerz zu versenken, um meiner Psyche Zeit zu geben, sich damit zu arrangieren. Die Nacht wird zum Alptraum: kurze Träume wechseln sich mit langen Wachphasen ab, während der Wind wie üblich am Karren rüttelt, so dass ich mehr als einmal aussteigen muss, um zu überprüfen, ob noch alles gut gesichert ist. Sollte etwas wegfliegen, habe ich keine Chance mehr, es je wiederzufinden. Ich glaube, niemand kann mir nachempfinden, was ich durchmache und danke dem Himmel, dass ich kein Funkgerät bei mir habe. Wer weiß, ob ich nicht in diesem Moment versucht gewesen wäre, Hilfe zu rufen. Dann wäre alles zu Ende gewesen.

Am nächsten Morgen will ich die Augen aufschlagen und stelle fest, dass sie von einem dicken Leim aus Salbe, Augentropfen und Augenflüssigkeit völlig verklebt sind. Vorsichtig befreie ich die Wimpern mit klarem Wasser aus meiner Feldflasche von der zähen Masse und bewege dabei die Augäpfel. Die Schmerzen sind weniger akut als am Vorabend, aber ich will mir nichts vormachen: Draußen erwartet mich ein weiterer Tag auf dem Salzsee. Bevor ich aus meinem Gefährt steige, setze ich beide Brillen übereinander auf. Auch an diesem Tag ist der Himmel wieder von strahlendem Blau. Kein Wölkchen weit und breit trübt das gleißende Licht. Widerwillig stelle ich das Stativ mit der Filmkamera auf, um einige Szenen an meinem Lagerplatz zu drehen. Die Filmerei ist mir zusätzlich zu all den Strapazen lästig. Morgens und abends ist genau die Stunde mit dem besten Licht eigentlich schon mit vordringlichen Arbeiten belegt, und ich muss dieselbe Szene häufig mehrfach wiederholen, bevor ich ein einigermaßen ansprechendes Ergebnis im Kasten habe. Ohne eine Reihe von Fehlversuchen geht es nie ab, wenn man sich selbst fotografiert oder filmt, und die Batterien, die die Apparate betreiben, sind schon aufgrund der hohen nächtlichen Minusgrade von 15–10° Celsius schnell leer. Da nützt es nicht viel, dass ich sie während der Nacht warm zu halten versuche. Dennoch ist es unerlässlich, die wichtigsten Phasen der Überquerung zu dokumentieren. Ich bin natürlich die Einzige, die dazu in der Lage ist, und das Wissen um die Unwiederholbarkeit der Bilder setzt mich noch zusätzlich unter Druck.

Emotionen

Ich bin bereits wieder unterwegs, als ich merke, dass ein neues Problem im Anzug ist. Ich kenne das mittlerweile. Es kündigt sich mit einem unangenehmen Jucken an, das sich bald zu einem brennenden Schmerz steigert. Die ersten Blasen an den Füßen

Das Auf- und Absteigen ist bei Kamelen nicht gerade einfach, ganz besonders wenn die Karawane in Bewegung ist. Die Kamele (tatsächlich handelt es sich hier um einhöckrige Kamele, also um Dromedare) sind launische und zänkische Tiere und brauchen eine feste Hand.

Rechte Seite:
Die Tuareg brauchen nur wenig für ihr Nachtlager: eine Strohmatte als Unterlage, etwas Holz zum Kochen und zur Zubereitung des unentbehrlichen grünen Tees.

Linke Seite:
Jeden Morgen muss die Last auf die Kamele geladen und befestigt werden. Im Tagesverlauf ist das Schaben der Kamelsohlen auf dem Sand das einzige Geräusch in der absoluten Stille der Wüste.

Nach einigen Tagen hat sich das Verhältnis zu den Tuareg geändert, aber auch ich bin nicht mehr dieselbe. Ich lerne schnell, mich in der Wüste zu bewegen, und jeder Schritt bringt eine neue Entdeckung.

Zum Abschied umarmen wir uns entgegen jeder Verhaltensregel der Tuareg. Ich fühle mich froh und geläutert. Von ihnen habe ich gelernt vorwärts zu gehen, nie mit Bedauern zurückzublicken.

Chico, ein Handkarren mit drei Mountainbike-Rädern wird mein Reisegefährte, Transportmittel für das Gepäck, Schlafstätte für die Nacht und Windschutz.

Vollkommen verhüllt mit Mütze und Gesichtsmaske, die das Turbantuch ersetzen, warte ich geduldig, bis etwas Essbares heiß wird, während die Temperaturen rasch fallen.

Auch Chica, die kleine Puppe, wird in der Einsamkeit der Salzöde zur treuen Gefährtin, die mir Trost und Mut spendet.

Ich befinde mich in einer faszinierend fremdartigen Landschaft, die erste Frau, die sich je dieser Herausforderung gestellt hat: Ich erlebe unvergleichliche Emotionen, bewege mich in einem den Himmel berührenden unendlichen Raum. Was sind schon Bindehautentzündung und Blasen an den Füssen angesichts solcher Großartigkeit?

Während sich der Salar auf das Schauspiel eines neuen Sonnenuntergangs vorbereitet, sehe ich auf meinem GPS, dass ich gut vorwärtskomme, eine durchschnittliche Tagesstrecke von dreißig Kilometern zurücklege.

Wie verrückt muss die Fantasie der Natur gewesen sein, Bilder von solch unfassbaren Dimensionen entstehen zu lassen? Ich fühle mich vom Glück begünstigt, diese wunderbare Erfahrung machen zu dürfen.

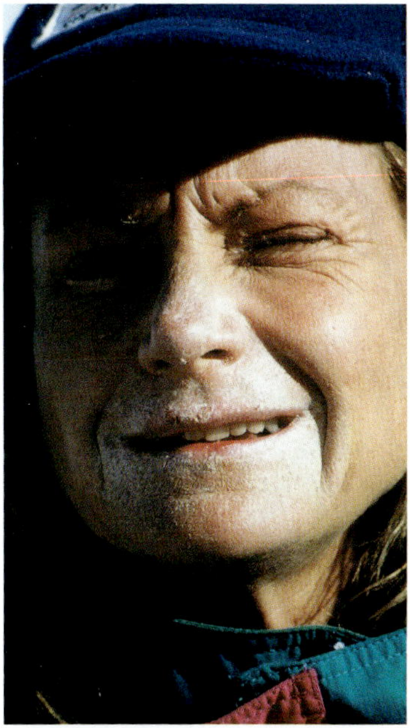

Erschöpfung und Austrocknung hinterlassen ihre Spuren in meinem Gesicht.

Das Lächeln eines Kindes ist das Lächeln aller Kinder dieser Welt.

Die Buschmenschen sind die Urbevölkerung des afrikanischen Kontinents und lebten schon vor zwanzigtausend Jahren in seinen ausgedehnten Wäldern und Savannen.

›Löwenauge‹ ist der Dorfälteste. Mit Hilfe meines Dolmetschers sagt er mir, dass sie alle in Gedanken mit mir reisen.

Straußeneier sind für die Buschmänner ein Schatz; und das nicht nur, weil sie köstlich schmecken. Die leeren, sorgfältig gereinigten Schalen sind ihre Wassergefäße. Zerbrechen sie, werden sie zu Schmuckstücken verarbeitet.

Mit Michael legen wir noch einmal die Route fest, überprüfen die Koordinaten der Längen- und Breitengrade auf meinem GPS und gleichen sie mit den Daten des Geräts im Geländewagen ab.

Linke Seite:
Kase und ich gehen Seite an Seite, versuchen die Hindernisse in der dichten Vegetation zu umgehen.

Ein winziges Dorf bringt Rettung. Unser Wasservorrat war zu Ende. Das hätte mich beinahe zur Aufgabe gezwungen.

Rechte Seite:
Auch das Harz der Bäume mitten in der Wüste ist ein wertvolles, Energie spendendes Nahrungsmittel.

Dieser Abend ist der letzte, den wir gemeinsam in der Wüste verbringen. Wir genehmigen uns eine reichlichere Portion unseres üblichen Proviants.

FERRINO

Die blutroten Beeren, leider saftlos, vertreiben dennoch einige Minuten das Durstgefühl.

Noch ein flüchtiger Gruß, dann wendet Kase sich ab und geht. Ich sehe ihm nach, bis er zwischen dem Gestrüpp verschwunden ist. Ich bin allein.

sind da. Ich beschließe, bis zur vorgesehenen Rast durchzuhalten, denn der Erste-Hilfe-Kasten steckt zuunterst in meinem Rucksack. Die Suche danach kostet Zeit, die ich nicht habe. Als ich schließlich Rast mache, wird mir schnell klar, dass die Entscheidung falsch war. Ich trage zwei Paar Socken übereinander: zuerst das aus Seide mit direktem Hautkontakt, dann darüber ein Paar normaler Sportsocken. Beide sind bis über die Ferse blutdurchtränkt, und das Strumpfgewebe klebt in den Wunden. Ich versuche, kein Salz in die offenen Stellen zu bekommen. Vergeblich. Salz ist überall und es brennt wie Feuer. Ich wasche die Wunden mit Wasser aus, desinfiziere sie und gebe eine doppelte Schicht Blasenpflaster darüber in der Hoffnung, dass mir das Linderung bringt. Gern hätte ich auch die Strümpfe gewechselt, aber ich habe nur noch jeweils ein Paar in Reserve und möchte damit lieber bis zum Abend warten, wenn ich Gelegenheit habe, die Wunden sorgfältiger zu verarzten. Während ich mich wieder auf den Weg mache, versuche ich, die Probleme nicht zu ernst zu nehmen, mich nicht in Selbstmitleid zu ergehen, eine klare Sicht der Dinge zu bewahren. Aber so einfach ist das nicht. Während meiner häufigen Reisetätigkeit habe ich gelernt, dass es nur eine Methode gibt, schwierige Momente zu überwinden: positiv denken, negative Gedanken ausschalten. Also gut, sage ich mir daher, ich habe gewisse physische Probleme. Die machen mir zu schaffen. Dennoch gehören sie in die Rubrik kleinerer Störfälle. Den Erfolg des Unternehmens gefährden sie nicht. Viele vor mir haben dieselben Schwierigkeiten durchgemacht und sind dennoch ans Ziel gekommen. Ich muss hart mit mir bleiben und weiterkämpfen. Die Erinnerung an meine Erfahrungen in der Ténéré stellen sich mit unvermittelter Intensität ein. Ich kenne jetzt mein Alter Ego, den kämpferischen Teil in mir. Und ich denke vor allem an die schönen und überaus positiven Seiten meines Unternehmens. Ich durchschreite eine großartige, neue Welt, die bislang noch keine Frau allein durchquert hat. Ich bin nur auf mich gestellt in einem Raum, dessen einzige Grenze der Himmel zu sein scheint, lebe den Tag nach meinen Vorstellungen in dem Bewusstsein, in einem Umkreis von Hunderten von Kilometern das einzige menschliche Wesen zu sein. Was sind im Vergleich dazu schon eine Bindehautentzündung und zwei Blasen an den Füßen?

Während sich der Salar auf das Schauspiel eines neuen Sonnenuntergangs vorbereitet, befrage ich mein GPS. Trotz aller Widrigkeiten komme ich offenbar gut voran, lege durchschnittlich dreißig Kilometer pro Tag zurück. Ich weiß nicht, ob es nur Einbildung ist, aber an diesem Abend erscheint mir der Wind weniger heftig. Nachdem ich das Lager wie gewohnt aufgestellt habe, beschließe ich, mir eine halbe Stunde nur für mich zu genehmigen. Ich lasse dieses eine Mal Foto- und Filmkamera im Handkarren, setze mich hinter meinen Windschutz und bereite mich frei von Sorgen und Pflichten auf das bevorstehende Naturschauspiel vor, um es ganz allein für mich zu genießen.

Die weiße Oberfläche des Sees nagt immer gieriger an der großen roten Scheibe der Sonne, verschlingt sie mit Haut und Haaren, bis nichts mehr davon übrig ist. Und mit einem Mal ändert sich alles. Was noch Sekunden zuvor in makelloses Weiß getaucht war, wechselt abrupt die Farbe, wandelt sich von zartem Rosarot schnell in tiefes Blutrot. Jeder Gegenstand meines Lagers wirft einen unverhältnismäßig großen, kompakten Schatten auf die Salzfläche, und alles darum herum erinnert an arktische Landschaften. Weder in der Sahara noch in den Tropen habe ich je einen ähnlichen Sonnenuntergang erlebt, aber das ist noch nicht alles. Gleichzeitig mit dem Verschwinden der Sonne steigt in der entgegengesetzten Himmelsrichtung ein strahlend heller, ebenso gigantischer Mond über der Salzfläche auf. Und wiederum beginnt wie durch Zauberhand ein neues Farbenspiel. Das Blutrot des Salar hat sich inzwischen wieder auf das zarte Rosarot von vorhin reduziert, nur um erneut ins Azurblaue überzugehen, bis es sich in eine unendliche, silberne Weite verwandelt, die im Mondschein, der einzig verbliebenen Lichtquelle auf der Bühne der Natur, märchenhaft schimmert. Ich nehme beide Brillen ab, um das Schauspiel auf mich wirken zu lassen, vergesse für einen Moment all meine Schmerzen und bin in meiner Überraschung sprachlos wie ein Kind vor dem Weihnachtsbaum. Dann stehe ich auf, ziehe die Handschuhe aus und spende mit feuchten Augen anhaltend Applaus.

Ein Eindringling

Neugierig horche ich auf das Geräusch. Die seit Tagen anhaltende absolute Stille hat meine Sinneswahrnehmungen auf erstaunliche Art und Weise so geschärft, dass sogar ein Seufzer in meinen Ohren wie ein Windstoß klingen muss. Ich sehe mich verwirrt um, begreife nicht, was dieses äußerst störende Getöse soll, woher es kommt und wer es verursacht. Dann geht mir plötzlich ein Licht auf. Es ist ein Flugzeug. Und im nächsten Moment ist es bereits über mich hinweggeflogen und entfernt sich mit derselben Geschwindigkeit, wie es gekommen ist. Ganz gefangen in meinen Problemen, habe ich vergessen, dass Oscar vor meinem Aufbruch beschlossen hatte, ein kleines Sportflugzeug mit Pilot zu chartern, um den Salzsee einige Tage nach meiner Abreise zu überfliegen. Hauptzweck des Unternehmens ist, mein Abenteuer zusätzlich mit eindrucksvollen Luftaufnahmen zu dokumentieren. Gleichzeitig wollte Oscar sich vergewissern, dass ich die richtige Route eingeschlagen habe, und – soweit das aus der Höhe möglich ist – feststellen, in welcher körperlichen Verfassung ich mich befinde. Einen Kontakt kann man auf diese Weise natürlich nicht herstellen. Auf dem Salar herrscht striktes Landeverbot für Flugzeuge. Die Überflughöhe muss mindestens 150 Meter betragen. Bei niedrigerer Flughöhe könnten starke Turbulenzen die Maschine zum Absturz bringen. Das Flugzeug überfliegt mich in einer weiten Schleife und verschwindet aus meinem Blickfeld, nur um nach einigen Minuten zurückzukehren. Trotz der großen Entfernung glaube ich zu erkennen, wie sich jemand weit aus dem Fenster lehnt. Erst am Ende der Reise erfahre ich, dass das Oscar mit seiner Filmkamera gewesen ist, an einem Spezialgurt, der es ihm erlaubte, sich so weit wie möglich hinauszulehnen. Als mich die Maschine ein drittes Mal überfliegt, hebe ich beide Arme und winke. Ob meine Geste gesehen wird, vermag ich nicht zu erkennen. Ich bleibe noch einige Minuten stehen, die Nase in den Himmel gereckt, während sich das kleine Fluggerät rasch entfernt und mit einem Mal verschwunden ist. Übergangslos umfängt mich wieder die gewohnte Stille. Ich bleibe wie benommen zurück. Auch wenn alles nur wenige Minuten gedauert hat, der Vorfall hat etwas überraschend Verstörendes für mich, jetzt da ich gerade gelernt habe, mich in dieser Dimension der Stille und Leere zu bewegen. Noch minutenlang verharre ich bewegungslos, den Blick zum Himmel gerichtet, überzeugt, das Flugzeug müsse jeden Moment wieder auftauchen, und höre doch nur das Säuseln des Windes, der sich allmählich über der endlos weiten Salzfläche erhebt. Aber diesmal bleibt das Flugzeug verschwunden. Einen Augenblick kämpfe ich mit Heimwehgefühlen, versuche energisch die Gedanken an zu Hause zu verdrängen. Ohne Erfolg. Bis ich wieder einmal begreife, dass es sinnlos ist, sich gegen die Macht der Gefühle aufzulehnen. Ich lasse meinen Gedanken freien Lauf, bis sich allmählich jenes innere Gleichgewicht einzustellen beginnt, das ich schon so lange suche und das für ein Weiterkommen wichtig ist.

Nachdem ich gegessen habe, trinke ich schluckweise Kamillentee und höre die Kassette an, die ich mir bis zu diesem Abend aufgehoben habe. Um mich herum taucht der Mond den Salar in fahles Licht von atemberaubender Schönheit. Die Stimmen von Oscar und Max ertönen in einem halb ernsten, halb komischen Dialog, der dazu gedacht ist, mir Mut zu machen, meinen Weg zu gehen. Das Gespräch ist geprägt vom Jargon unserer Familie, einer Art Geheimsprache, die nur wir untereinander verstehen. Jede Familie entwickelt eine besondere Art der Kommunikation, die eine Art Komplizenschaft erzeugt und die Bande der Zuneigung noch enger knüpft. Beim amüsanten Schlagabtausch meiner Männer muss ich laut lachen und besinne mich unweigerlich auf die wichtigsten Augenblicke unseres Lebens. Eine heitere Gelassenheit erfasst mich. Und unabhängig von den ermunternden Worten der beiden spüre ich in mir Entschlossenheit, alles zu einem guten Ende zu bringen.

Die Probleme häufen sich

Ich habe nur wenig geschlafen. Aber das ist nicht neu. Allabendlich sinke ich augenblicklich in einen bleiernen Schlaf, der allerdings nur ungefähr eineinhalb Stunden anhält. Meist weckt mich das Heulen und Tosen des Windes, der ungebremst über die grenzenlose, freie Fläche der Salzpfanne hinwegfegt. Dann klettere ich aus dem Karren, um zu überprüfen, ob meine Ausrüstungsgegenstände noch gut gesichert sind. Nachts ist es stets bitterkalt, und ich bin bereits nach wenigen Minuten steif gefroren. Ich kehre also so schnell wie möglich in meine fahrbare Kiste zurück und versuche mich von Kälteschauern geschüttelt erst einmal zu wärmen. Irgendwann schlafe ich dann wieder ein. Eine Stunde später wiederholt sich dasselbe Spiel. So vergeht die Nacht in ständigem Wechsel von Wachen und Schlafen. Dennoch mache ich erstaunlicherweise dieselbe Erfahrung wie schon in der Ténéré: am Morgen bin ich kein bisschen müde. Im Gegenteil, ich fühle mich frisch und ausgeschlafen. An diesem Morgen allerdings fehlt mir jeglicher Antrieb. Bei dem Gedanken, meine Bergschuhe wieder anziehen zu müssen, schiebe ich den Augenblick immer weiter hinaus. Trotz meiner Behandlung sind die Blasen an den Füßen noch längst nicht verheilt, ich fühle den pochenden Schmerz. Auch meine Augen sind weiterhin dick geschwollen und gerötet. Und zu allem Übel hat sich ein weiteres Problem eingestellt: seit dem Vorabend sind meine Lippen von Herpesbläschen übersät. Hitze, Anstrengung und der ständige Wind fordern ihren Tribut, haben mein Immunsystem geschwächt. Die austrocknende Wirkung des Salzes hat sie zusätzlich noch spröde und rissig gemacht. Fast komme ich mir vor wie ein Flickwerk aus unterschiedlichen Salben und Tinkturen, die ich großzügig über meine Blessuren verteile. Viel hilft das nicht, denn alle heilenden Mittelchen sind in Sekundenschnelle von einer Salzschicht überzogen. Die Handschuhe lege ich kaum noch ab. Finger und Innenflächen sind von Schnitten und Abschürfungen übersät. Es genügen wenige Minuten ohne Schutz, und man verletzt sich bei jedem Handgriff. Kälte und die Trockenheit der Luft machen die Haut so mürbe, dass sie bei jedem Kontakt mit härterem Material verletzt wird. Und ist erst einmal Salz in die Wunden gedrungen, verheilen sie nur schwer. Trotz des als eine Art Filter dienenden Turbantuchs sind meine Nasenschleimhäute so ausgetrocknet, dass das Atmen schwer fällt. Die Folge ist, dass ich zusätzlich mit offenem Mund atmen muss, wodurch natürlich die Kehle austrocknet und die Zunge dick und rau wird. Immer wieder nehme ich einen Schluck Wasser und spüle damit langsam den Mund, um die Schleimhäute feucht zu halten, und muss mich dann praktisch zwingen, die Flüssigkeit hinunterzuschlucken. Ein Durstgefühl will sich einfach nicht einstellen.

Ich spüre, dass der Körper mir gewisse Signale aussendet und horche in mich hinein. Zeichen dieser Art darf man nicht übergehen. Es könnte in Stresssituationen wie diesen gefährlich werden. Vor allem auf die Ernährung muss ich achten. Das Verlangen nach Obst nimmt zu. Ich habe vor der Abreise Äpfel und Pampelmusen eingepackt. Fertigkost dagegen lasse ich aus. Brühen und Gemüsesuppen sind meine bevorzugten Lebensmittel. Seltsam jedoch ist, dass ich das Gefühl habe, die Dosis an frischem Knoblauch erhöhen zu müssen, verwende allerdings bei jedem Gericht schon zwei oder drei Zehen. Im Moment ist mir dieses Phänomen unerklärlich. Erst nach Abschluss der medizinischen Untersuchungen bei meiner Rückkehr nach Italien löst sich das Rätsel. Die Ärzte stellten fest, dass sich während des Aufenthalts in Bolivien mein Blutdruck beträchtlich erhöht hat. Und dieser Zustand hielt noch bis einen Monat nach der Rückkehr an. Für mich eine ungewohnte Erscheinung, da ich von jeher unter dem Gegenteil leide. Die Ärzte schlossen daraus, dass der fortgesetzte Kontakt mit Salz diese plötzliche Veränderung verursacht haben könnte. Schließlich ist bekannt, dass Salz Gift für Hypertoniekranke ist. Offenbar habe ich auf dem Weg über Atmung und Haut Salzmengen aufgenommen, die über das Normalmaß weit hinausgingen. Das wiederum erklärt mein Bedürfnis nach Knoblauch, der als bestes Naturheilmittel gegen Bluthochdruck gilt. Mit der Lust auf Knoblauch hat mein Körper demnach auf diese Fehlfunktion aufmerksam gemacht.

Die erste Wegstunde an diesem Tag ist eine Tortur. Alles tut mir weh, ohne dass ich sagen kann, wo der Schuh am meisten drückt. Aus Angst vor dem eigenen Konterfei, meide ich den Blick in den Spiegel. Ich versuche, Ruhe und Vergessen in meinen Gedanken zu finden, hoffe, sie in eine angenehme Richtung lenken zu können. Dabei kann ich nicht einmal mehr lächeln. Sobald ich den Mund verziehe, platzen die Herpeskrusten blutig auf. Aber offenbar ist alles nur Gewohnheitssache. Nach der ersten Hälfte des Vormittags stellt sich leichte Besserung ein. Ich merke überrascht, dass meine Probleme nicht mehr im Vordergrund des Bewusstseins stehen. Ein gesunder Verdrängungsmechanismus hat offenbar gegriffen. Ich werde sparsam in meinen Bewegungen, versuche, den Energieaufwand auf ein Minimum zu reduzieren und versorge regelmäßig meine Wunden. Normalität wird erst wieder einkehren, wenn ich den Salar hinter mir habe.

Begegnung mit einer Legende

Es ist mir unerklärlich, weshalb ich mich plötzlich veranlasst sehe, den Blick zu heben, blinzelnd die halb geschlossenen Lider zu öffnen. Nur wenige Meter vor mir ist das übliche Erscheinungsbild der Salzoberfläche verändert. Sie ist nicht hart und kompakt wie sonst, das blendende Weiß ist stellenweise von braun-roten Schmutzflecken übersät. Langsam und vorsichtig gehe ich darauf zu, weiche dabei instinktiv nach links aus, um am Rand der rätselhaften Stelle zu bleiben. Und das ist mein Glück. Aus der Nähe erkenne ich, dass sich im weiteren Umkreis Löcher in der Salzfläche auftun, ein beißender Schwefelgestank hängt in der Luft. Ich hake die Zugstangen des Karrens aus meinem Gurt, stelle ihn auf sicherem Untergrund ab und taste mich allein und vorsichtig, Schritt für Schritt weiter. Die Oberfläche ist hier rundherum weich, stellenweise sogar flüssig, und ich spüre, wie die Salzschicht unter meinen Schuhsohlen nachgibt. Ich bin von diesem Phänomen derart fasziniert, dass ich die Gefahr unterschätze. Aus jeder Öffnung quillt leise gurgelnd Wasser, ein Geräusch, das mich in der sonst so vollkommenen Stille geradezu magisch anzieht. Ich sinke auf die Knie, krieche auf allen vieren weiter, strecke die Hand aus, um in eine dieser blubbernden Fumarolen zu fassen. Sie fühlt sich lauwarm an. Ich koste davon und schmecke Salzkonzentrat und Schwefel. Die Salzschicht bricht an den Innenrändern dieser Löcher glatt ab und verschwindet einer Gletscherspalte gleich unter dem Wasserspiegel. Die Ränder selbst sind bunt gebändert und schön anzusehen. Die Farbskala reicht von Rosarot bis Grau, von Gelb bis Beige und Dunkelrot. Die Randzonen an der Oberfläche sind mit zarten, zerbrechlichen Kristallausblühungen überzogen, die sich miteinander zu feinsten Mustern verbinden, die an einen Hauch von geklöppelter Spitze erinnern. Die Löcher selbst sind von unterschiedlicher Form und Größe. Manche messen nur wenige Zentimeter, andere wiederum über einen Meter. Während ich das alles in mich aufnehme, fällt mir ein, was unser Führer vom Vorjahr an jenem Abend im Zelt über die bei der Überquerung des Salar auf mysteriöse Weise verschollenen Karawanen erzählt hatte. Damals hatte ich das als Märchen abgetan, als Auswüchse menschlicher Fantasie, die nach Erklärungen für sonst unerklärliche Naturphänomene sucht. Jetzt plötzlich fügt sich alles zusammen. Ich habe die so genannten ›Augen‹ des Salar entdeckt. In der ersten Euphorie vergesse ich, dass ich mich bereits viel zu lange mit dieser Naturerscheinung aufhalte. Ich habe die Hand noch immer nach der nächstliegenden Öffnung ausgestreckt, als mit einem Mal die Salzfläche vor mir mit einem Knacken bricht wie eine Eisscholle, ins Wasser kippt, das sie zusammen mit meinem Arm zu verschlingen droht. Ich kann mich gerade noch rechtzeitig der Länge nach hinwerfen und auf die Seite rollen. Zum Glück ist die Salzfläche auf der anderen Seite der Öffnung einigermaßen stabil und hält mein Gewicht aus. Während ich mich von diesem Schreck erhole, sehe ich, dass mich dort, wo ich noch vor einem Moment gekniet habe, ein großes Wasserloch angähnt. Damit scheint mir das Rätsel der verschwundenen Karawanen gelöst. Bei ungünstigen Lichtverhältnissen wie zum Beispiel in der Abenddämmerung sind derartige Gefahrenzonen nur schwer rechtzeitig zu erkennen. Bei einer Lasten transportierenden Karawane ist das Risiko noch höher. Die Vorstellung, was hätte passieren können, wäre ich noch vor den Karren gespannt gewesen, jagt mir einen Schauer über den Rücken. Zum Glück stand die Sonne zu diesem Zeitpunkt bereits in meinem Rücken, und die farblichen Veränderungen an der Salzfläche waren deutlich zu erkennen. Lediglich durch meine Neugier hätte der Tag beinahe in einer Tragödie geendet. Wäre ich ins Wasser gefallen, hätte ich kaum eine Chance gehabt, wieder herauszukommen. Einmal hätte ich am glatten Rand des Salzlochs kaum Halt gefunden, und zum anderen hätten nasse Kleider und Schuhe das ihre getan, mich in die Tiefe zu ziehen. Ich kann von Glück sagen, mit einem quatschnassen Ärmel und dem Schrecken davongekommen zu sein. Neugier ist gelegentlich tödlich.

Den Rest des Tages kreisen meine Gedanken unaufhörlich um diesen Vorfall, und ich marschiere wie in Trance. Eine höhere Macht hat mich wieder einmal beschützt. Ich war von jeher eine Fatalistin (anderenfalls hätte ich kaum diese Abenteuer durchgestanden). Dennoch bin ich seit meiner frühesten Jugend überzeugt, dass wir alle so etwas wie einen Schutzengel haben. Oft habe ich die Gegenwart eines solchen Phänomens gespürt, aber die endgültige Erleuchtung kam mir, als ich zum ersten Mal allein in der Wüste gewesen bin. Bei dieser Gelegenheit habe ich klar und eindeutig gespürt, dass ich nicht mehr allein war. Es war dies eine einschneidende Entdeckung, die mein Denken grundlegend verändert hat, auch wenn ich damals nicht im vollen Umfang erfassen konnte, was mit mir geschah. Jetzt, mit zunehmender zeitlicher Distanz, hier im Salar de Uyuni, durchlebe ich dieselben Gefühle. Wie damals empfinde ich Einsamkeit nicht als

Last; eine Einsamkeit, die mir vor dem Aufbruch solche Sorgen beschert hatte, dass ich sogar mit Ambrogio darüber gesprochen hatte. Und plötzlich fallen mir seine Worte wieder ein: »Aber du bist nicht allein. Ich bin da. Bei dir.« Erst jetzt begreife ich die Bedeutung dieser Aussage. Ich bin sicher, auch er hat bei seinen Unternehmungen ähnliche Gefühle erlebt. Und mit seiner Nähe fühle ich in diesem Moment auch die Präsenz der vielen Menschen, die mir geholfen haben, die an mich glauben. Ich denke an sie alle und spüre ihre Gegenwart. Aber stärker noch fühle ich die Kraft, die weder Gesicht noch Namen hat, und die mich keinen Augenblick allein lässt. Es ist, als lege sich eine Hand auf meine Schulter, fest, sicher, immer bereit zu helfen, jeden meiner Schritte zu begleiten. Von klein auf hat man mich gelehrt, an den Schutzengel zu glauben, und an jenem Abend danke ich ihm mit einem kurzen Gebet auf Deutsch, das mir meine Mutter beigebracht hat. Wo ich auch bin, leitet er heute noch meine Schritte und hat mir wieder einmal seinen Schutz angedeihen lassen.

Die Insel

Zu meiner Linken taucht sie allmählich auf, einer Fata Morgana gleich, über dem Horizont, dort wo Salzfläche und Himmel verschmelzen. Zuerst scheinen es die Umrisse des Panzers eines Urwelttieres zu sein, die sich über der gleißenden Salzfläche erheben. Erst beim Näherkommen wandeln sich die Konturen allmählich zu der bekannten Silhouette. Es ist die Insel ›*Lomo de Pescado*‹, der Rücken des Fisches. Bei ihrem Anblick schweifen die Gedanken zurück zum Vorjahr, zu meinem ersten Besuch auf dem Salar, als ich nur einen begrenzten Teil davon im Geländewagen erkunden konnte. Auch damals ist die Insel von einer Minute auf die andere aus dem absoluten Nichts aufgetaucht.

Nur weil unser Führer uns auf die Begegnung vorbereitet hatte, war mir klar, um was es sich handelte. Aber weil sie logischerweise in dieser Landschaft eigentlich gar nicht da sein dürfte, habe ich sie die ›Das-gibt's-doch-nicht-Insel‹ getauft. Dabei handelt es sich tatsächlich um eine richtige Insel in der Mitte des Salzsees. Das Seltsame ist jedoch, dass sie im Gegensatz zu ihrer Umgebung kein kahler Ort ohne jedes Leben ist, wie man das hätte erwarten dürfen. Im Gegenteil; die Insel ist eine Oase blühenden Lebens in einem Meer aus toter Materie. Die größtenteils hügelige Oberfläche ist von riesigen Säulenkakteen mit langen, harten und spitzen Stacheln überzogen. Jede dieser Stacheln ist mindestens dreißig Zentimeter lang. Es handelt sich hauptsächlich um sehr alte Exemplare, von denen einige bereits seit drei- oder vierhundert Jahren mit dem geringen Wasservorrat überleben, den sie während der Regenfälle speichern. Aber Kakteen sind nicht die einzigen Bewohner dieser magischen Insel. Einigen Nagern, den so genannten ›Viscachas‹, einer Chinchillaart, gelang es ebenfalls, sich an diese Umgebung anzupassen und in vollkommener Isolation vom Rest der Welt in der winzigen natürlichen Oase zu überleben. Die Viscachas ernähren sich von dem Wenigen, das sie auf der Insel finden, trinken das Wasser, das sich in den Senken und Mulden während der Regenzeit sammelt, und vermehren sich. Es erscheint fast absurd, dass sich soviel Leben auf derart wenigen Quadratkilometern inmitten einer uferlosen Salzwüste konzentrieren kann. Tiere und Pflanzen leben seit Jahrhunderten in vollkommener Abgeschiedenheit von den übrigen Landschaften Boliviens, ohne jeden Kontakt zu anderen Lebewesen, und halten ein vollkommenes ökologisches Gleichgewicht aufrecht, das uns unter diesen besonderen Bedingungen beinahe undenkbar erscheint. Ich erinnere mich, dass sich an der Westseite der Insel, hinter einer kleinen natürlichen Bucht eine wunderschöne Höhle im Fels auftut. Sie ist nicht tief, aber weit und geräumig und liegt ausgesprochen geschützt, ein idealer Platz also, um zu biwakieren und einen fantastischen Blick auf den Salar zu genießen, der sich am Horizont zu verlieren scheint. Zahlreiche Spuren von Lagerfeuern, die in ihrem Inneren im Lauf der Zeit entzündet wurden, geben Aufschluss über die Vergangenheit. Unser Führer erklärte uns damals, dass sie in grauer Vorzeit als natürliche Grenze zwischen dem Territorium der Ayamara und dem der Chechua angesehen wurde. Zu dieser Volksgruppe gehörten auch die Inkas, die sich um 1500 gegenseitig die Herrschaft über das Salz streitig machten, das für die Wirtschaft der damaligen Zeit ungeheuer kostbar und von fundamentaler Bedeutung war. Ich erinnere mich deutlich, wie tief berührt ich war, als ich auf dem Platz mein Lager aufbaute, auf dem Hunderte von Jahren zuvor sich auch die Inkas auf ihren Wanderungen niedergelassen haben mussten.

Dann habe ich mich der Insel soweit genähert, dass bereits Einzelheiten über der eintönig weißen Salzfläche Form annehmen. Der Eindruck täuscht nicht. Es sieht tatsächlich so aus, als liege ein großer Fisch mitten im See. Einen Moment lang spiele ich mit dem Gedanken, von meinem Kurs abzuweichen, um dort die Nacht zu verbringen. Ich werfe einen Blick auf mein GPS, überschlage Zeit und Wegstrecke und verzichte dann widerwillig auf das Vorhaben. Es würde einen Umweg von gut vierzig Kilometern und eineinhalb Tagen bedeuten. Der Preis ist zu hoch. Ich nehme mir vor, im Fall einer erfolgreichen Überquerung des Salar, Oscar den Besuch der Insel als krönenden Abschluss vorzuschlagen. Noch den ganzen Tag folge ich mit den Blicken der schwarzen Silhouette, die unbeweglich die bedrückende Monotonie des Salzsees unterbricht und mir ein wenig Gesellschaft leistet. Sie ist zwar weit entfernt, doch nach Tagen im ewig blendenden Weiß ist sie eine willkommene Erholung fürs Auge.

Ein Versehen mit schwerwiegenden Folgen

Als ich mich zur Nacht niederlasse, erwartet mich eine böse Überraschung. Wie gewohnt setzt der aufkommende Wind meinem Tagesmarsch ein Ende, so dass ich auch an diesem Abend gezwungen bin, eineinhalb Stunden vor Sonnenuntergang abzubrechen. Ich stecke die Hände in das Innere des Karrens, um mit dem Ausladen zu beginnen, und merke sofort, dass etwas nicht stimmt. Was nicht in Ordnung ist, begreife ich allerdings erst, als meine Finger die Hülle des Schlafsacks berühren. Sie ist nass. Während meine Hände hektisch über das Futteral gleiten, schicke ich ein verzweifeltes Stoßgebet zum Himmel. Vergeblich. Der ganze obere Teil des hochwertigen Daunenschlafsacks ist quatschnass. Wer schon einmal allein im Freien bei niedrigen Temperaturen biwakiert hat, weiß, wie katastrophal eine solche Situation sein kann. Ich kann mir eigentlich nichts Schlimmeres vorstellen, als bei minus 15° Celsius die Nacht in einem nassen Schlafsack verbringen zu müssen. Ich wringe den Schlafsack erst einmal hastig aus. Anschließend breite ich ihn zum Trocknen über die beiden Stangen des Karrens, suche die Ersatzschnur, und binde ihn an den Enden fest, damit ihn der Wind nicht fortweht. Dann erst versuche ich die Ursache für die Überschwemmung herauszufinden. Ich kontrolliere die Feldflaschen und die Kanister. Alles scheint in Ordnung. Erst bei einem zweiten Check muss ich feststellen, dass der Verschluss eines Kanisters nicht richtig fest sitzt. Vermutlich ist dadurch den ganzen Tag über durch das Schaukeln des Gefährts Wasser ausgeschwappt. Eine kleine Unachtsamkeit hat großen Schaden angerichtet.

Wie jeden Abend kämpfe ich einen zermürbenden Kampf gegen den eisigen Wind, um vor Einbruch der Dunkelheit den Karren ausgeladen und sämtliches Gepäck gesichert zu haben.

Atemlos und erschöpft mache ich dennoch einen zweiten Kontrollgang, um mich ein letztes Mal zu vergewissern, dass alles fest sitzt, nichts sich losreißen kann. Erst danach setze ich mich auf die Plane, strecke die Beine über der Salzfläche aus, um meine von der Anstrengung steifen Muskeln zu lockern. Ich versuche, so wenig wie möglich an den durchweichten Schlafsack zu denken und konzentriere mich auf die Vorbereitungen fürs Abendessen, das aus Gemüsesuppe und einer Büchse Thunfisch besteht. Dabei fällt mir ein, dass ich irgendwo ein Mini-Fläschchen Grappa haben müsste, der Rest der Verpflegung auf dem Flug von Italien nach La Paz. Schließlich entdecke ich es zuunterst in der Lebensmittelkiste. Nach dem Essen genehmige ich mir einen Schluck als Stimmungsaufheller. An diesem Abend kann ich mich trotz eisiger Kälte nicht entschließen, schlafen zu gehen. Allein der Gedanke an den nassen Schlafsack macht mich noch mehr frösteln. Aber eine Alternative habe ich nicht. Ich kann zwar versuchen, mich mit allem zuzudecken, was ich habe, aber die Hoffnung, irgendwie warm zu werden, ist gering. Ich versuche, noch einige Seiten zu lesen, um die Zeit totzuschlagen. Da ich noch immer gezwungen bin, die Sonnenbrille aufzubehalten, kann ich im Schein der Taschenlampe kaum einen Buchstaben erkennen. Die Windböen beginnen heftiger zu werden, und meine Haut und die Schleimhäute sind bald trocken. Irgendwann halte ich es nicht mehr aus. Ich stehe auf, binde ohne weitere Zeitverschwendung den Schlafsack los und taste ihn vorsichtig ab. Er scheint getrocknet zu sein! Fassungslos gleiten meine Hände immer wieder über die glatte Oberfläche. Ich kann nicht eine feuchte Stelle mehr entdecken. Unter normalen Wind- und Sonnenverhältnissen dauert es mehrere Tage, bis ein schwerer Daunenschlafsack trocknet. Aber das aride Klima und der Wind des Salar haben das Wunder in weniger als drei Stunden vollbracht.

Nachts, eingeigelt in mein Gefährt, während ich darauf warte, endlich wieder warm zu werden, gehen mir die Ereignisse des Tages durch den Kopf. Mittlerweile sitzt jeder Handgriff, den ich täglich und mechanisch wiederhole. Dabei ertappe ich mich immer häufiger, meine Gedanken schweifen zu lassen, anstatt mich auf die Arbeit zu konzentrieren. Der Unfall mit dem Wasserkanister wird mir eine Lehre sein. Unachtsamkeiten dieser Art können jederzeit das Unternehmen ernstlich gefährden.

Gleichgewicht

An diesem Morgen erwache ich in ungewohnt euphorischer Stimmung. Aus irgendeinem unerfindlichen Grund fängt der Tag positiv an. Alles gelingt mit geradezu spielerischer Leichtigkeit. Schon in der Hälfte der Zeit bin ich für den Aufbruch bereit. Und auch die Dinge, die ich ungern tue, die immer besonders viel Mühe und Überwindung kosten, verrichte ich gern und schnell. Wie von selbst findet jeder Gegenstand im Karren ohne das übliche lästige Geschiebe und Gerücke den idealen Platz, und sogar die Lebensmittelkiste, die mich oft zur Verzweiflung bringen konnte, rutscht wie von Zauberhand geführt in die passende Lücke. Ich spanne die Plane faltenlos über den Karren, und das Gummiseil gleitet leicht durch jede Öse und von Haken zu Haken. Was ist nur geschehen? Ohne es zu merken, lache ich laut auf, fange zu singen an, und während ich wie üblich die Sonnencreme einmassiere, werfe ich einen Blick in den Spiegel und ziehe Grimassen. Ich grüße Chica, die kleine Puppe, mit einem Kopfnicken, und gebe Chico, meinem Gefährt, einen aufmunternden Klaps auf den Alurahmen. Ich könnte laufen und springen. Bin ich verrückt geworden? Ich mache mich mit einer gewissen Vorfreude auf den Weg und merke umgehend, wie harmonisch und mühelos ich mich bewege, obwohl die Blasen an den Füßen noch immer nicht ausgeheilt sind und die Stellen an den Lippen brennen. Die Welt um mich herum scheint sich im Gleichklang mit mir zu drehen, alles ist im Lot, so als fügten sich die Steine eines besonders komplizierten Puzzles mit einem Mal mühelos zu einer Einheit zusammen, in der auch ich den mir bestimmten Platz gefunden habe, und wo ich mit dem Rest der Welt in vollkommener Eintracht existieren kann. Überhaupt scheint die Balance zwischen uns und unserer Umwelt das Geheimnis zu sein, wie man an Geist und Seele bereichert die schwierigsten Bewährungsproben des Lebens übersteht. Und eigentlich ist es gar nicht so schwer, diesen Zustand zu erreichen. Es genügt, sich von lieb gewordenen Vorbehalten zu befreien, offen zu werden für alles, was von außen an uns herangetragen wird, es zu akzeptieren, auch wenn es gelegentlich nicht unbedingt gleich einleuchtend erscheint. Haben wir dies erkannt, wie viel leichter ist es doch, die Hürden zu nehmen, die das Leben für uns bereithält. Dieses innere wie äußere Gleichgewicht ist für mich das, was die Welt in ihren Fugen hält. Fehlt es aus irgendeinem Grund, herrscht Chaos.

Diese Einsicht beschwingt mich nur noch mehr. Allerdings ist mir klar, dass dieser Zustand ständiger Pflege bedarf. Die größte Hilfe ist meine Entschlossenheit, kein Jota von meinem Ziel abzuweichen. Und mit dieser Einstellung ist der vor mir liegende Weg leichter zu bewältigen. Ich lasse den Blick schweifen, suche irgendein Anzeichen von Leben, dem ich mich mitteilen könnte, doch wie üblich treffe ich weit und breit nur ereignislose Leere. Trotzdem kann das Ende meines Abenteuers nicht mehr fern sein. Dem GPS zufolge habe ich bereis zwei Drittel der Strecke, also insgesamt 120 Kilometer, zurückgelegt. Bis zur Ankunft fehlen noch 60 Kilometer. Ich überprüfe die verbliebenen Wasserreserven. Sie sind reichlich. In den Behältern befinden sich fünfzehn Liter, in den Feldflaschen zähle ich drei. Damit habe ich einen Spielraum von fünf bis sechs Tagen. Für die Überquerung hatten wir ursprünglich sieben Tage und zusätzliche zwei Tage für eventuelle Pannen und außerplanmäßige Ruhepausen einkalkuliert. Sollte ich mich also nach neun Tagen nicht am verabredeten Treffpunkt einfinden, so würde Oscar gemäß unserer Abmachung eine Rettungsaktion einleiten. Nach dem Stand der Dinge liegen jetzt genau noch zwei Tagesmärsche vor mir. In diesem Fall würde ich mein Ziel nach sechs Tagen, also einen Tag früher als vorgesehen erreichen. Damit erhöht sich meine Zeitreserve auf drei Tage. Vorausgesetzt natürlich, ich achte sorgfältig darauf, keine weiteren Zwischenfälle mit dem Wasservorrat zu provozieren, und überzeuge mich stets, dass die Kanister fest verschlossen sind. Verschüttetes Wasser ist unwiederbringlich verloren.

Und dann stört zum ersten Mal eine wattige Wolke das monotone Azurblau des Himmels. Ich betrachte sie wie verzaubert. Eine Veränderung der ewigen Zweifarbigkeit stellt sich allerdings damit nicht ein. Seit ich unterwegs bin, hatte ich stets das Weiß der Salzfläche unter und das Blau des Himmels über mir. Aber allein schon die Gegenwart einer neuen Form in dieser Eintönigkeit ist willkommen. Nach einigen Minuten der romantischen Naturbetrachtung meldet sich mein Sinn fürs Praktische. Könnte diese Wolke ein erstes Anzeichen dafür sein, dass das Wetter umschlägt? Was ist, wenn Regen kommt? Allein der Gedanke an Regen holt mich abrupt in die Wirklichkeit zurück. Bei Regen verwandelt sich die glatte, betonharte Salzfläche in gefährlich wässrigen Schlamm von undefinierbarer Konsistenz und Tiefe, der jedes Fortkommen unmöglich macht. Der Handkarren mit seinen schmalen Rädern wäre kaum noch lenkbar und würde sich schon aufgrund seines Gewichts in der schlammigen Lake festfahren. Ich müsste also den Wagen zurücklassen und versuchen mich allein, mit dem Lebensnotwendigsten im Rucksack, durchzuschlagen. Dabei würde ich allerdings mindestens das Doppelte der vorgesehenen Zeit bis zum Zielort benötigen. Und dazu wäre es erforderlich, die Wasserreserven zu verdoppeln, was mein Gepäck um etliches schwerer macht. Bleibt das Problem, wie ich drei oder vier Nächte bei Regen im Salzschlamm und ohne jeden Schutz biwakieren sollte. Von nun an beobachte ich die sich über mir verdichtenden Wolken mit angespannter Aufmerksamkeit. Fast automatisch erhöhe ich das Marschtempo. Ich komme mir vor wie auf der Flucht, eröffne einen Wettlauf mit der Natur, den ich, wie ich weiß, eigentlich nicht gewinnen kann. Ausgerechnet in dem Augenblick, als das Ziel so greifbar nahe zu sein schien, stellt wieder einmal eine Unwägbarkeit alles in Frage. Die Sonne verschwindet immer wieder hinter den sich auftürmenden Wolken, nur um noch gleißender und stechender in den plötzlich aufreißenden Lücken wieder aufzutauchen. Nach der Geschwindigkeit zu urteilen, mit der die Wolken in ständig wechselnden Formen über das Blau des Himmels dahinjagen, müssen dort oben beinahe orkanartige Winde herrschen. Das ist kein gutes Zeichen. Ich denke unwillkürlich an die Woche, die ich durch das Ausbleiben des Gepäcks verloren habe. Es wäre ein übler Streich des Schicksals, müsste ich jetzt, nur ein paar Dutzend Stunden vor dem Ziel, aufgeben. Auch diesmal versuche ich positiv zu denken, nicht mutlos und verzagt zu werden. Ich weiß schließlich nur zu gut, wie schnell alles aus dem Ruder laufen kann, wenn ich mich nicht mehr im Griff habe. Also, was habe ich eigentlich gegen ein paar Wolken, denke ich. Wolken machen Schatten. Und Schatten tut meinen Augen gut. Und dann: Jeder Schritt bringt mich näher ans Ziel. Darum kreisen meine Gedanken, während ich weiter marschiere, verbissen den Karren hinter mir herziehe, der zum Glück bislang tadellos funktioniert. Dabei fällt mir unvermittelt ein, dass ich es an diesem Morgen versäumt habe, die Räder wie sonst zu überprüfen.

Normalerweise mache ich einen schnellen Check, vergewissere mich, dass die Schnellspanner an den Radnaben richtig fest sitzen und pumpe die Reifen auf. An diesem Tag allerdings ging mir alles so glatt von der Hand, dass ich in meiner Euphorie eine wichtige Kontrolle ausgelassen habe. Ich halte augenblicklich an. Die Zeit ist kostbar, doch ich verliere lieber ein paar Minuten jetzt, als dass ich riskiere, später Stunden zu vergeuden. Ich hole den Werkzeugkasten aus dem Wagen und mache mich an die Arbeit. Gott sei Dank! Sämtliche Schrauben saßen bereits gefährlich locker. Wäre ich weiter gegangen, wäre beim Gewicht des Handkarrens eine Reifenpanne unausweichlich gewesen. Wieder einmal wäre mir mein Leichtsinn beinahe zum Verhängnis geworden. Nur schnelles und entschlossenes Handeln hatte das gerade noch verhindert.

Ich mache mich wieder auf den Weg, den Himmel stets im Blick. Gegen jede Logik vergeht meine Angst, die heitere Stimmung kehrt zurück. Nicht ich allein bin für den Erfolg oder Misserfolg des Unternehmens verantwortlich. Das letzte Wort hat wie stets die Natur, in diesem Fall der Salar. Wenn der Salar sich verweigert, dann kann ich, eine schwache Frau, verloren in der Unendlichkeit dieser Weiten, das Steuer auch nicht herumreißen. Warum sich also aufregen? Warum sich Sorgen darüber machen, was geschehen könnte? Ich ziehe es vor, entspannt und gelassen alles auf mich zukommen zu lassen, mich in das mir vorbestimmte Schicksal zu fügen. Die Erfüllung unserer Bestimmung in Demut und ohne Zorn zu akzeptieren, ist auch ein Sieg.

An diesem Abend scheint kein Mond, während ich das Lager errichte. Und er fehlt mir, wie ich die Gesellschaft eines Freundes vermisse. In vollkommener Isolation klammert man sich an alles, was noch in der Nähe ist, und sei es der kleinste Gegenstand. Ich weiß von einem guten Bekannten, dessen Sohn entführt und monatelang in einem Kellerraum gefangen gehalten worden war, dass dieser täglich Zwiesprache mit einem Nagel gehalten hatte. Dank dieses kleinen, seelenlosen Gegenstandes hatte er die Kraft gefunden, die langen, qualvollen Monate der Einsamkeit durchzustehen.

Als ich die Taschenlampe ausknipse, bevor ich in den Handwagen klettere, steht nicht ein Stern am Himmel, es herrscht rabenschwarze Nacht, so undurchdringlich wie die Stille, die mich umfängt. Selbst der Wind hat sich verabschiedet. Mir ist, als schwebe ich mutterseelenallein im endlosen Raum. Ich verkrieche mich in meinen Schafsack, überlasse mich diesen unbekannten Gefühlen, während mich ein großer Frieden durchdringt, mich zärtlich einhüllt.

Die Hoffnung

Am darauffolgenden Morgen erwartet mich eine angenehme Überraschung. Die dichte Wolkendecke der vergangenen Nacht hat sich fast aufgelöst und große Flächen des vertrauten azurblauen Himmels freigegeben. Der Regen, der unvermeidlich schien, droht vorerst nicht. Ich kann meinen Weg fortsetzen wie bisher. Zu meiner Rechten ragt jetzt der Vulkan Tunupe auf, der mit seinen 5 950 Metern und der imposanten Silhouette diesen Teil des Salar beherrscht. Seine stumpfe Kegelform zieren Bänderungen aus mineralischen Resten vorzeitlicher Eruptionen in Rosarot und Orange, die den Rand der Gipfelregion in sanftem Farbspiel einrahmen.

Alle drei Stunden frage ich die Daten meines GPS ab. Demnach bin ich genau auf Kurs, habe meinen vereinbarten Zielort direkt vor mir. Die Strecke, die mich noch von meinem Ziel trennt, beträgt ungefähr 40 Kilometer. Das entspricht aufgrund meines bisherigen Tagesmittels von 30 Kilometern ungefähr noch eineinhalb Tage bis zur Ankunft. Allerdings möchte ich mich nicht lange mit derartigen Kalkulationen aufhalten, um das Schicksal nicht herauszufordern. Trotzdem kann ich nicht verhindern, dass ich mich unterschwellig schon beinahe am Ziel sehe, an ein gutes Ende glaube. Ich versuche diese Gedanken zu verdrängen, aber die Saat ist gesät, mein Unterbewusstsein ist infiziert. Ich setze meinen Weg wie immer fort, folge dem gewohnten Tagesplan, und dennoch beschleicht mich ein seltsames Gefühl. Etwas hat sich verändert. Das Panorama um mich herum wechselt fast unmerklich, bis am Horizont nach und nach die Umrisse der Bergketten am Saum des Sees aus dem Nichts auftauchen. Jeder Schritt scheint den Blick auf eine neue Form freizugeben, die sich aus der weißen Oberfläche erhebt, um sich in die Uferkulisse einzufügen. Jetzt präsentiert sich der Salar so, wie er einst, vor vielen tausend Jahren gewesen sein muss: als ein großes Wasserbecken, eingebettet zwischen Vulkanen. Selbst die Temperatur hat sich verändert. Die Luft ist irgendwie frischer. Oder sollte das möglicherweise der Vorbote eines erneuten Wetterumschwungs sein? Alles hängt jetzt davon ab, wie lange das Wetter mir noch Zeit lässt. Die Batterien des Fotoapparats und der Filmkamera sind leer – und das trotz meiner Bemühungen, sie nachts so warm wie möglich zu halten. Die Ausrüstung liegt jedenfalls in den luftdichten Metallbehältern und ist nicht mehr zu gebrauchen. Damit bin ich von einer Aufgabe befreit, die mir angesichts meiner sonstigen Probleme zunehmend lästig geworden ist. Dennoch hoffe ich, sie zur Zufriedenheit aller absolviert zu haben. Mit dem Ergebnis muss ich allerdings bis zur Rückkehr nach Hause warten.

Nach Hause! Meine Gedanken fliegen unweigerlich zu Max und zu all meinen Lieben. Oscar sehe ich in Kürze, aber bis ich meinen Sohn in die Arme schließen kann, muss ich mich gedulden. Wie mag es ihm während meiner Expedition ergangen sein?

Mit welchen Gefühlen hat er sie verfolgt? Ich kann mich nicht mehr erinnern, wie ich mit 18 über meine Eltern gedacht habe. Ich kann nur auf Max' Verständnis für mein Anliegen hoffen. Ich habe ihn häufig dabei überrascht, wie er voller Stolz seinen Freunden von meinen Unternehmungen erzählt hat. Und das macht mir Mut. Ich möchte gern glauben, ihm und anderen Jugendlichen ein gutes Vorbild zu sein, wenn sie gelegentlich allzu schnell vor den ersten Schwierigkeiten des Lebens kapitulieren. Mir gefällt der Gedanke, dass mein Streben, all die Strapazen, die ich auf dem Weg zu meinem Ziel in Kauf nehme, für sie Anregung sein könnten, ihre Probleme mit mehr Elan und Entschlossenheit anzupacken, sich neue Interessen zu erschließen. Die Liebe zu und die Achtung vor der Natur mit all ihrer Schönheit und Vielfalt, sind für Bildung und Erziehung der Jugend von enormer Bedeutung. Schon von klein auf habe ich meinen Sohn auf Waldspaziergänge mitgenommen, habe ihm beigebracht, Pflanzen, Kleintiere und Insekten zu beobachten, ihm die Liebe zu allem Lebendigen vermittelt. Die schönsten Momente allerdings haben wir auf unseren gemeinsamen Unterwasser-Abenteuern erlebt. Max hat schon sehr früh begonnen zu tauchen; zuerst nur mit Schnorchel und Flossen, dann, im entsprechenden Alter, auch mit Atemgerät. Er kennt die Unterwasserwelt gut und hatte das große Privileg, jahrelang seine Ferien an tropischen Meeren zu verbringen. Bis zum Alter von sechs Jahren hat er die Sommer mit uns auf den Malediven verbracht, wo Oscar als Arzt, ich als Tauchlehrerin gearbeitet haben. Es war eine wunderschöne Zeit, die Max entscheidend geprägt und seine Berufswahl beeinflusst hat. Ich erinnere mich noch gut, wie sehr es seine Lehrer verstörte, dass er Mühe hatte, stundenlang in der Schule stillzusitzen, während er zur Überraschung aller Aufsätze über Haie und Korallen mit einem für Kinder ungewöhnlich hohen Wissensstand verfasste. Erst vor kurzem hat er den Wunsch geäußert, Meeresbiologie zu studieren. Das ist ihm in die Wiege gelegt worden. Es ist seine Bestimmung. Vermutlich wird es ihn nicht reich, aber dafür glücklich machen.

Widersprüchliche Gefühle

An sämtlichen Ausrüstungsgegenständen hat das Salz des Salar mittlerweile seine Fraßspuren hinterlassen. Es hat sich auf jedem Gegenstand, in jeder Falte festgesetzt. Der metallisch blanke Rahmen meines Handwagens gehört der Vergangenheit an. Schmutzig weiße Beläge überziehen seine ehemals blinkende Oberfläche und haben sie stumpf gemacht. Trotz der täglichen Pflege sind die Räder in miserablem Zustand, und es genügt nicht mehr, die Speichen und Radnaben zu ölen, um dem Missstand abzuhelfen. Jedes Mal wenn ich irgendwelche Teile an- oder abschrauben muss, gerät das zu einem Kraftakt, denn die meisten sind salzverkrustet und lassen sich kaum noch bewegen. Selbst der Stützfuß, mit dem ich den Karren stabilisieren kann, ist nur noch in Position zu halten, indem ich ihn anbinde. Die dicke Gummischnur der Plane ist an mehreren Stellen brüchig geworden und gerissen. Durch das Flickwerk der Knoten hat sich ihre Länge soweit verkürzt, dass ich sie durch ein gewöhnliches Stück Seil ergänzen musste, um den Wagen abdecken zu können. Hose und Strümpfe sind steif wie feste Pappe. Ich muss sie vor dem Anziehen erst kneten, um sie elastischer zu machen. Den Bergschuhen ist ihre ursprüngliche blaugrüne Farbe nicht mehr anzusehen. Sie haben wie alles andere einen schmuddelig weißen Überzug und sind trotz des täglichen Tragens hart wie Schalenskistiefel. Mein geliebter alter *Chech*, einst strahlend weiß, ist nur noch ein mit Salz, Creme und Schweiß getränkter Lumpen. Nicht einmal die Ténéré hat geschafft, ihn derart zu entstellen.

Ähnlich gezeichnet ist mein Körper. Tiefe, nie da gewesene Furchen durchziehen mein Gesicht und verleihen ihm zusammen mit den Lippenbläschen den Anblick einer Landkarte, in der die Augen fast zwischen zwei geröteten Schlitzen verschwinden. Meine Hände sind durch die Berührung mit Metall mit Schnitten und Rissen bedeckt, und meine Füße sind mit Sicherheit nicht mehr die einer Ballerina. Positiv ist lediglich, dass die ständige Bewegung an frischer Luft zusammen mit der mageren Kost meinen Körper neu modelliert hat und ich vor Energie sprühe.

Sehr wahrscheinlich liegt nun der letzte Tag auf dem Salar vor mir. Wenn nichts Unvorhergesehenes passiert, müsste ich vor Einbruch der Dunkelheit meinen Zielort Llica, das kleine Dorf am Ostufer des Sees, erreichen, wo Oscar und einige Helfer mich erwarten. Ich sehe mich um, als sei es das letzte Mal, versuche mir jedes Bild, jede Einzelheit dieses unwirklichen Ortes einzuprägen. Vermutlich werde ich nie mehr hierher zurückkehren. Aber wer weiß. Das Leben ist immer für eine Überraschung gut. Jedenfalls habe ich das Bedürfnis, so viel wie möglich von der Faszination des Salar in mich aufzusaugen, jenem Naturphänomen, dem meine Sehnsucht gehört hat und das ich so intensiv erlebt habe. Trotz der zahllosen Schwierigkeiten auf meinem Weg liebe ich ihn, wie ich die Ténéré geliebt habe. Und wie könnte man etwas nicht lieben, das es uns erlaubt, Gefühle von dieser Intensität zu erfahren? Doch auch dieses Mal bin ich beim Abschied innerlich zerrissen, voller Widersprüche. Der Wunsch anzukommen, meine Lieben wiederzusehen, in die vertraute Welt zurückzukehren, steht im Widerstreit zum Trennungsschmerz, zum Bedauern, ein Abenteuer zu beschließen, das meinen Körper gezeichnet, aber vor allem meine Seele tief bewegt hat. Nie sehne ich ein schnelles Ende herbei, spule meine Projekte einfach nur ab. An dem Tag, da der Weg nicht mehr mein Ziel ist, ist es wahrlich Zeit damit aufzuhören. Ich darf sagen, dass ich jede Minute bewusst erlebe, im Guten wie im Bösen, denn in jeder Situation lerne ich etwas, das mich bereichert, mir Antrieb ist, weiterzumachen, meine Neugier auf den nächsten Augenblick beflügelt. Diese Abenteuer sind eine ständige Entdeckung der Welt und der eigenen Persönlichkeit. Sie zeigen uns unsere Grenzen auf und geben uns die Möglichkeit, sie weiter zu stecken. Sinnlose, übertriebene Risikobereitschaft ist damit jedoch nicht gemeint. Wenn es nur noch darum geht, ist die nötige Ausgewogenheit nicht mehr gegeben. Und wie leicht kann dann alles außer Kontrolle geraten. Wie oft habe ich mich dahingehend geprüft, wie ich wohl auf einen möglichen Misserfolg reagieren würde. Dabei ist mir klar geworden, dass echte Stärke im Verzicht liegt, sobald der Wunsch weiterzumachen in keinem akzeptablen Verhältnis zur Gefahr steht. Man sollte wissen, wann es Zeit ist, aufzuhören. ›Den wahren Sieger erkennt man daran, wie er verliert‹, hieß es, als ich noch Leistungssport betrieben habe. Zweifellos ist es wesentlich schwieriger, eine Niederlage anzunehmen als den Sieg. Der Sieg ist berauschend, Verlieren tut weh. Doch im Augenblick der Niederlage lernt man unbesiegbar zu werden.

Ein neuer Sonnenuntergang, vielleicht mein letzter, inszeniert im Salar sein atemberaubendes Schauspiel. Während der gewohnte eisige Wind aufkommt, wandern meine Gedanken zu jener ersten, noch gar nicht fernen Nacht allein, mit all den Ängsten und Sorgen, die dennoch schon eine Ewigkeit zurück zu liegen scheinen. Mit Hilfe meines Tagebuchs lasse ich Etappe für Etappe meines Unternehmens Revue passieren. Es sind Momente des Triumphs, die sich mit tiefer Niedergeschlagenheit abwechseln. Und diese Erinnerungen sind ein Schatz, der mir allein gehört, den niemand mir nehmen kann.

Auch der letzte Satz Batterien für meine Taschenlampe ist fast leer, alles deutet darauf hin, dass das Ende der Geschichte naht, sich der Kreis wieder einmal schließt. Ich lese nur wenig an diesem Abend. Ich liege im Dunkeln, lasse die Gedanken schweifen, während draußen der Wind pfeifend an meinem Gefährt rüttelt, als sei es ein letztes Lebewohl.

Die letzten Stunden

Der Tag beginnt mit den üblichen Handgriffen, und doch ist an diesem Morgen alles anders. Ich lade die Sachen ohne die übliche Sorgfalt ein, denn ich weiß, dass ich einen großen Teil davon nie wieder brauchen werde, mache mir kaum die Mühe, die verbliebenen Wasserreserven zu überprüfen. Es genügt mir, dass noch genug da ist, meine Feldflaschen zu füllen. Trotzdem packe ich alles ohne Ausnahme ein. Nichts wird zurückgelassen. Bis zum letzten Augenblick kann jedes Utensil nützlich sein. Die Erfahrung hat mich unter anderem gelehrt, den Wert eines jeden Gegenstandes zu achten. Auch zu Hause verfahre ich nach diesem Prinzip. Schließlich kann man nie wissen, ob man etwas nicht noch einmal braucht. Davon abgesehen bin ich viel zu oft mit bitterer Armut konfrontiert worden, um Dinge gedankenlos wegzuwerfen.

Chica steckt wie immer an ihrem Platz. Ein paar Mal hätte ich sie beinahe wegen des brüchigen Gummistricks verloren, und eines Morgens musste ich den Wagen praktisch auf den Kopf stellen, weil sie, wer weiß wie, unten in den Schlafsack geraten war, mit dem ich sie ohne es zu merken eingerollt hatte. Ich will sie unbedingt mit nach Italien nehmen, sie ist Ambrogio versprochen. Allerdings trage ich von Anfang an einen zweiten Glücksbringer bei mir. Es ist ein kleiner tropfenförmiger Anhänger aus Glas, in dem ein winziger Pflanzensamen eingeschlossen ist. Er ist das Geschenk einer amerikanischen Freundin. Ich habe ihn vor der Abreise bekommen und, um ihn nicht zu verlieren, an eine rote Kordel geknüpft. Dieser Glücksbringer allerdings, so habe ich beschlossen, soll im Salar bleiben. Nach dem Ende meines Unternehmens hoffe ich, mit Oscar zur *Llomo de Pescado* zu fahren, zur ›Das-gibt's-doch-nicht-Insel‹. Ich möchte ihn dort zurücklassen, an einer der Kakteen mit Blick auf die unendliche Salzfläche, zu deren Geschichte er jetzt gehört.

Bei meiner Rast zur Mittagszeit verweile ich länger als an den anderen Tagen. Während ich wie üblich eine Suppe mit Knoblauch und Parmesan koche, dringt plötzlich ein fremdes Geräusch an mein Ohr. Ich sehe mich um, kann es nicht orten. Dann sehe ich, dass sich eine Mücke auf dem Behälter mit Lebensmitteln niedergelassen hat. Ich betrachte sie lange, habe nicht den Mut, sie zu verscheuchen. Sie ist das erste Lebewesen, das ich seit gut einer Woche zu Gesicht bekomme. Während meiner Mittagspause umschwirrt sie mich unaufhörlich, prüft jeden Gegenstand und wird mir, entgegen sonstiger Erfahrungen, überhaupt nicht lästig. Im Gegenteil, sie leistet mir Gesellschaft. Ich beobachte sie neugierig, so als sehe ich zum ersten Mal in meinem Leben eine Fliege. Als ich wieder aufbreche, begleitet sie mich eine kurze Strecke, bevor sie verschwindet. Sie ist ein weiteres Indiz dafür, wie nahe ich meinem Ziel gekommen bin.

Der aufgewühlte See

Die Beschaffenheit der Salzfläche hat sich verändert. Sie ist längst nicht mehr einheitlich glatt und kompakt, sondern zeigt sich plötzlich wellig und runzelig, wird von unregelmäßigen Brüchen durchzogen. Die abwechslungsreichen geometrischen Muster, die die Oberfläche fast auf meiner gesamten Überquerung bestimmt hatten, werden zusehends weniger, verwandeln sich in wulstige, formlose Narben, die immer höher und scharfkantiger aus dem Salz aufquellen. Der Karren hinter mir holpert und hüpft auf seinen schmalen Rädern über die Hindernisse, und ich bin ständig damit beschäftigt, den schlimmsten Verformungen auszuweichen, um sein Umkippen zu verhindern. Es ist beinahe, als kämpfe ich mich durch einen vom Sturm aufgewühlten Ozean. Wie dieses Oberflächenprofil zustande gekommen ist, lässt sich schwer erklären. Ich stelle mir jedenfalls vor, die Verdunstung vor Tausenden von Jahren habe so schnell stattgefunden, dass die Brandungswellen des Sees mitten in ihrer Bewegung erstarrt sind. Wie durch Zauberhand muss sich jeder Wassertropfen von einer Sekunde zur anderen in Salz verwandelt haben. Einen Weg durch diesen Irrgarten zu finden wird immer schwieriger. Bald komme ich nur noch im Zickzack-Kurs vorwärts, was auch nicht eben ungefährlich ist. Immer wieder bleibt ein Rad in einer der aufgequollenen Krusten stecken, während die beiden anderen in der Luft hängen und die ganze Fuhre zu kippen droht. Nach wenigen Kilometern schon bin ich mit meinen Kräften fast am Ende. Schulter- und Rückenmuskeln schmerzen vor Anstrengung. Sobald der Wagen auf ein Hindernis auffährt, werde ich ruckartig im Geschirr nach hinten gerissen, und die Gurte schneiden sich mir ins Fleisch. Meine Situation ist nicht beneidenswert. Wie lange der Wagen diese Manöver aushalten wird, weiß ich nicht. Manchmal höre ich ihn in allen Fugen krachen, wenn ich ein Hindernis mit Schwung überwinde. Aber ohne Schwung geht gar nichts. Die Kleider kleben am Leib, und Schweiß rinnt, vermischt mit Salz, in die Augen, die wie Feuer brennen. Immer wieder trockne ich mir mit dem Turbantuch die Stirn, und wische damit nur noch mehr Salz in die bereits salzverkrustete Haut. Niedergeschlagenheit macht sich breit. Der Optimismus der vergangenen Stunden ist mir gründlich vergangen. Ausgerechnet so nahe am Ziel hält das Schicksal die schwierigsten Prüfungen für mich bereit. Bis zum

Ufer sind es nur noch wenige Kilometer. Trotzdem habe ich das Gefühl, eher Rückschritte als Fortschritte zu machen. Es scheint, als rücke das Ziel in immer weitere Ferne. Ich spiele mit dem Gedanken, mein Geschirr abzulegen, den Wagen zurückzulassen, allein weiterzugehen. Aber das wäre nicht fair. Ich kann den guten Chico so kurz vor dem Ziel nicht im Stich lassen. Ich will es mit ihm zusammen durchstehen, wenn nötig noch eine weitere Nacht im Salar biwakieren. Allein der Mut der Verzweiflung treibt mich vorwärts. Ich beiße die Zähne zusammen, bis meine Kiefer schmerzen, feure mich, stumm immer wieder an, nicht schlapp zu machen, zwinge mich, meinen Weg fortzusetzen, wie besessen vom Willen, in Llica anzukommen. Zum x-ten Mal bäumt sich der Wagen hinter mir auf und ich spüre, wie er laut rumpelnd zur Seite rutscht. Damit bin ich gezwungen anzuhalten, nachzusehen, ob er Schaden genommen hat. Während ich das Geschirr ablege, murmle ich: »Nein, bitte nicht! Lieber Gott mach, dass nichts kaputt ist. Es darf nicht sein!« Ich ziehe die Spannhebel so fest wie möglich, merke dabei jedoch, dass das linke Rad nicht mehr korrekt auf der Achse sitzt. Beim letzten Manöver hat es einen Schlag abbekommen und sich offenbar verbogen. Dennoch hoffe ich, dass das Rad noch halten wird. Ich habe zwar ein Ersatzrad, aber um es zusammen mit dem Werkzeugkasten aus dem Wagen zu holen, muss ich diesen völlig ausräumen. Ich nutze die kurze Rast für einen Mineraltrunk, um den Flüssigkeitsverlust nach diesen schweißtreibenden Aktionen zu ersetzen.

Nach meinen Berechnungen vom Vortag hätte ich eigentlich bereits am Ziel sein müssen. Stattdessen bin ich noch immer mitten in diesem salzverkrusteten Wellenlabyrinth gefangen. Ich kämpfe wie eine Verzweifelte, um dieser Hölle zu entkommen, die mich nicht loslassen will und versucht, mir noch die letzten Energiereserven zu rauben. Längst denke ich nicht mehr daran, den Handwagen zurückzulassen. Er muss mit. Koste es was es wolle. Ich bin so sehr damit beschäftigt, mich vorwärts zu kämpfen, so schnell wie möglich diesem Alptraum zu entrinnen, dass ich gar nicht merke, wie ich immer mehr vom Kurs abkomme. Seit dem Morgen habe ich mein GPS nicht mehr konsultiert, mich allein auf meinen Instinkt verlassen. Ein unverzeihlicher Fehler, wie sich herausstellen sollte. Als ich das Gerät anstelle, ist sofort klar, dass ich beträchtlich weit nach Norden vom richtigen Kurs abgewichen bin. Ich hatte mir ein bestimmtes Uferprofil eingeprägt, wo ich meiner Ansicht nach Llico finden müsste, und die Merkmale stattdessen mit denen eines anderen, täuschend ähnlichen Ortes verwechselt. Die ständigen, durch die Unwegsamkeit des Geländes bedingten Richtungsänderungen hatten mich vom rechten Weg abgebracht. Laut fluchend mache ich mich auf, die vorgeschriebene Route wiederzufinden, was Zeit und Energie kostet. Entgegen allen Erwartungen entpuppen sich diese letzten Kilometer nun als die schlimmsten. Um mir Mut zu machen, versuche ich dem Ganzen etwas Positives abzugewinnen. Ich stelle mir einfach vor, der Salar habe Gefallen an mir gefunden und versuche daher, mich so lange wie möglich in seinen Fängen zu halten.

Die Ankunft

Die Bucht, in der das Dorf liegen muss scheint zum Greifen nahe, und doch verringert sich der Abstand um keinen Meter. Ich habe fast den Eindruck, dass die Uferlinie stets in dem Maß zurückweicht, wie ich näher komme. Immer wieder suchen meine Blicke nach einem ersten Anzeichen von Leben, nach einem Hinweis auf die Gegenwart von Menschen. Ich glaube schon, erneut vom Kurs abgewichen zu sein, als ein seltsames Blinken oder

Blitzen meine Aufmerksamkeit erregt. Ich bleibe abrupt stehen, fixiere die Stelle, kann jedoch nichts mehr entdecken. Ich muss mich getäuscht haben. Dann, als ich mich gerade wieder auf den Weg machen will, blitzt es erneut. Also war es doch keine Einbildung, ich habe wirklich etwas gesehen. Ich denke an das Fernglas, das ich bislang nur einige Male anlässlich der ersten Sonnenaufgänge vor dem Aufbruch benutzt habe, das mir jetzt allerdings gute Dienste leisten könnte. Ich will mir schon den Gurt abnehmen, als ich einen schnell näher kommenden Punkt erkenne. Es scheint ein Auto, ein Geländewagen zu sein. Und ich habe mich nicht geirrt. Augenblicklich kehrt meine Energie zurück, ich ziehe mit solcher Kraft den Wagen, dass die Räder laut ächzen. Armes Gefährt! Was musste es durchstehen! Dann tauchen rechts von mir zwei parallel verlaufende dunkle Spuren auf, die die zerklüftete Salzoberfläche erneut glätten. Möglicherweise bin ich auf die Piste gestoßen, die in Ufernähe über den Salar verläuft. Auf dieser Strecke verkehren normalerweise einmal wöchentlich die Lastwagen mit den Salztransporten. Hastig wende ich mich in diese Richtung und erreiche nach wenigen Minuten tatsächlich die Piste, die direkt nach Llica führen muss. Ich habe es geschafft.

Das Blinken erscheint in immer kürzeren Abständen. Ich nehme es als ein Zeichen meiner Freunde, die mir den richtigen Weg weisen sollen. Während ich zügig auf die Stelle zu marschiere, kann ich den Geländewagen, der dort parkt, deutlicher erkennen. Schwarze Schatten bewegen sich ganz in seiner Nähe, und es werden immer mehr. Es herrscht offenbar große Aufgeregtheit, Einzelheiten kann ich jedoch nicht ausmachen. Mir fällt nur auf, dass eine der Gestalten besonders rastlos hin und her geht. Sie trägt einen schweren Gegenstand auf der Schulter. Es ist Oscar, eindeutig Oscar mit der unvermeidlichen Filmkamera, der bereits die ersten Bilder schießt. Ich hebe die Arme zur Begrüßung, und als Antwort schallt mir ein Chor von Stimmen und das Dröhnen einer Autohupe als erster Willkommensgruß entgegen. Ich nehme das Turbantuch ab und erwidere den Gruß. Oscar stellt die Kamera aufs Stativ und läuft mir, etwas Undefinierbares in der Hand schwenkend, entgegen. Es ist ein Blumenstrauß! Mein Gott, wie zum Teufel hat er nur in viertausend Metern Höhe frische Blumen aufgetrieben? Im nächsten Moment liegen wir uns lachend und weinend in den Armen. Unser Fahrer zündet zum großen Vergnügen der übrigen Zuschauer Knallfrösche. Im Nu sind wir von einer Schar Schaulustiger umringt. Die Dorfbewohner sind gekommen, um sich die Verrückte anzusehen, die es gewagt hat, mutterseelenallein den Salar herauszufordern, und die, wie sie jetzt verwundert feststellen müssen, eine ganz normale Frau ohne spektakuläre körperliche Eigenschaften ist. Das wollen sie nun alle genau wissen, und zahllose Hände berühren mich.

Ich lege zum letzten Mal das Geschirr ab, mit dem ich den Wagen gezogen habe, umarme das vorwitzigste unter den kleinen Mädchen, und hebe es oben auf den Wagen. Die Kleine sieht sich skeptisch um, dann streckt sie die Arme aus und streichelt Chica, die Puppe. In schlechtem Spanisch erkläre ich ihr, dass ich sie ihr nicht schenken kann, weil sie einem Freund in Italien versprochen ist, und fische stattdessen eine Hand voll Karamellbonbons aus der Tasche. Im Nu bin ich von Kindern umringt. Ich verteile das wenige, das mir geblieben ist, einschließlich der Vitamintabletten und Energieriegel unter der dankbar lachenden Schar. Dann erscheint ein Polizist. Er ist die Autorität des Dorfes. Von ihm brauche ich die amtliche Bestätigung, dass ich den Salzsee tatsächlich überquert habe. Vor meinem Aufbruch in Colchani hatten wir von einem Notar ein Dokument ausfertigen lassen, das meine Abreise am 16. Oktober bestätigte, und heute, am 21. Oktober, fällt diesem Polizisten die Aufgabe zu, meine Ankunft am anderen Ende des Sees zu beglaubigen. Ich habe sechs Tage gebraucht, zwei weniger als vorgesehen, um den Salar de Uyuni zu bewältigen, und dabei 180 Kilometer zurückgelegt. Damit wurde der Salzsee zum ersten Mal im Alleingang überwunden, von mir, einer Italienerin.

Ich habe keine Zeit, den Triumph zu genießen, denn umgehend werde ich von einer Gruppe Jugendlicher in die Pflicht genommen. Es sind Schüler der höheren Schule von Llica in Begleitung ihres sehr jungen Lehrers, die mich ins Kreuzverhör nehmen. Und ich erzähle gern, stelle mich bereitwillig ihren wissbegierigen Fragen. Der Lehrer erklärt, das Thema werde Gegenstand der nächsten Klassenarbeit sein. Das löst noch größeren Eifer aus, und einige machen sich sogar Notizen. Als das Interview zu Ende ist, macht es sich bemerkbar, dass ich eine Woche mit keiner Menschenseele gesprochen habe. Ich bin atemlos, die Stimme versagt mir, ich muss größere Pausen beim Reden einlegen. Oscar nimmt eine erste kurze medizinische Untersuchung vor, misst meine Atemfrequenz und den Blutdruck. Beide Werte sind überhöht. Und vor allem der untere Blutdruck fällt aus dem Rahmen. Dieses Problem sollte mir wie gesagt noch längere Zeit nach meiner Rückkehr nach Italien erhalten bleiben.

Eine junge Frau im klassischen weiten Rock und steifen schwarzen Hut der Tracht der Andenbewohner nähert sich Oscar, spricht leise mit ihm. Ich höre ihn lachen und trete zu ihm. »Was hat sie gesagt?«, frage ich. Lachend antwortet er mir: »Sie wollte wissen, was du Schlimmes angestellt hast, dass ich dich allein in den Salar geschickt habe!« Ich sehe sie lächelnd an. Was muss wohl in ihrem Kopf vorgegangen sein? Welche Überwindung muss sie diese Frage gekostet haben? Für sie, für ihren Kulturkreis, ist das wohl die einzig plausible Erklärung für das, was ich getan habe.

Das Ende

Es ist kurz vor Sonnenuntergang, als die Bewohner von Llica in ihre Häuser zurückkehren. Bis zum Dorf sind es knapp vier Kilometer und es ist zu spät, um den Handkarren auszuladen, zu zerlegen und alles zusammen ins Auto zu packen. Wir beschließen, unweit der Piste auf dem Salzsee zu kampieren. Ich habe den Wunsch geäußert, auf die Insel *Lomo de Pescado* zurückzukehren. Sofern das Wetter hält, können wir am nächsten Tag aufbrechen. Lediglich meine Film- und Fotoausrüstung schließe ich zusammen mit GPS und Tonbandgerät in den Wagen. Den Rest lasse ich im Handkarren. Zum ersten Mal ist es möglich, das Zelt aufzubauen. In Ufernähe ist es windgeschützter und der Untergrund, eine Mischung aus Salz und Erde, lässt es zu, dass wir die Heringe mühelos einschlagen können. Wir essen alle zusammen am offenen Feuer, erzählen uns gegenseitig, was wir in den vergangenen aufregenden Tagen erlebt haben. Oscar berichtet, dass er sich, um die Aufnahmen aus dem Flugzeug machen zu können, mit geöffnetem Fallschirm an den Sitz schnallen musste. »Als wir dich entdeckt hatten, wollte der Pilot wissen, ob du wirklich eine Frau seist und nicht doch ein *chico*. Er konnte nicht glauben, dass eine Frau mit einem Wagen im Schlepptau dreißig Kilometer pro Tag zurücklegt. ›Klar ist das eine Frau. Meine Frau. Wir haben einen gemeinsamen Sohn!‹, habe ich ihm gesagt.« Ich muss lachen und frage mich, welche Art Frau sich der Pilot vorgestellt haben mag.

In Richtung Heimat

Zum ersten Mal seit meinem Aufbruch gelingt es mir, mehrere Stunden am Stück zu schlafen. Es gibt keine Windböen mehr, die mich hätten wecken können, und ich muss nicht jede Stunde aus dem Schlafsack kriechen, um zu prüfen, ob meine Ausrüstung noch gut und sicher um den Karren befestigt ist. Selbst das kleine Zelt ist eindeutig geräumiger als mein Expeditionsgefährt. Und dennoch beschleicht mich trotz der Annehmlichkeiten ein wehmütiges Gefühl. Als ich am Morgen aus dem Zelt krieche, steht dort mein Handwagen … fast leer. Ein trauriger Anblick! Ich mache mich daran, den Rest auszuladen und rede dabei mit ihm: »Danke, Chico. Ohne dich hätte ich es nicht geschafft. Du hast mir geholfen, einen Traum zu verwirklichen. Du wirst mir fehlen.« Ich weiß zu diesem Zeitpunkt längst, dass er bei der Firma Sector zusammen mit den Ausrüstungsgegenständen anderer Expeditionen ausgestellt wird, er sich also bald in guter Gesellschaft befindet. Für mich allerdings ist er auf ewig untrennbar mit den Erinnerungen an den Salar de Uyuni verbunden.

Die Sehnsucht nach einer Dusche stellt sich ganz plötzlich ein. Bislang hat sie mir kaum gefehlt, aber mit einem Mal ist es da, dieses Reinigungsbedürfnis. Ich würde alles dafür geben, mich unter den warmen Wasserstrahl stellen zu können, um all das Salz von meiner Haut zu waschen. Ich könnte sofort nach Uyuni zurückkehren, dann hätte ich nach wenigen Stunden, wovon ich träume. Aber da ist noch eine andere Sehnsucht, eine, die stärker ist. Die Dusche muss warten. Nachdem wir das Zelt abgebaut haben, machen wir uns auf zur ›Das-gibt's-doch-nicht-Insel‹, um mir diesen letzten Wunsch zu erfüllen: der schönste Abschied vom Salar.

Die Insel empfängt uns unverändert, so wie sie seit Tausenden von Jahren mitten im See liegt mit ihren riesigen, stacheligen, in den blauen Himmel ragenden Kakteen und unfassbar farbiger Blumenpracht, Oase des Lebens im absoluten Nichts. Mit dem Wagen fahren wir in die Nähe der bühnenartigen Felsenhöhle. Ich steige die gut zehn Meter hinauf zur Öffnung und wende mich langsam um. Alles ist so, wie ich es in Erinnerung hatte. Jenseits des schmalen Wiesen- und Blumenstreifens erstreckt sich der Salar de Uyuni, in all seiner faszinierenden, majestätischen Schönheit. Unvorstellbar die Fantasie der Natur, die solche Bilder erschaffen hat. Ich fühle mich als ein Glückskind, denn ich hatte das Privileg, diese Erfahrung machen zu dürfen. All die Strapazen, die Ängste und Schmerzen sind nichts angesichts der Freude, mein Ziel erreicht zu haben. Ich krame den tropfenförmigen Glasanhänger aus der Tasche, gehe hinüber zu einem hohen Kaktus, dem schönsten weit und breit, und hänge das rote Band an eine seiner langen Stacheln auf der dem Salar zugewandten Seite. In der Stille, allein, danke ich laut dem Salar, dass er die Verwirklichung meines großen Traums zugelassen hat. Und endlich beginnen die Tränen zu fließen.

Die Kalahari

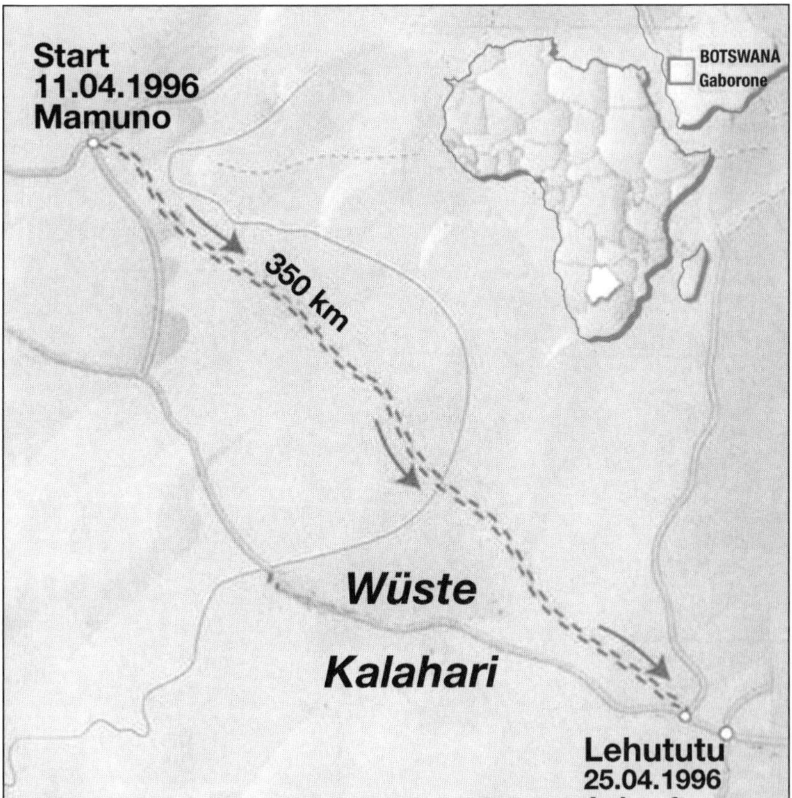

Eine unangenehme Überraschung

Angst schnürt mir die Kehle zu. Der Geländewagen schwankt gefährlich, gerät in den tiefen, mit lockerem Sand gefüllten Furchen, aus denen die Piste besteht, immer wieder ins Schlingern. Seit Stunden schon zwingt uns die ungemütliche Holper- und Schleuderpartie auf schwierigem Gelände, uns an den Sitzen festzuklammern und die Fotoausrüstung vor allzu heftigen Stößen zu bewahren. Unter der sengenden Mittagssonne gleicht das Wageninnere einem Brutkasten. Wir wagen kaum zu atmen, aber an Frischluftzufuhr durch ein geöffnetes Fenster ist nicht zu denken. Alle Wagenöffnungen sind fest verschlossen, und dennoch dringt der feine Sandstaub durch jede Ritze. Wir müssen uns ein Tuch vor Nase und Mund binden, um ihn nicht einzuatmen. Landschaftlich reizvolle Ausblicke sind nirgends zu entdecken. Wohin wir auch sehen, empfängt uns nur bedrückende Monotonie. Kein Horizont ist in Sicht. Nicht einmal in meinen schlimmsten Träumen hätte ich mir mein Ziel so ausgemalt. Ich wende mich an den Ranger, der uns als Führer dient, und versuche so gut es geht meine Enttäuschung zu verbergen: »Ist sie überall so, die Kalahari?« Der Ranger wirft mir einen schnellen Seitenblick zu, versteht meine Frage nicht recht, doch mein Gesicht spricht Bände. Den Blick wieder starr geradeaus gerichtet, antwortet er: »Nein, nicht überall. In manchen Gebieten ist sie sogar noch schlimmer.« Ich lasse den Blick schweifen und schwöre stumm, mich in Zukunft niemals wieder auf ein Abenteuer in einer Region einzulassen, die ich zuvor noch nie gesehen habe.

Die Piste, auf der wir so mühsam vorwärts kommen, ist kaum breiter als unser Geländewagen. Zwischen den beiden tiefen Fahrrillen wächst niedriges Dornengestrüpp auf dem Erdwall, und die Bodenwanne des Jeeps droht immer wieder aufzusitzen. Die Strecke ist wenig befahren. Die Spuren haben die großen Überlandlaster im Lauf der Jahre eingegraben, die zwischen Namibia und Botswana verkehren. Bisher sind wir keinem anderen Fahrzeug begegnet. Zum Glück, denn die Vorfahrtfrage dürfte unter diesen schwierigen Bedingungen kaum zu klären sein. Um uns herum breitet sich die endlose Wüste der Kalahari aus, aber der Blick bleibt an dem Gürtel aus Dornengestrüpp und trockenen Gräsern vor uns hängen, die überall aus dem Boden schießen. Der Busch scheint undurchdringlich, und ich frage mich entsetzt, wie ich zu Fuß einen Weg durch dieses Gewirr an Ästen und Gras finden soll. Das Flugzeug, mit dem wir aus Italien gekommen sind, hat bereits einen großen Teil dieser Landschaft überflogen, und mein erster Eindruck war der einer sehr fremdartigen Wüste, mit den Wüstenlandschaften, die ich kenne, kaum vergleichbar. Am ehesten hatte sie mich noch an das australische Outback erinnert, und ich fand sie auf die ihr eigene Art faszinierend. Jetzt vom Auto aus besehen, ist sie eine herbe Enttäuschung. Jeder von uns ist in seine Gedanken vertieft. Zum ersten Mal sendet die Natur, in der ich mich bewege, eindeutig negative Signale aus. Ich habe das Gefühl, sie ist mir feindlich gesinnt.

Ferne Träume

Das Projekt Kalahari ist praktisch am Schreibtisch entstanden, aus einem Traum, den ich lange mit mir herumgetragen habe. Ursprünglich war es nicht unbedingt diese besondere Art der Wüste, die meine Fantasie beflügelt hat. Vielmehr spielte die Tatsache eine große Rolle, dass hier eines der faszinierendsten Völker lebt, das je unsere Erde bewohnt hat: die Buschmänner. Von Jugend an habe ich mich mit den Geschichten beschäftigt, die sich um das Leben der kleinwüchsigen Jäger und Sammler der Kalahari ranken, und war stets neugierig darauf, zu erfahren, wie viel Wahres in dem steckt, das ich mir im Lauf der Zeit angelesen hatte.

Schon immer habe ich mich gern von der eigenen Fantasie mitreißen lassen, habe von Abenteuern in der Wunderwelt der Natur geträumt. Zum Unterschied vieler anderer Mädchen, für die die Welt des Kinos oder der Mode Ziel ihrer Träume war, gehörte meine Liebe den Reisen in unerforschte Länder und der Entdeckung des Lebens der letzten Naturvölker.

Natürlich haben mich diese Interessen bei meinen Altersgenossinnen damals manchmal zur Außenseiterin gemacht. Und es ist kein Zufall, dass ich mich in der Gesellschaft der Jungen wohler fühlte, mit denen mich Spiele und Abenteuer verbanden, die als wenig weiblich angesehen wurden. Auch heute noch gelten Frauen gemeinhin als maskulin, deren Interessen außerhalb der typisch weiblichen Sphäre liegen. Das ist so nicht richtig. Ich halte mich in jeder Beziehung für eine ganz normale Frau. Nur bin ich neugierig und bereit, alles auf mich zu nehmen, um diesen Wissensdrang zu befriedigen. Es ist eine Eigenschaft, die mich stolz macht, und mich befähigt, Momente höchsten Glücks zu erleben, während ich gleichzeitig keine Gelegenheit versäume, meine Weiblichkeit unter Beweis zu stellen. Davon abgesehen gibt es heutzutage immer mehr Frauen, die sich auf Abenteuerreisen bewähren.

Vor einigen Jahren haben amerikanische Wissenschaftler in diesem Zusammenhang ein Phänomen untersucht, das als so genannter ›Odysseus Faktor‹ bekannt wurde. Im Rahmen dieser Untersuchungen hat man entdeckt, dass in der DNA-Kette einiger Menschen ein Abschnitt enthalten ist, der diese Personen schon genetisch für Abenteuer- und Entdeckungslust prädisponiert. Damit wäre der wissenschaftliche Beweis erbracht, dass der Wunsch einiger Frauen, sich auf Unternehmen dieser Art einzulassen, genetisch bedingt ist und nichts mit hormonellen Störungen zu tun hat.

In der Abendstimmung werden die Schatten auf dem Sand länger. In wenigen Minuten taucht die glühende Scheibe der Sonne am Horizont unter, und es beginnen die langen Stunden der Nacht, in denen alles sein Erscheinungsbild verändert, neue Formen anzunehmen scheint, während die Temperaturen rapide sinken. Wir setzen die Fahrt mit den Geländewagen nur noch so lange fort, bis der Fahrer einen geeigneten Platz für unser Nachtlager gefunden hat. Normalerweise ist es ratsam, bereits vor Einbruch der Dunkelheit Halt zu machen, aber an diesem Abend sind wir gezwungen, eine bestimmte Etappenstrecke zurückzulegen. Im Licht der Scheinwerfer erkunden wir den Platz unserer Wahl und versuchen ihn weitgehend von Ästen und Dornengestrüpp zu säubern, bevor wir die Zelte aufbauen. Der zweite Geländewagen trifft nach einigen Minuten ein. Er transportiert unsere gesamte Campingausrüstung und den Benzinvorrat. Am Steuer sitzt Stefano, ein sympathischer, junger Italiener aus Ligurien, der seit Jahren in Namibia lebt. Aus Liebe zu Afrika hat er einen festen, aber langweiligen Job an den Nagel gehängt, auf das sichere Leben verzichtet, um in den entlegendsten Gebieten dieses faszinierenden Landes zu arbeiten. Er hat die Aufgabe, die Logistik des Unternehmens zu organisieren, die Etappen zu koordinieren und die vielen praktischen Probleme einer Fahrt durch die Wüste zu lösen. Er ist ein ruhiger und ausgeglichener junger Mann, der seine Arbeit mit großer Begeisterung erledigt, zufrieden und glücklich mit dem Leben, das er gewählt hat. Menschen dieses Typs liegen mir, und ich genieße es, mit ihnen Ideen und Eindrücke ungezwungen und ohne Angst, missverstanden zu werden, auszutauschen. Wer versucht glücklich und im Einklang mit sich selbst zu leben, auch wenn er damit auf materiellen Wohlstand verzichtet, gibt seinem Leben Sinn.

Ein Traum nimmt Gestalt an

Die Welt der Buschmänner, die so unablässig durch die Träume meiner Jugend geisterten, war für mich stets eine unantastbare Realität, weit außerhalb meiner beruflichen Projekte. Dennoch habe ich mehr als einmal versucht, Nägel mit Köpfen zu machen, mit der Möglichkeit gespielt, einen Dokumentarfilm über sie zu realisieren. Aber aus irgendeinem unerfindlichen Grund kam stets etwas dazwischen und verhinderte, dass meine Ideen in ein konkretes Projekt Eingang fanden. Es kam mir beinahe so vor, als mache sich das Schicksal einen Spaß daraus, mir die Suppe zu versalzen, im letzten Moment den Lauf der Dinge in eine andere Richtung zu lenken. Mit den Jahren entstand so der Eindruck, dass die Buschmänner und ich dazu bestimmt waren, einander nie zu begegnen. Und trotzdem bestand in einer Ecke meines Bewusstseins weiter die Hoffnung, dass sich unsere Wege dennoch irgendwann kreuzen würden.

Nach der Rückkehr vom Salar de Uyuni war ich einige Monate

aufgrund der positiven Aufmerksamkeit, die das Unternehmen erregte, sehr in Anspruch genommen. Ich war gezwungen, zumindest teilweise meinen gewohnten Lebensrhythmus darauf abzustimmen. In dieser Situation war keine Zeit für die ernsthafte Planung neuer Projekte. Und dennoch stand mein Entschluss fest, auch weiterhin Wüsten zu durchqueren. Die Idee zu den vorausgegangenen Expeditionen war rein zufällig, meist schon vor Ort während einer anderen Dokumentation entstanden. Diesmal erlaubte ich mir den Luxus, einen lange gehegten Traum zu mobilisieren. Der Zeitpunkt schien gekommen, ihn endlich in Angriff zu nehmen.

Der Moderator einer der Fernsehsendungen, bei denen ich zu Gast war, schloss das Interview mit einer Überraschungsfrage: »Und was ist Ihr nächstes Projekt?« Bis zu diesem Augenblick hatte ich noch keine konkreten Vorstellungen gehabt. Und ich war selbst am meisten verblüfft, als ich mich antworten hörte: »Die Kalahari. Ich möchte das Land der Buschmänner durchqueren.«

Du bist verrückt, sage ich mir auf dem Heimflug. Welcher Teufel hat mich geritten! Ausgerechnet die Kalahari! Ist es denn überhaupt möglich, die Kalahari zu durchqueren? Am Flughafen erwartet mich Oscar. Er hat die Live-Sendung gesehen und ist immer noch ziemlich erregt. »Mein Gott, was denkst du dir? Ist dir klar, was du da gesagt hast? Wie kommst du auf die Schnapsidee, die Kalahari zu durchqueren? Das ist noch niemandem gelungen.« »Dann bin ich eben die Erste«, antworte ich und denke insgeheim: »Wenn es die Buschmänner können, dann ist es jedenfalls nicht unmöglich.«

Das Projekt ist gefährdet

Das Unternehmen Salar de Uyuni erweist sich als äußerst hilfreich. Dr. Giardiello, Direktor von Sector, ist von meinem neuen Projekt begeistert, und auch die anderen Sponsoren sind bereit, mich erneut zu unterstützen. Die Verträge sind schnell gemacht. Weniger einfach gestaltet sich hingegen die Auswahl der Ausrüstung und die Organisation vor Ort. Ich habe mich mit den Besonderheiten dieser Wüstenregion so lange beschäftigt, dass ich glaube, sie wie meine Westentasche zu kennen. Eine vorherige Erkundungsreise halte ich daher für überflüssig. Die zwei Wochen, die ich dafür hätte veranschlagen müssen, verbringe ich lieber zu Hause, um die Vorbereitungen mit Hochdruck voranzutreiben. Vor allem möchte ich mein Training nicht unterbrechen, das ich bereits begonnen habe. Ich suche Rat und Unterstützung eines befreundeten italienischen Reiseunternehmers, mit dem wir schon bei anderen Gelegenheiten zusammengearbeitet haben. Ich vertraue auf seine Erfahrungen in Südafrika und beauftrage ihn, die Organisation meiner Reise zu übernehmen. Ein böser Fehler, wie sich herausstellen soll. Er übergibt mir nicht nur einen Wust unbrauchbarer Informationen, sondern ist, wie sich herausstellt, der Aufgabe absolut nicht gewachsen. Unter anderem war es seine Sache, die Passierscheine zu besorgen, die für die Durchreise bestimmter Gebiete nötig sind. Obwohl ich Monate im Voraus eine beachtliche Summe gezahlt habe, um sie zu erhalten, erfahre ich später, dass er keinen einzigen Antrag in diesem Zusammenhang gestellt hat. Und erst im Augenblick unserer Ankunft vor Ort teilt er uns mit, dass die nötigen Dokumente fehlen. Sein Verhalten entsetzt und enttäuscht mich zutiefst. Mein bedingungsloser Glaube an Loyalität und Anständigkeit ist schändlich missbraucht worden.

Von der privaten Verstrickung abgesehen, ist die Situation an sich Besorgnis erregend und droht das ganze Unternehmen in Frage zu stellen. Ohne die besagten Passierscheine ist es außerordentlich gefährlich, diese Gebiete zu bereisen. Vor allem können wir in diesem Fall weder fotografieren noch filmen, um die einzelnen Phasen des Projekts zu dokumentieren. Sollte man uns ohne Erlaubnis bei diesen Arbeiten erwischen, droht uns die Beschlagnahmung des Film- und Fotomaterials und die Ausweisung. Wir vergeuden Tage damit, das Problem zu lösen, und schließlich haben wir keine andere Wahl, als die festgelegte Reiseroute zu ändern. Zum Glück kenne ich einen erfahrenen Ranger vor Ort, einen ernsthaften und beschlagenen jungen Mann, dem ich das Problem schildere und mit dessen Hilfe ich die Möglichkeiten prüfe, das Projekt in eine andere Region zu verlegen. Dieses Gebiet ist seiner Einschätzung nach jedoch weitgehend unbekannt und für eventuelle Rettungsaktionen riskant. Wir prüfen die neue Route gründlich, wägen das Für und Wider ab, doch letztendlich liegt die Entscheidung bei mir, ob ich mich darauf einlassen oder das Projekt aufgeben will. Meine Situation ist nicht einfach. Ich verbringe eine schlaflose Nacht. Im Morgengrauen liege ich noch immer wach, ohne zu einem Entschluss gelangt zu sein. Ich warte auf einen Wink des Schicksals. So ist der Druck von mir genommen, entspannt sinke ich in einen tiefen Schlaf und beginne sofort zu träumen: Ich bin im Regenwald, allein, um mich herum undurchdringliche grüne Hölle, ich suche einen Ausweg, weiß nicht wohin, die feuchte, dampfende Hitze nimmt mir den Atem. Angst befällt mich. Die Hoffnung schwindet, diesem Alptraum zu entrinnen. Erschöpft von der sinnlosen Suche, will ich mich auf einen umgestürzten Baumstamm setzen, als mich eine innere Stimme zwingt, weiter zu gehen. Ich folge dem Impuls, stoße nach einigen Minuten tatsächlich auf Spuren im Untergrund, die sich schließlich zu einem Pfad verdichten.

Mein Tritt wird sicherer, bis ich zu einer Lichtung mit einer Hütte gelange, vor der ein alter Indio sitzt und stumm seine Pfeife raucht. Er scheint nicht überrascht, mich zu sehen, macht mir ein Zeichen, mich zu ihm zu setzen. Dann fängt er an, mit einem Stück Holz über den Boden zu kratzen. Ich denke, er zeichnet ein Muster, bis ich erkenne, dass er mit einem Insekt spielt. Und ich sehe genauer hin. Das Insekt ist eine Gottesanbeterin. Er nimmt sie in die Hand und hält sie mir hin. In diesem Moment wache ich schweißgebadet auf. Ich begreife sofort: das ist das Zeichen.

Beim Frühstück erkläre ich Oscar und dem Ranger, dass ich entschlossen sei, die Durchquerung zu wagen. Beide sehen mich erstaunt an. »Bist du ganz sicher?« »Ja, ich bin sicher. Die Buschmänner erwarten mich.« Sie sehen mich an, als sei ich verrückt geworden. »Heute Nacht habe ich eine Gottesanbeterin im Traum gesehen«, kläre ich sie auf. »Ich halte das für ein gutes Omen.« Der Ranger nickt ernst. Auch er weiß, dass die Gottesanbeterin die einzige Gottheit ist, an die das Volk der kleinen Jäger und Sammler der Wüste glaubt. Wie könnte ich diese Botschaft ignorieren?

Die Kalahari

Die riesige Sandfläche der Kalahari erstreckt sich rund tausend Kilometer weit über gut sieben afrikanische Länder. Der zentrale Bereich dieses ariden und unwirtlichen Gebietes allerdings ist allein der zusammenhängende Teil zwischen Namibia und Botswana. Dieses Herzstück wird im Norden von den Flussläufen Okawango, Limpopo im Osten und Oranje im Süden begrenzt und überdeckt eine Fläche von ungefähr 700000 Quadratkilometern. Oberflächlich betrachtet, scheint die Kalahari eben zu sein. In Wirklichkeit jedoch ist ihre Oberfläche vom ständigen

Wechsel zwischen kleineren Erhebungen und ausgedehnten Senken geprägt, alles in allem auf einer Höhe von 1100–1400 Meter über dem Meeresspiegel. Sie ist durchsetzt von den für sie typischen Salzpfannen, flachen Becken, deren Boden eine hohe Salzkonzentration aufweist. In einigen dieser Salzpfannen ist der Salzgehalt so hoch, dass er schon beinahe an die Verhältnisse des Salar de Uyuni erinnert. Obwohl die Kalahari als eine der trockensten Zonen der Welt gilt, bietet sie ein Erscheinungsbild, das in krassem Gegensatz zu dieser Charakteristik steht: Im Laufe von wenigen Tagen im Jahr stellen sich Niederschläge ein, die man großzügig als Regenzeit bezeichnet. Sie sind nur von kurzer Dauer, und dennoch genügen sie, um das Bild der Kalahari grundlegend zu verändern. Die sandige Tonerde ist ein Substrat, auf dem sich gewisse Pflanzen entwickeln können. Das hat zur Folge, dass sich praktisch in wenigen Stunden explosionsartig eine Vegetation ausbreitet, und dort, wo nur unfruchtbare Sandflächen zu sein schienen, entsteht ein üppiger Garten. Doch so schnell, wie die Regenwolken gekommen sind, verschwinden sie auch wieder. Dann beherrscht die erbarmungslose afrikanische Sonne erneut die Szene. In wenigen Tagen verwelkt der dichte Bewuchs und verwandelt sich in ein Dickicht aus Dornengestrüpp und Savannengräsern. Die Regenzeit ist regional verschieden und variiert beständig, das heißt, sie kommt mal früher, mal später. Diese Unterschiede, die auch die Niederschlagsmenge betreffen, verändern das Gesicht der Wüste, das sich immer wieder anders zeigt. Das ist der Grund, weshalb sich die Organisation eines Projekts in dieser Region so schwierig gestaltet. Es fehlen einfach zuverlässige Informationen über die einzelnen Lokalitäten. Wenn man gezwungen ist, eine Route zu ändern, so heißt das auch, dass man unbekannten Risiken begegnet. In manchen Jahren sammelt sich das Regenwasser in großen Mengen in den Pfannen oder anderen Senken und hält sich dort bis zur Verdunstung unterschiedlich lange. Damit verwandelt es sämtliche Bodenvertiefungen in Pfützen und nachfolgend in gefährliche und tiefe Sümpfe. In anderen Jahren wiederum sind die Niederschläge gering und verdunsten sofort.

In der Kalahari leben zahlreiche Tierarten, die sich allesamt bestens an die Wasserknappheit angepasst haben. Sie nehmen die zum Überleben nötige Feuchtigkeit vorzugsweise mit ihren Futterpflanzen auf. In den Dürreperioden ziehen die meisten der größeren Säugetiere in Richtung Norden zu den ausgedehnten Sumpfgebieten am Okawango und setzen damit die imposanten Wanderbewegungen in Gang, die uns schon seit Jahrhunderten überliefert sind. Leider haben in den letzten Jahren einige Farmer künstliche Zäune errichtet, um ihr Vieh vor dem direkten Kontakt mit den Wildtieren zu schützen. Die Folgen sind katastrophal. Während der Wanderungen zu den Wasserstellen finden sich die armen Tiere plötzlich mit kilometerlangen Zäunen konfrontiert, die ihnen ihre üblichen Routen versperren. Im Dürrejahr von 1990 sind offenbar gut zwanzigtausend Tiere, darunter Antilopen, Giraffen, Zebras und Löwen praktisch vor den Zäunen bei ihrem verzweifelten Versuch, an Wasser zu gelangen, verdurstet. Leider wird viel zu wenig über diese vom Menschen heraufbeschworenen ökologischen Katastrophen publik, da die Verursacher, die nur an ihren wirtschaftlichen Nutzen denken, sie wohlweislich totschweigen.

Wüsten sind sehr verschieden, und häufig täuscht der erste Eindruck denjenigen, der sich in diese so besondere und extreme Form unserer Natur wagt. Auf den ersten Blick mag die Kalahari insgesamt als durchaus lebensfreundlicher Raum erscheinen – ganz im Gegensatz zur Sahara zum Beispiel. Die Tatsache, dass sie Heimat zahlreicher Tierarten ist, mag diesen oberflächlichen Eindruck noch verstärken. Die Wirklichkeit jedoch ist völlig anders. Dass es bisher niemandem gelungen ist, die Kalahari, so wie in der Sahara längst geschehen, in ihrer gesamten Ausdehnung zu durchqueren, sagt genug über die Schwierigkeiten aus, die sich in dieser Region bieten. Die Wasserknappheit war von jeher das größte Problem für Wüstenexpeditionen, und in meiner Fantasie male ich mir aus, dass früher oder später jemand ein System findet, es in Pillenform herzustellen. Wasser sollte ausreichend zur Verfügung stehen, aber es hat den Nachteil eines hohen Gewichts. Jedes Projekt beginnt unweigerlich mit der Frage: »Und was ist mit Wasser?« Voll Neid blicke ich auf die, die sich zu den Polen oder entlang von Flussläufen auf Expeditionen begeben. Sie wissen nicht, was es heißt, Durst zu leiden.

Die Sahara ist eine lebensfeindliche, unfruchtbare Region, verfügt jedoch über Grundwasserreservoirs, und die Nomaden der Wüste verstanden es von jeher, diese zu finden. Ein Netz von Brunnen überzieht somit die Sahara, von denen einige sehr tief, andere wiederum dicht an der Oberfläche liegen. Wasservorkommen sind hier zum großen Teil entweder auf Landkarten verzeichnet oder werden durch die grünen Flecken der Oasen angezeigt. Das Wasser der Sahara kommt in weitläufigen und reichhaltigen unterirdischen Schichten vor.

Die Kalahari allerdings ist entgegen ihrem äußeren Erscheinungsbild wesentlich wasserärmer. Sie hat lediglich den Vorteil jahreszeitlich bedingter Regenfälle, die allerdings sehr gering sind und das Problem nicht lösen können. Grundwasserreservoirs sind zwar vorhanden, aber höchst selten. Außerdem konzentrieren sie sich in Blasen. Abgesehen von wenigen Buschmännergruppen, ist die Wüste menschenleer, so dass die wenigen Brunnen allein von einigen Dutzend Menschen für kurze Zeit ausgebeutet und danach wieder verlassen werden. Der Grund ist, dass die Wasservorräte in den unterirdischen Blasen mengenmäßig gering und nicht erneuerungsfähig sind. Wie sollte man also Karten entwerfen, auf denen Wasserstellen eingezeichnet sind? Und wie sollte man sich auf Tipps von jemandem verlassen, der, wenn auch nur wenige Monate zuvor, in bestimmten Regionen Wasser gefunden hat? Leider musste ich am eigenen Leib erfahren, wie unwägbar das alles ist. Dort, wo noch vor kurzem ein Dorf gewesen war, traf ich auf eine staubige Fläche mit einigen verlassenen Hütten und keine Spur von Wasser. Da war nur noch eine mit einem Windschirm aus Zweigen umgebene Kuhle im Boden, die darauf hindeutete, dass hier einst mit großer Wahrscheinlichkeit das kostbare Nass entnommen worden war.

Ohne regelmäßige Flüssigkeitszufuhr ist es unmöglich, die Kalahari zu durchqueren. Allerdings ist das nicht der einzige Faktor, der sie so menschenfeindlich macht. Wer Expeditionen unter diesen extremen Bedingungen unternehmen will, hat ein Transportproblem mit der nötigen Ausrüstung. Bei meinem Projekt Salar habe ich es mit der Konstruktion eines Handkarrens gelöst, während wir in der Sahara die Kamele als Lasttiere hatten. Aber hier? In diesem unebenen, welligen Terrain ist es unmöglich, einen Karren hinter sich herzuziehen, und die Alternative mit Lasttieren funktioniert ebenfalls nicht. Im Süden des afrikanischen Kontinents ist die Tradition der Kamelkarawanen unbekannt, und die Nutzung anderer Vierbeiner zur Beförderung von Lasten verbietet sich schon aufgrund des krassen Wassermangels.

Mein Projekt sieht die Durchquerung zu Fuß eines der weniger erforschten Teile der Kalahari vor, und zwar an einer Stelle, wo es nie zuvor ein Mensch versucht hat. Der wichtigste Aspekt des Unternehmens jedoch ist auch der schwierigste: die Variante mit den Buschmännern. Ich hoffe, auf eine der wenigen Gruppen dieses faszinierenden Volkes zu treffen, das sich nur in dieser Region noch ihre Ursprünglichkeit bewahrt hat, und von dem ich auf seinen Jagdzügen und der Suche nach Wasser lernen möchte. Alles, was ich brauche, trage ich auf meinen Schultern. Beim Aufbruch besteht die einzige Verpflegung, die ich mitnehme, aus einer Ration *biltong*, dem an der Sonne getrockneten Fleisch von Wildtieren, Grundnahrungsmittel der Buschmänner, und einigen Litern Wasser. Den Rest muss ich am Wegesrand suchen, indem ich ihren Hinweisen folge, und mich ausschließlich von dem ernähre, was die Natur mir bietet. Wie schon in der Sahara, wird der Kontakt zu den Bewohnern der Wüste der rote Faden der Geschichte sein. Nur so hat mein Unternehmen wirklich einen Sinn.

Vorbereitungen

Jedes Unternehmen, das die Wüste zum zentralen Thema hat, erfordert eine spezielle physische Vorbereitung, die auf die Klima- und Umweltbedingungen der Zielregion zugeschnitten ist. Allerdings ist es tatsächlich besonders schwierig, in Trainingsphasen die genauen Bedingungen zu simulieren, mit denen man rechnen muss. Im Fall der Kalahari hatte ich es mit besonders schwierigen Bedingungen zu tun, und die Tatsache, dass ich persönlich noch nie da gewesen war, hat der Fehleinschätzung dessen, was mich erwartet, noch Vorschub geleistet. Bis zur Ankunft vor Ort, war ich aufgrund der zusammengetragenen Informationen überzeugt, mich in menschen- und vegetationslosen Weiten zu bewegen und eine feste Sanddecke vorzufinden, die der der Sahara ähnelt. Durch die erzwungene Änderung des Projektverlaufs muss ich mich plötzlich auf eine Region beschränken, die sich grundlegend vom ursprünglich anvisierten Zielgebiet unterscheidet. Da mir brauchbare Informationen fehlen, sehe ich mich einer völlig anderen Realität gegenüber, auf die ich nicht vorbereitet bin, was in der Folge zu beachtlichen physischen Problemen führen sollte.

Die Entscheidung, nach dem Vorbild der Buschmänner in der Wüste zu überleben, schließt jede gewohnte Art der Ernährung aus, ebenso jede Ergänzungsnahrung, selbst mineralischer Art. Dazu war es nötig, festzustellen, welche Kalorienmenge ich in der Vorbereitungsphase und vor dem Beginn der Expedition zu mir nehmen muss, um mich optimal auf den Energieverlust vorzubereiten, den ich während des Unternehmens erleide und den ich durch die einseitige Ernährung nach Buschmannart nicht ausgleichen kann. Bei der Vorbereitung stießen wir auf zwei sich widersprechende Theorien hinsichtlich einer vorbeugenden Ernährung: Die eine basiert darauf, beachtliche Nahrungsdepots im Körper anzulegen, auf die der Organismus in Notzeiten zurückgreifen kann. Das allerdings würde eine radikale Änderung des Essverhaltens und eine erhebliche Gewichtszunahme bedeuten, die unweigerlich die Beweglichkeit der Person einschränken würde. Die zweite Theorie dagegen geht von einer individuell abgestimmten Ernährung und Ernährungsergänzung aus, die speziell auf die Widerstandskraft und Ausbildung der Muskeln abzielt, um den Körper auf die Strapazen vorzubereiten. Letztere Theorie, die darauf abzielt, sich so einfach und gut wie möglich zu ernähren, auf die Signale zu horchen, die der Körper aussendet, und die entsprechenden Bedürfnisse zu befriedigen, scheint mir am besten für mich geeignet. Während der ersten Vorbereitungsphase des Unternehmens Kalahari allerdings folge ich den Vorschriften der ersten Theorie und die Ergebnisse bestätigen meine Erwartungen: Nach wenigen Wochen der Überernährung bin ich durch die ungewohnte Gewichtszunahme in meiner Beweglichkeit eingeschränkt und merke, dass ich beinahe eine Aversion gegen Essen entwickele, die an manchen Tagen zu einem ständigen Übelkeitsgefühl führt.

Im Gegensatz zu meinen vorausgegangenen Unternehmen muss ich mich zum ersten Mal damit anfreunden, meine gesamte

Ausrüstung auf dem Rücken zu tragen. Nach ersten Berechnungen darf das Gewicht meines Rucksacks 11 Kilo nicht übersteigen. Dazu kommen allerdings noch weitere sieben Kilo des Wasservorrats, was insgesamt 18 Kilo ergibt. In Anbetracht dessen, dass mein Körpergewicht 53 bis 55 Kilo beträgt, bei einer Körpergröße von 1,65 Metern, bedeutet das, dass ich eine Last trage, die einem Drittel meines Gewichts entspricht, und das ist im Hinblick auf das Gelände und die klimatischen Bedingungen nicht gerade wenig. Ich verbringe ganze Tage im Fitnesscenter, arbeite an Geräten und Gewichten unter der Leitung von Franco Nava, einem außergewöhnlichen Physiotherapeuten, der mit seiner Erfahrung einen großen Anteil am Erfolg meiner Unternehmen hat. Ziel ist es, alle betroffenen Muskeln zu stärken, allerdings ohne den Fehler zu machen, überzutrainieren. Das Ergebnis ist schließlich das Produkt einer Zusammenarbeit und eines Einverständnisses zwischen mir und einem professionell arbeitenden Trainer, das sich im Lauf der Jahre entwickelt hat.

Auf der Suche nach dem Volk der kleinwüchsigen Jäger und Sammler

Nachdem meine Entscheidung, das Unternehmen in Angriff zu nehmen, feststand, fiel Paul, dem erfahrenen Ranger dieser Gegend, die nicht gerade einfache Aufgabe zu, die Buschleute zu finden. Seit alters her nomadisierend, sind sie auf der Suche nach Wasser und der Jagd nach Fleisch ständig in der Wüste unterwegs, wechseln unablässig ihren Aufenthaltsort. Wir wissen inzwischen, dass es nur wenige Gruppen gibt, die noch nach den alten Traditionen ihres Volkes leben. Als Paul uns jedoch erzählt, dass es in der ganzen Kalahari nur noch ein gutes Dutzend solcher Familien gibt, mag ich an einen Erfolg nicht so recht glauben. Wie sollte es uns gelingen, sie zu finden? Paul allerdings ist überzeugt, dass die Änderung der Route sich in dieser Hinsicht als günstig erweisen könne. Die Buschmenschen sind sehr scheu, meiden den Kontakt mit anderen Ethnien und neigen dazu, sich in wenig bekannte, kaum frequentierte Regionen zurückzuziehen. Es ist daher wahrscheinlich, dass sich einige von ihnen genau in jenem gottverlassenen Winkel Botswanas vorübergehend niedergelassen haben, den wir als Ausgangsort für meine Expedition gewählt haben. »Wir brauchen nur etwas Zeit. Sobald wir vor Ort sind, versuche ich Informationen zu kriegen. Gelegentlich werden sie zu dieser Jahreszeit in der Umgebung gesichtet.« Ich kann mir nicht vorstellen, wie die Nachrichtenübermittlung in der Kalahari funktionieren soll, und frage Paul, wie er an diese Informationen kommen wolle. »Sie leben zwar völlig abgeschieden von anderen Gruppen, haben den Kontakt zu den sesshaft gewordenen Familien jedoch nicht völlig abgebrochen. Wenn sie in der Nähe eines Dorfes von Sesshaften auftauchen, verbreitet sich die Nachricht schnell. Es ist die einzige Möglichkeit, sie zu finden.«

Schließlich verlassen wir Windhuk, die Hauptstadt Namibias, wo wir aufgrund unserer Probleme mit den Passierscheinen eine Woche festsaßen. Wir mussten das ganze Unternehmen neu organisieren, und um den von Paul vorgeschlagenen Ort in Botswana zu erreichen, eine lange Autofahrt in Kauf nehmen, die zu zwei Dritteln über nur schwer befahrbare Pisten führte. Zum Glück hatten wir zwei gute Geländewagen und vor allem ausgezeichnete Fahrer zur Verfügung: den Genueser Stefano und den Südafrikaner Michael, einen Natur-Experten und leidenschaftlichen Tierfreund. Er ist ein wortkarger Mann mit weichem Kern, ein Romantiker, in dessen Gesellschaft ich mich sofort wohl fühle. Gegen alle Erwartung entpuppt er sich als außerordentlich praktisch begabt und energisch. Seine Liebe zur Wüste und die Erfahrungen der Jahre dort haben einen Asketen aus ihm gemacht.

Mir bleibt nichts anderes übrig, als mich auf die Erfahrung des Rangers zu verlassen und auf das Wohlwollen des Schicksals zu hoffen. Bis zum letzten Moment unserer Ankunft haben wir keine konkrete Information, die uns an eine positive Entwicklung glauben lassen könnte. Ich klammere mich lediglich an jenen Traum und das Zeichen, das ich darin zu erkennen glaube.

Bei Sonnenaufgang machen wir uns in das Dorf auf, das nur wenige Kilometer von unserem Lager entfernt liegt. Paul erklärt uns, dass es von Buschleuten bewohnt wird, die sich mittlerweile als Viehzüchter betätigen, ihre Kultur als Jäger und Sammler mit der Sicherheit eines eintönigen Lebens vertauscht haben. Sie tragen westliche Kleidung, die ihnen in Fetzen am Leib hängt, und nur Gesichtszüge und Wuchs erinnern an ihre ethnischen Wurzeln. Wir erfahren, dass die Regierung, die die Buschmenschen stets als eine Minorität von geringer politischer Bedeutung angesehen hat, auf Druck des Auslandes, das sich um das Schicksal des für die afrikanische Geschichte so sinnbildhaften Volkes sorgt, beschlossen hat, zu einer protektionistischen Politik gegenüber diesen Menschen überzugehen und jeder Familie ein paar Stück Vieh zuzuteilen und für sie Brunnen zu graben. Um zu überleben, waren sie damit gezwungen, sich von Nomaden in sesshafte Bauern zu verwandeln. Die wenigen Jagdkonzessionen reichen nicht aus, um dieser Kultur ein Überleben zu garantieren. Außerdem werden sie immer häufiger im Austausch gegen Tabak und Alkohol an professionelle Jäger weitergegeben. Diejenigen, die wir suchen, werden als so genannte ›Außenstehende‹ bezeichnet, die sich den Regeln nicht beugen wollen. Bis heute ist es ihnen gelungen, selbst den Missionaren zu entgehen, die die Region beackern, und die sie überzeugen wollen, ihrer Gottheit der Gottesanbeterin abzuschwören und eine neue Religion anzunehmen.

Ich sehe mich um und ein Schauer läuft mir über den Rücken. Das Dorf ist klein und schmutzig, drängt sich um eine trostlose Kirche mit Wellblechdach, die Menschen wirken traurig und die wenigen Kleider, die sie anhaben, lassen sie plump und armselig erscheinen. Einige Frauen haben sich um den Brunnen versammelt, um sich zu unterhalten, aber ihre Stimmen klingen freudlos. Es ist eine mir leider schon aus anderen Teilen Afrikas, Amazoniens und Neuguinea bekannte und quälend beängstigende Szene. Auch wenn der Niedergang der Ureinwohner eine bekannte Realität ist, will ich einfach nicht glauben, dass auch der letzte meiner Träume so schrecklich enden soll.

Paul spricht mittlerweile mit einem Mann, der vor einer Hütte sitzt. Ein Teil der Buschleute beherrscht jetzt sogar Afrikaans, die in Südafrika am weitesten verbreitete Sprache, Überbleibsel der Buren, die bis vor einigen Jahrzehnten das Land beherrscht haben. Während ich die beiden von weitem beobachte, verteile ich Bonbons an eine Gruppe halb nackter Kinder, die sich schweigend um den Geländewagen versammelt haben. Sie sind sehr scheu, und der Anblick der Süßigkeiten löst nicht die üblichen Ellbogenkämpfe um den vordersten Platz am Wagen aus. Stattdessen reichen sie die Bonbons untereinander weiter, begutachten sie aufmerksam und mit erstaunlich höflicher Zurückhaltung.

Der Ranger macht mir ein Zeichen. Ich gehe zu ihm. Er stellt mich seinem Gesprächspartner vor. Er ist das Oberhaupt der kleinen Dorfgemeinschaft und spricht sogar Englisch. Der Ranger hat ihn bereits über alles informiert, und er scheint gute Nachrichten zu haben. »Eine Tagesfahrt von hier entfernt haben sich offenbar zwei Familien zusammengetan«, erklärt Paul. »Ich habe ihn als Dorfoberhaupt gebeten, uns zu begleiten. Sie vertrauen keinem Weißen. Außerdem sprechen sie nur ihre Sprache. Ohne seine Hilfe ist es praktisch unmöglich, überhaupt in ihre Nähe zu kommen.« Er wechselt erneut einige Worte mit dem Buschmann und fügt hinzu: »Er rät uns, nur mit einem Wagen zu fahren, den in angemessener Entfernung stehen zu lassen und die restliche Strecke zu Fuß zurückzulegen. Er wird allein vorauslaufen und ihnen unsere Absichten erklären. Sollten sie sich entschließen, uns zu empfangen, kommt er zurück und holt uns. Wir müssen uns ihnen langsam, lächelnd und mit leeren Händen nähern.« Und an Oscar gewandt: »Filmkamera und Fotoapparat können wir erst mal vergessen. Wenn wir sie erschrecken, haben wir keine Chance.«

In ängstlicher Erwartung

Ich beobachte das Dorfoberhaupt, wie es sich allein vom Wagen entfernt. Ich bereite mich auf eine längere Wartezeit vor. Tausend Gedanken schießen mir durch den Kopf. Die Erinnerung an die vergangenen Tage ist stark. Die negative Ausstrahlung meiner neuen Umgebung ist noch immer da, wenn auch nicht mehr so intensiv. Vielleicht sind auch nur meine enttäuschten Erwartungen schuld. Eine jahrelang gehegte und gepflegte Fantasiewelt voller Ideale hatte der Begegnung mit der Wirklichkeit der Kalahari nicht standgehalten. Es ist ein seltsames Gefühl. Zum ersten Mal fühle ich mich von den Ereignissen überrollt, habe nichts unter Kontrolle. Was auch geschieht, ich bin bereit, es vorbehaltlos zu akzeptieren. Ich spüre, dass die Entscheidung nicht mehr in meiner Hand liegt, eine höhere Macht die Dinge bestimmt. Auf die Möglichkeit, dass wir abgewiesen werden, bin ich vorbereitet. Falls die Buschleute mich nicht akzeptieren, ich ihre Wertschätzung nicht bekommen kann, bin ich es nicht wert, in ihre Welt einzudringen, die allmählich unterzugehen droht.

Ausgestreckt unter einer Akazie, versuche ich lesend die Zeit zu überbrücken, kann mich jedoch nicht konzentrieren. Beim geringsten Geräusch schrecke ich auf und mein Blick schweift zu der Stelle, wo der Buschmann vor etlichen Stunden aus meinem Gesichtsfeld verschwunden ist. Ich erkundige mich bei Paul, ob das lange Warten ein gutes Zeichen sei. Er lacht nur. »Die Buschmenschen kennen den Begriff ›Zeit‹ überhaupt nicht. Für sie ist es nicht wichtig, wie viele Stunden eine Tätigkeit dauert. Was zählt ist, dass es gut erledigt wird. Entscheidungen werden von der Gemeinschaft gefällt. Jeder sagt offen seine Meinung. Das Oberhaupt verkündet dann mit lauter Stimme, was beschlossen wurde.« Und nach einer Pause ergänzt er: »Kann auch sein, dass sie ihren Beschluss schon vor Stunden gefasst haben und jetzt einfach ein Spiel miteinander spielen oder sich unterhalten. Kann auch sein, dass unser Freund ein paar Tage bei ihnen bleibt, bevor er zum Camp zurückkommt.« Die Aussicht, in quälender Ungewissheit verharren zu müssen, während sie spielen und sich amüsieren, ärgert mich. Dagegen tun kann ich allerdings nichts.

Es ist schon fast dunkel, als der Buschmann plötzlich auftaucht. Sofort fällt mir auf, dass er eine Kette aus weißen kleinen Scheiben um den Hals trägt. Später soll ich erfahren, dass diese Ketten aus den Schalen von Straußeneiern gefertigt werden. Meine Neugier ist kaum noch zu bremsen. Ich will ihm entgegenlaufen, doch Paul macht mir ein Zeichen, abzuwarten. Erst während des Essens erfahren wir das Ergebnis seiner Mission: »Sie erwarten uns morgen früh. Sie wollen dich kennen lernen, bevor sie entscheiden, ob du bei ihnen leben kannst.« Mir bleibt fast der Bissen im Halse stecken. Ich kann es nicht fassen. Der Traum so vieler Jahre ist zum Greifen nahe. Ich sehe meine Gefährten an und versuche in ihren Gesichtern zu lesen. Alle drei lächeln, auch wenn ich bezweifle, dass sie wirklich begreifen, wie mir zumute ist.

Lächeln

Aufmerksam studiere ich das Gelände, auf dem wir zu Fuß weitergehen. Der Sand ist auffällig weich, so locker, dass ich bei jedem Schritt bis zu den Knöcheln einsinke. Das ist kein gutes Zeichen! Mittlerweile marschieren wir seit fast einer Stunde im Gänsemarsch dicht hinter dem Buschmann her, ohne dass etwas geschieht. Ein schrecklicher Gedanke kommt mir. Was, wenn sie sich während der Nacht davongemacht haben? Die Wüste ist von öder Gleichförmigkeit. Es herrscht drückende Stille, nichts lässt auf die Gegenwart von Menschen schließen. Dann tauchen wie aus dem Nichts zwei Hütten auf. Sie sind ihrer Umgebung derart angepasst, dass ich sie praktisch erst im letzten Moment entdecke. Davor sitzen wartend die kleinwüchsigen Jäger und Sammler der Kalahari. Sie haben unser Kommen längst gehört und alles stehen und liegen gelassen, um uns gemeinsam zu empfangen. Ich nehme sofort die Hände aus den Taschen und lächle, während ich auf die Gruppe zugehe. Wie benommen schweift mein Blick von einem zum anderen. Und plötzlich ist es mir gleichgültig, ob sie mich akzeptieren. Zumindest ist es mir gelungen, sie einmal in Wirklichkeit zu erleben. Das genügt mir. Jedes der Gesichter lächelt. Doch dieses Lächeln ist nicht zufällig, wie bei mir, es ist Teil ihres Gesichtsausdrucks. Sie wirken heiter, gelassen und glücklich. Nicht zu vergleichen mit den Menschen im Dorf. Nur in ihren Augen glaube ich eine gewisse Angst zu erkennen. Wenige Schritte vor der Gruppe bleibe ich abwartend stehen. Oscar und Paul halten sich hinter mir. Ich spüre, dass ich einer Prüfung unterzogen werde. Ihre Blicke tasten jeden Zentimeter meines Körpers ab, kehren immer wieder zu meinem Gesicht zurück, fixieren mich minutenlang, als wollten sie mir bis ins Herz sehen. Trotz meiner Nervosität empfinde ich ihre prüfenden Blicke nicht als unangenehm. Ich empfinde es fast als Privileg, von Menschen beurteilt zu werden, die absolut nichts über mich und die Welt wissen, in die ich gehöre. Für sie bin ich wie der Wüstensand, in dem sie die Geschichte anhand von Zeichen herauslesen oder erfühlen. Ich habe viel über die paranormale Veranlagung der Buschmänner gelesen, über ihre Fähigkeit, sich in andere hineinzuversetzen. Und um ihnen entgegenzukommen, entspanne ich mich, verbanne alle Gedanken und Vorbehalte aus meinem Bewusstsein. Es ist wunderbar. Zum ersten Mal in meinem Leben bin ich ganz ich selbst.

Wie in stummem Einverständnis gehen wir unvermittelt aufeinander zu, berühren uns noch immer lächelnd an den Händen. Eine der Frauen streicht mir in zärtlicher Geste über die Wange, während ein alter Mann, vermutlich das Oberhaupt der Gruppe, meinen Arm tätschelt und Unverständliches murmelt. Ich setze mich zu ihnen auf einen umgestürzten Baumstamm, eine junge Frau reicht mir ihr Baby. Es ist winzig, vielleicht drei Monate alt, wirkt jedoch kein bisschen erschreckt, lächelt ebenfalls. Oscar und Paul beobachten die Szene aus kurzer Entfernung mit ungläubigen Mienen. Ich weiß nicht mehr, wie viel Zeit vergangen ist. Ich schwebe in einem schwerelosen Traum, positive Energieströme fließen zwischen mir und den Buschmenschen, aber keiner sagt ein Wort. Unsere Wege haben sich endlich gekreuzt. Das ist genug.

Leben mit dem Stamm

»Wir gehen jetzt. Sobald der Dorfälteste uns ruft, holen wir dich wieder ab.« Nach kurzem Gruß verschwinden Oscar und Paul aus meinem Blickfeld. Auf einmal bin ich allein mit meinen neuen Gefährten. Die einzige Verbindung zur Außenwelt ist das

Dorfoberhaupt der Sesshaften, der für mich dolmetscht. Ich bin inmitten einer Schar von ungefähr dreißig Personen, Männern, Frauen und Kindern. Keiner ist größer als einen Meter fünfzig. Nur einer von ihnen überragt mich um Haupteslänge. Ihre Haut hat den warmen Ton von Goldbronze, fast die Farbe des Sandes. Ihre Gesichtszüge erinnern an die der Asiaten. Dagegen spricht allerdings ihr Kraushaar, das auch die Frauen kurz geschoren tragen. Die Kleidung der Männer besteht aus einer Art Lendenschurz aus grob gegerbtem, aber weichem Antilopenleder. Er hat die Form eines Dreiecks, dessen spitzen Winkel sie zwischen den Beinen hindurchziehen und im Rücken in der Taille binden. Ich fühle mich an die Windeltücher erinnert, mit denen man früher die Babys gewickelt hat. Die Frauen dagegen tragen einen knielangen Hüftrock aus demselben Leder. Fast alle sind barfuß. Nur einige wenige haben eine Art Sandalen aus Antilopenleder an, die aus feinen Riemchen geflochten und um die Knöchel mehrfach gebunden sind. Um den Kopf tragen sie alle wunderschöne mit Pailletten aus Straußeneierschalen, bunten Samen und Tierknochen verzierte Bänder. Alle haben um Hals und Handgelenke mehrere Bänder derselben Machart. Der Stammesälteste erklärt mir, dass jede Paillette mit Steinsplittern geschnitten und geschliffen wird, bevor man sie mit einer scharfen Spitze durchsticht. Anschließend werden etliche Hundert davon auf einen Faden aus Pflanzenfaser gezogen und am Oberschenkelknochen einer Giraffe gerieben, um die scharfen Kanten abzurunden. Es sind wahre Schmuckstücke, keines gleicht dem anderen, mit originellen Mustern und Formen. Während ich sie neugierig betrachte, macht mir eine Frau ein Zeichen, ihr die Hand zu geben. Sie zieht aus einem Lederbeutel, den sie um den Hals trägt, ein Armband und legt es mir ums Handgelenk. »Es gehört dir. Ist ein Geschenk«, übersetzt das Dorfoberhaupt. Das Schmuckstück muss sie viele Tage Arbeit gekostet haben, es ist ein Wertgegenstand. Ich weiß nicht, wie ich ihr danken soll und bitte meinen Dolmetscher, es für mich zu tun. »Nicht nötig«, erklärt er. »Wenn ein Buschmann etwas schenkt, dann tut er *sich* einen Gefallen. Er versteht es nicht, dass er Dank für etwas entgegen nehmen soll, das ihm selbst Freude macht.«

Den Namen meines Gefährten auszusprechen will mir einfach nicht gelingen. Die Sprache der Buschmänner ist sehr kompliziert und mit Klick- und Schnalzlauten durchsetzt. Ich lerne, dass es vier unterschiedliche Laute gibt, die sich dadurch unterscheiden, wie die Zunge an den Gaumen gepresst wird. Das zu erlernen, ist außerordentlich schwierig. Sobald ich versuche, einen Namen mit dem vorausgehenden Schnalzlaut auszusprechen, errege ich allgemeines Gelächter, so dass mir nichts übrig bleibt, als diesen Laut einfach wegzulassen. Ich nenne ihn also einfach Kansi. Und Kansi akzeptiert das wie die anderen auch. Zu meiner Überraschung sind sie gelehriger als ich und lernen meinen Namen schnell, auch wenn sie die R auslassen. Für sie heiße ich Kala.

Sie verhalten sich mir gegenüber vollkommen natürlich und laden mich ein, an jeder ihrer Aktivitäten teilzunehmen. Kansi habe ich bereits den Grund meines Besuchs erklärt. Er weiß, dass ich die Absicht habe, mit einem von ihnen einen Teil der Kalahari zu durchqueren, so wie es bei ihnen Sitte ist. Ich brauche also all ihre Hilfe, um zu lernen, in der Wüste zu überleben. Sie nehmen das mit Freude an, sind glücklich, dass ich von ihnen lernen möchte und konzentrieren sich begeistert auf die Rolle der Lehrer, wobei jeder seine speziellen Kenntnisse an mich weitergibt. Einige Frauen sind dabei, *biltong* zuzubereiten. Ich beobachte, wie sie das Fleisch einer erlegten Gazelle, die an einem Ast aufgehängt ist, in feine Streifen schneiden, diese auf ein Geflecht aus Zweigen legen und mit einer Mischung aus Salz und duftenden Kräutern der Wüste bestreuen. Unter ständigem Wenden wird es so an der Sonne gedörrt. Die Buschmenschen leben vor allem von der Jagd, und Fleisch ist ihre Nahrungsgrundlage, die sie dank des sehr trockenen Klimas lange haltbar machen können. Sie haben stets ein paar Hand voll *biltong* auf ihren Wanderungen und Streifzügen in der Wüste bei sich. Es hat den Vorteil, dass es kaum Platz wegnimmt, leicht ist und auch für den Fall, dass die Jagd erfolglos bleibt, stets eine wichtige Proteinreserve darstellt.

»Kala!« Die alte Frau, die mir die Wange gestreichelt hat, ruft mich. Sie ist die Frau des Stammesältesten, klein und verhutzelt, aber liebenswert und immer lächelnd. Sie sitzt vor einer der beiden Hütten. Zwischen ihren Beinen liegen seltsame Früchte. Sie sehen aus wie kleine runde, grün-weiß gestreifte Melonen. Ich erinnere mich jetzt, sie bereits in der Wüste gesehen zu haben. Sie wachsen an einer im Sand kriechenden Pflanze. Die alte Frau nimmt eine Frucht, bohrt mit Hilfe eines langen Stocks vertikal ein Loch in das Fruchtfleisch. Mit kreisenden Bewegungen erweitert sie die Öffnung, drückt und quetscht die Frucht zwischen den Händen und führt sie an den Mund. Ein gelblicher Saft rinnt über ihre Lippen. Sie trinkt ihn langsam, reicht mir dann die Frucht und bedeutet mir, es ihr nachzumachen. Ohne lange zu überlegen, folge ich ihrem Beispiel. Augenblicklich erfasst mich heftiger Würgereiz, ich spucke den Saft wieder aus. Er schmeckt scheußlich bitter und hinterlässt einen ekelhaften, zusammenziehenden Belag im Mund. Sie sieht mich verblüfft an. Ich bin verlegen, weiß nicht, was ich tun soll. Zum Glück greift Kansi ein. »Bitte entschuldige mich bei ihr. Ich kann das leider nicht trinken.« Mit zahlreichen Klick- und Schnalzlauten übersetzt er. Dann fügt er hinzu: »Was du heute scheußlich findest, schmeckt dir vielleicht morgen köstlich. Sie lehrt dich, was du in der Wüste trinken kannst, wenn du kein Wasser findest. Es schmeckt nicht, aber es hilft dir zu überleben.« Zu diesem Zeitpunkt habe ich noch keine Ahnung, wie sehr ich einmal an seine Worte denken werde.

Das Zeitverständnis der Buschmenschen ist mit unserem nicht vergleichbar. Zeit scheint ihnen gelinde gesagt nichts zu bedeuten. Sie sind ständig mit etwas beschäftigt, und ich erlebe nie, dass sie sich ärgerlich oder gereizt gegeneinander wenden. Stattdessen verbreiten sie Fröhlichkeit und haben Freude an allem, was sie tun. Arbeiten sie nicht, breiten sie Lederfelle auf dem Sandboden aus, finden sich zusammen, um zu reden oder Spiele zu machen. Das Spiel ist eine ihrer bevorzugten Beschäftigungen und fundamentaler Bestandteil der Buschmann-Kultur. Sie verbringen viel Zeit damit, Kinderspielzeug anzufertigen, und nicht selten sind es Miniatur-Kopien der Gegenstände der Erwachsenen: Pfeil und Bogen, kleine Speere, aber auch Püppchen aus Holz und Leder, oder seltsame Konstruktionen aus schmalen, mit dünnen Schnüren verbundene Holzstöckchen, die sie mit den Fingern und Zehen drehen und wenden. Einige sind beinahe mit einer Marionette vergleichbar, andere erinnern an Gebilde aus dem Metallbaukasten, einfacher, aber dennoch erfindungsreich. Nicht nur die Frauen beschäftigen sich mit den Kindern, sondern die ganze Gruppe nimmt sich abwechselnd im Lauf des Tages ihrer an, und auch die Männer nehmen begeistert an den Spielen teil. Bei den Buschmenschen sind Kinder nicht nur Söhne und Töchter ihrer natürlichen Eltern, sondern gehören der Gemeinschaft, und jedes Mitglied der Sippe fühlt sich für ihre Erziehung verantwortlich. Traurig denke ich an die vielen europäischen Kinder, überhäuft mit teurem, leblosem Spielzeug, die allein vor dem Fernsehapparat sitzen, weil niemand Zeit für sie hat.

Faszinierend ist für mich auch die Art, wie sie miteinander reden. Ihre Stimmen klingen sanft und gelassen, was teilweise auch auf der Musikalität ihrer Sprache beruht. Sie sprechen stets leise, untermalen gewisse Worte mit zärtlichen Gesten oder zarten Berührungen. Obwohl wir fast den ganzen Tag miteinander verbringen, kommt es nie zu Auseinandersetzungen oder offenem

Streit. Selten hört man ein Kind weinen, und Launen kennen sie offenbar nicht. Mit den Kindern haben sie eine heitere Umgangsart, und ihre seltsam flachen Gesichter mit den platten, stumpfen Nasen sind ständig bereit zu lächeln. Nie habe ich eine so positive Lebenseinstellung erlebt. Wahrscheinlich sind es all diese Vorzüge, die ihren Untergang besiegeln werden. In ihrer Sanftmut und Vertrauensseligkeit und ihrem bedingungslosen Glauben an das Gute in der Welt waren sie davon ausgegangen, alle Menschen hätten dieselben Wertvorstellungen wie sie. Die Wirklichkeit hat sie eines Besseren belehrt. Ihre Sanftmut wurde, wie so oft im Leben, als Schwäche ausgelegt. Ihre Geschichte ist durchsetzt von Missbrauch, Gewalt und Brutalität, die die Identität dieses wunderbaren Volkes fast ausgelöscht haben. Unterdrückt von den Bantu-Völkern, die aus dem Norden Afrikas kamen, und angesichts des Vormarsches der weißen Kolonialisten aus dem Süden, waren sie gezwungen, sich nach und nach in die ariden Sandgebiete der Kalahari zurückzuziehen, um zu überleben. Sie waren die Ureinwohner des afrikanischen Kontinents. Mit ihrer monotheistischen Religion haben sie schon vor zwanzigtausend Jahren die unendlichen Weiten der Wälder und Savannen bevölkert. Als große Kenner der Natur und ausgezeichnete Jäger wurden die Buschmänner schon vor Urzeiten zu Hütern ihres Naturerbes. Bis heute haben gut 60000 Buschmenschen überlebt, von denen 60 % sich in Botswana niedergelassen haben, aber in diesem Land sind es nur die beiden Familien, die mich bei sich aufnehmen, zusammen mit wenigen Dutzend anderen, die versuchen mit allen Mitteln ihre Traditionen zu verteidigen; obwohl ich fürchte, dass sie die Schlacht bereits verloren haben.

Abends am Feuer versuche ich mir aus den Worten Kansis ein Bild ihrer heutigen Situation zu machen. »Die wenigen, die abgeschottet und isoliert leben, wollen ihr Leben und ihre Kultur um jeden Preis erhalten. Sie glauben nicht an die Vorzüge des Lebens, für das wir uns entschieden haben, und lehren ihre Kinder noch das Jagen und die Nutzung ihrer traditionellen Techniken des Überlebens in der Wüste. Sie weigern sich, eine andere Sprache als die ihre zu sprechen und glauben, dass eines Tages die Gottheit der Gottesanbeterin ihnen helfen wird, den großen Traum zu verwirklichen: sich wieder frei und ungehindert in ihren Jagdgründen bewegen zu können wie das seit alters her ihr Brauch war. In Namibia und Südafrika hat man die Buschmänner in Reservate gesperrt, in denen sie gemäß ihrer Tradition leben können, aber der Preis dafür ist hoch: im Austausch dafür müssen sie sich mit den Touristen abfinden, die wiederum finanziell dazu beitragen, ihre Autonomie zu erhalten.«

Ich bin entsetzt. Da wünschen sich nur wenige Menschen hier in diesem kleinen Landstrich zu leben und sich von der Jagd zu ernähren, um zu überleben, aber genau das will man ihnen verwehren? Ich sehe meinen Dolmetscher an und denke an das, was er mir gesagt hat. Seine Sippe hat eine andere Wahl getroffen, aber er maßt sich kein Urteil über seine Gefährten an, sondern verteidigt vor mir ihre Einstellung, ergreift ihre Partei. Ich vermag nicht zu begreifen, wie stumpfsinnig der Mensch doch sein kann. Wenige Familien kämpfen für ihre Kultur und niemand hilft ihnen zu überleben. Weshalb versteht niemand, dass hier Jahrhunderte an Geschichte einfach weggeworfen werden, man eine Kultur von unschätzbarem Wert auslöscht, nur aus Gleichgültigkeit und Trägheit? Welches Vorbild geben wir unseren Kindern, was hinterlassen wir ihnen, welche Werte? »Kansi, wie kann man ihnen helfen? Was verlangen sie?« Er schlägt die Augen nieder und murmelt: »Niemand vollbringt Wunder. Aber etwas kann man noch versuchen. Die Welt kennt die Realität der wenigen Buschmänner nicht, die noch so leben wie ihre Vorfahren. Was du machen kannst... Wenn du in dein Land zurückkehrst, sprich von ihnen, erzähle, was du gesehen hast, mach deinen Landsleuten klar, dass sie in Freiheit leben wollen, um ihre Kinder als freie Menschen aufziehen zu können.«

Die Jagd

Licht, das gebrochen durch das Strohdach dringt, weckt mich. Im ersten Moment weiß ich nicht, wo ich bin. Es dauert etwas, bis sich die Erinnerung wieder einstellt. Am Vorabend nach dem Palaver am Feuer hat mich eine der Frauen in eine der beiden Hütten geführt und mir im Licht des brennenden Stocks, den sie dem Feuer entnommen hatte, eine Ecke zugewiesen, wo jemand ein Stück Leder auf dem Sandboden ausgebreitet hatte. »Schlafe ich hier?« Kansi macht mir ein positives Zeichen, und ich strecke mich so gut es geht an der Hüttenwand aus. Die Hütte ist klein, ich kann mir nicht vorstellen, wie fünfzehn Personen hier schlafen sollten. Ich erwarte, dass die anderen ebenfalls kommen, doch nach wenigen Minuten herrscht draußen absolute Stille. Neugierig spähe ich aus der Öffnung, die als Eingang und Ausgang dient. Alle liegen draußen, einer neben dem anderen am Feuer. Ich nehme mir vor, Kansi am Morgen darüber zu befragen, und mit diesem Gedanken schlafe ich ein.

Als ich mich umsehe, wird mir klar, dass fast der ganze Raum von allen möglichen Utensilien verstellt ist. Gerätschaften aus Holz, Schalen, Felle, Jagdwaffen stapeln sich überall. Was bedeutet das? Kaum trete ich aus der Hütte, wenden sich dreißig lächelnde Gesichter mir zu und wünschen mir klickend und schnalzend einen guten Morgen. Während ich den Gruß erwidere, denke ich: Ein Tag, der so beginnt, kann nur ein glücklicher Tag werden.

Im Lager breitet sich eine seltsame Erregung aus. Die Männer haben sich in einer Gruppe zusammengefunden, sind mit etwas beschäftigt, das ich nicht erkennen kann. In einigem Abstand um sie herum beobachten die männlichen Jugendlichen sie aufmerksam. Niemand macht mir ein Zeichen, näher zu kommen. Ich kaue daher etwas *biltong* zum Frühstück und setze mich neben Kansi. »Wie konntet ihr nur heute Nacht draußen schlafen?« Er sieht mich überrascht an. »Wir schlafen immer draußen! Die Hütten sind nur Lagerraum.« Ich atme erleichtert auf. Ich hatte schon befürchtet, sie hätten mich nicht stören wollen. Dann fügt er hinzu: »Ist dir aufgefallen, dass die Hütte keine Ecken hat?« Daran ist nichts Ungewöhnliches. Viele ethnische Gruppen bauen Rundhütten. Aber er beharrt: »Weißt du warum? Damit die bösen Geister keinen Platz finden, um sich zu verstecken.« Es überrascht mich, dass ausgerechnet er davon spricht, der in einem Barackendorf lebt, aber ich stelle lieber keine weiteren Fragen. Unwillkürlich fallen mir die Tuareg und ihre Geistergläubigkeit ein. Seltsam, dass dieser Geisterglaube Völker so unterschiedlicher Kulturen über viele Tausende von Kilometern Entfernung vereint.

»Kansi, was passiert heute Morgen?« Ein verschmitztes Funkeln flammt in den dunklen Augen auf. »Sie bereiten sich auf die Jagd vor. Sie haben gefragt, ob du mitkommen möchtest.« Ich will schon entgegnen, dass ich die Jagd nicht mag, rufe mir jedoch im letzten Moment ins Gedächtnis, dass die Jagd für diese Menschen die einzige Möglichkeit ist, sich mit Frischfleisch zu versorgen. Sie töten nicht aus Vergnügen. Außerdem ist es für mich die einzigartige Gelegenheit, die Rituale kennen zu lernen, die mit dieser Tätigkeit verbunden sind, ganz zu schweigen davon, dass ich sie beleidigen könnte, denn sie sorgen schließlich auch für meine Nahrung. Insgesamt nehmen daran vier Männer teil und zwei Jungen von höchstens sieben und acht Jahren. Auch der Sippenälteste nimmt an der Jagd teil, aber das Jagdoberhaupt, das sie anführt, ist ein junger Mann mit von Narben gezeichnetem Gesicht. Er hat die Entscheidungsgewalt. Jeder trägt einen Holzbogen, kleiner als die üblichen Bogen. Die Bogensehne ist aus geflochtenem Tierdarm, der kurze Pfeil aus Holz mit einer Spitze aus Metall. Zusätzlich trägt jeder von ihnen einen primitiven Holzspeer in der Hand. Selbst die Kinder tragen ihre Bogen über der Schulter, eine verkleinerte Kopie der Exemplare der Erwachsenen. Man marschiert im Gänsemarsch hinter dem Vordermann her, und sobald man einen offenen Platz erreicht, zieht der Jagdführer aus seinem Ledersack, den er über der Schulter trägt, einen Spielzeugbogen von dreißig Zentimetern Länge. Er schießt einen Pfeil nach dem anderen in alle vier Himmelsrichtungen. Gefolgt von den anderen prüft er anschließend aufmerksam, wie sie in der Erde stecken und entscheidet so, welche Richtung einzuschlagen ist. An der Spitze der Jagdgesellschaft wechseln sich der Stammesälteste und der Jagdführer ab, dann folgen zwei weitere Männer aus der Gruppe, darunter der groß gewachsene Buschmann, der mir bereits aufgefallen ist. Den Schluss bilden die Kinder, ich und Kansi, der allerdings nicht bewaffnet ist. Es ist kurz nach acht Uhr morgens und doch schon sehr heiß. Wir marschieren in absoluter Stille, und mir fällt auf, dass ich mit meinen Schuhen viel mehr Lärm mache als sie mit ihren nackten Füßen. Sie gehen leicht vornüber gebeugt, bewegen sich mit geradezu katzenhafter Geschmeidigkeit, und ich versuche, es ihnen gleichzutun. Zum ersten Mal fallen mir die Augen des alten Stammesführers auf. Sie sind schmal und gelb wie die Augen der Löwen. Immer wieder bleiben die Jäger stehen und sehen sich aufmerksam um, so als nähmen sie Witterung auf. Niemand spricht. Sie verständigen sich mit knappen Gesten. Die Kinder folgen aufmerksam jedem Handzeichen, imitieren perfekt das Verhalten der Erwachsenen, lassen sich keinen Moment ablenken. Dann kniet der Jagdführer urplötzlich auf dem Sandboden nieder und der Rest der Gruppe folgt augenblicklich seinem Beispiel. Er deutet auf etwas. Es ist die deutlich sichtbare, aber nicht sehr große Fährte eines Tieres, offenbar einer Antilope. Von jetzt an gehe ich geduckt wie sie, was jedoch ungeheuer anstrengend ist. Da ich größer bin als sie, muss ich mich noch kleiner machen, um auf ihrer Schulterhöhe zu bleiben. Meine Beinmuskeln, die diese Fortbewegungsart nicht gewohnt sind, fangen an zu brennen. Ich spüre, wie sie sich verkrampfen, und vor Anstrengung zittern mir die Knie. Wir ersteigen die x-te Anhöhe, als der erste Buschmann abrupt stehen bleibt und ein eindeutiges Zeichen macht. Wir gehen einer neben dem anderen zu Boden. Auf dem Sandboden ausgestreckt sehen wir in eine vor uns liegende weite Senke. Und dort bietet sich uns ein fantastisches Bild: Nur wenige Meter entfernt weidet eine Herde Antilopen friedlich zwischen den Savannengrasbüscheln, die dort überall aus dem Sandboden sprießen. Während die anderen geduckt in die Senke hinuntereilen, bleiben Kansi und ich flach auf dem Boden liegen, um sie nicht zu stören. Sie nähern sich lautlos gegen den Wind, und die Farbe ihrer Haut geht fast nahtlos in die des Sandbodens über, bildet eine optimale Tarnung. Die Tiere bemerken die Jäger erst in dem Augenblick, da sie schon fast neben ihnen stehen. Zu spät. Sie trennen eine Antilope von der Gruppe, die sich am weitesten von ihren Artgenossen entfernt hat, kreisen sie blitzschnell ein und lassen einen Pfeilhagel auf sie herabregnen. Getroffen bricht das Tier zusammen. Ein Buschmann versetzt ihr mit dem Speer den Todesstoß. Es ist eine blutige Szene. Dennoch geht alles so schnell, dass das Tier nicht leiden muss. Kansi klärt mich darüber auf, dass das erlegte Tier eine alte Antilopenkuh und bereits geschwächt war, daher keine große Lebenserwartung mehr gehabt hätte. »Die Pfeilspitzen sind mit einem sehr wirksamen Gift getränkt. Es wird aus den Larven bestimmter Käfer gewonnen. Die Käfer leben in der Rinde einer bestimmten Pflanze.« Dann fügt er hinzu: »Wenn die Buschmänner diese Käfer finden, entnehmen sie die Larven in ihren Kokons und bewahren sie an einem passenden Ort auf. Kurz bevor sie zur Jagd aufbrechen, nehmen sie die Larven aus dem Kokon, durchbohren sie mit der Pfeilspitze, so dass das Metall mit der Giftflüssigkeit benetzt wird.« Kansi berichtet, es handle sich dabei um einen schwierigen Prozess, der mit großer Konzentration durchgeführt werden muss. Das frische Gift ist außerordentlich stark und wirksam, und jeder Kontakt mit der Flüssigkeit sollte unbedingt vermieden werden. Gerät auch nur die geringste Menge in den Blutkreislauf des Menschen, führt es zu inneren Blutungen, Lähmungen und schließlich zum Tod. Mir ging ein Licht auf. Genau damit waren die Männer an diesem Morgen beschäftigt gewesen. Erst jetzt begriff ich, weshalb ich von dieser Tätigkeit ausgeschlossen worden war. »Wer sich dabei verletzt, hat keine Chance«, schließt Kansi. »Gegen dieses Gift gibt es kein Gegengift.«

Die Antilope wird von den Buschmännern noch an Ort und Stelle aus der Decke geschlagen. Das Fell kommt zusammengerollt in einen der Ledersäcke. Die Männer arbeiten schnell und haben die Beute in kurzer Zeit in vier fast gleiche Teile zerlegt, so dass jeder Jäger, der Stammesälteste eingeschlossen, ein Stück auf den Schultern trägt. Bei der Rückkehr ins Lager werden alle freudig empfangen. Die Antilope ist Nahrung für die ganze Gemeinschaft, und einige Tage lang schwelgen wir in Frischfleisch.

Geschichten am Feuer

An diesem Abend versammeln wir uns wie immer im Kreis ums Feuer. Ein großes Stück Fleisch brät in der Glut und verbreitet einen herrlichen Duft. Als das Stück durchgebraten ist, nimmt eine der Frauen es aus dem Feuer. Es wird von einem zum anderen weitergereicht, während sich jeder ein Stück mit den bloßen Händen abtrennt. Das Fleisch ist etwas zäh, aber wohlschmeckend und auf den Punkt durchgebraten. Wir essen mit Genuss in der gewohnt entspannten, fröhlichen Atmosphäre bis tief in die Nacht hinein. Mein Gefährte ist eine unerschöpfliche Informationsquelle. Er erzählt gern vom Leben und Brauchtum seines Volkes, und der Abend wird sehr lehrreich für mich. »Die Jagdbeute wird nicht unter den einzelnen Buschmännern verteilt, sondern gehört der Gemeinschaft, wird gemeinsam verspeist. Und du hast ja bemerkt, wie viel an diesem Abend gegessen wird. Frisches Fleisch hält sich nicht lange, so dass wir Buschmenschen unmittelbar nach dem Jagderfolg übermäßig viel davon verzehren, um den Körper mit einem Maximum an Proteinen zu versorgen.« Ich frage ihn, ob nur mit Pfeil und Bogen gejagt werde. »Sie verwenden auch Fallen«, antwortet Kansi. »Sie sind in diesen Dingen sehr findig, platzieren sie an den Wildpfaden. Es handelt sich um geschickt konstruierte Lebendfallen, damit sich die Tiere nicht verletzen. Der Grund ist einfach: Ist die Jagd während des Tages erfolgreich und deckt ihren Bedarf, lassen sie alle auf diese Weise lebend gefangenen Tiere frei. Kein Buschmann tötet ein Tier, sofern das nicht fürs Überleben nötig ist. Wenn sie töten müssen, entschuldigen sie sich sogar bei ihrem Opfer.« Und dann fügt er hinzu: »Sie glauben daran, dass im Tier der Mensch weiterlebt und umgekehrt. Das ist der Grund für ihre große Achtung vor allem Lebendigen. Sie glauben, dass sich die Seele eines Buschmannes in jedes Tier flüchten kann. Ihre Einstellung zur Umwelt ist eine andere als die der meisten Völker. Sie fühlen sich nicht als Herren und daher berechtigt, die Erde auszubeuten. Sie halten sich für einen Teil von ihr, haben begriffen, dass nur Achtung und Respekt der Umwelt ihnen Vorteile bringt.« Ein kluges Wort. Kansi erzählt weiter: »Die Buschmänner lieben Honig, aber der ist nicht leicht zu finden. Weißt du, wie sie das machen?«

Ich kann es mir nicht einmal vorstellen. »Sehen die Buschmänner eine Biene, fangen sie sie und kleben ihr mit einem Gemisch aus Speichel und Schlamm eine Faser eines glänzenden Grases auf den Rücken, dann lassen sie sie frei und folgen dem Glitzern und Blinken des Halmes in der Sonne bis zum Bienenstock.« Ich höre ihm fasziniert zu. Alles, was er sagt, ist Poesie für mich.

Mir ist inzwischen aufgefallen, dass der Stammesälteste und seine Frau die einzigen älteren Mitglieder der Gruppe sind. Auch darauf spreche ich Kansi an. »Die Buschmänner sind zeit ihres Lebens immer auf der Wanderschaft«, erklärt er. » Sie haben kein festes Zuhause und tragen ihre Habseligkeiten stets in Netzen aus Pflanzenfasern bei sich. Im Alter wird es für sie beschwerlich, der Gruppe zu folgen, sie werden zu einer Belastung für die Gemeinschaft. Also baut die Sippe eine Hütte. In diese zieht sich der alte Buschmann mit einem Vorrat an Wasser und Essen zurück. Du wirst es nicht glauben, aber wenn seine Gefährten nach zwei Tagen dorthin zurückkehren, finden sie ihn fast immer tot vor.« Daraufhin frage ich ihn: »Wie ist es möglich, dass ein gesunder Mensch mit allem versorgt, das er zum Leben braucht, so schnell stirbt?« »Er kann nicht allein und ohne Hilfe der Gruppe existieren. Deshalb haben sie diese unglaubliche Fähigkeit entwickelt. Es ist ein selbst induzierter Tod. Auf diese Weise kürzen sie ihre und die Leiden ihrer Gefährten ab.« Und dann fügt er hinzu: »Das mag dir grausam erscheinen, aber für einen Buschmann ist das Leben etwas, das man mit Freude genießt. Fehlt die Freude, muss auch das Leben enden.« Ich bin verblüfft, dass der Mensch dazu tatsächlich fähig ist. Noch lange sinne ich über seine Worte nach, und ich denke unwillkürlich an das unwürdige Siechtum so mancher alter Menschen in unseren, angeblich so zivilisierten Ländern.

Allein in der kleinen Hütte mit all den Gerätschaften der Buschmänner warte ich auf den Schlaf. Kansis Worte gehen mir nicht aus dem Kopf. Ich bin glücklich, von den Erfahrungen des Volkes der kleinen Jäger und Sammler profitieren zu dürfen. Nicht nur ein Traum ist in Erfüllung gegangen. Inzwischen ist es viel mehr. Die ›Unendliche Geschichte‹ kommt mir in den Sinn. Es scheint mir fast, als erlebe ich sie wirklich. Die Buschmänner wollen mich offenbar in all ihre Geheimnisse des Lebens einweihen, mir jenen schwachen Hoffnungsschimmer einpflanzen, durch den eine bereits in den letzten Zügen liegende Welt wieder neu entstehen kann. In den Berichten dieses Abends habe ich den von ihnen gehüteten Schatz gefunden: Mut und Würde, die Essenz des Lebens.

Neue Erfahrungen

»Der Älteste erwartet dich.« Kaum habe ich die Hütte verlassen, überbringt Kansi diese Nachricht. Ich habe eine weitere herrlich erholsame Nacht verbracht. Bei den Buschmännern schlafe ich ausgezeichnet, wache erholt und gut gelaunt auf. Möglicherweise sind es die Buschmenschen, die diesen wohl tuenden Einfluss auf mich ausüben. Ich gehe zu dem alten Mann, den ich insgeheim ›Löwenauge‹ getauft habe. Wie immer streicht er mir über den Arm und beginnt lächelnd zu sprechen. Ich verstehe kein Wort, doch könnte ich ihrer Sprache mit den zahlreichen Klick- und Schnalzlauten stundenlang zuhören. »Er möchte, dass du ihm zusammen mit den anderen folgst. Er will dich etwas sehr Wichtiges lehren, etwas, das ihr Überleben in der Wüste betrifft. Aber nicht nur das.« Mein Dolmetscher macht eine kurze Pause. »Er hat sich mit seinen Leuten beraten. Es geht darum, wer dich begleiten soll. Möglich, dass er dir noch vor dem Abend sagen kann, auf wen die Wahl gefallen ist.« Ich fühle mich überrumpelt, habe mich in der Gruppe so wohl gefühlt, dass das Hauptziel meiner Reise fast zur Nebensache geworden wäre. Überrascht stelle ich fest, wie gern ich einfach bei ihnen geblieben, mit ihnen gemeinsam durch die Wüste und zu einem anderen Ort weitergezogen wäre. Dennoch weiß ich, dass das nicht möglich ist. Beim Zeitverständnis der Buschmenschen kann es Monate dauern, bis sie auf ihren Wanderungen wieder eine Piste kreuzen. Für mich würde das bedeuten, wer weiß wie lange ohne jeden Kontakt zur Außenwelt zu bleiben. Wie sollte ich meinem Sohn und meinen Eltern gegenüber diese Funkstille erklären? Ganz zu schweigen von meinen Sponsoren, die ängstlich auf Nachricht warten. Es ist schön, in völliger Freiheit die eigenen Emotionen auszuleben, aber ich hätte meine Lieben darauf vorbereiten müssen, damit sie sich keine Sorgen machen. Der Stammesälteste beobachtet mich aufmerksam mit kindlichem Ausdruck, so als könne er meine Gedanken lesen. Während er spricht, streichelt er zärtlich meinen Arm, und Kansi übersetzt: »Er hat gesagt, dass alle mit dir reisen werden.«

Wir wandern den ganzen Vormittag. Ich bin die einzige Frau in der Gruppe, die anderen sind bei den Kindern im Lager geblieben. Ich betrachte jeden Einzelnen meiner Gefährten und versuche mir vorzustellen, wer mein Begleiter der folgenden Tage sein und aufgrund welcher Fähigkeiten er ausgewählt wird. Vergeblich. Dann kommt die Gruppe unvermittelt ins Stocken. Wir halten an. Vor uns, teilweise von Sand bedeckt, liegen fünf vollkommen intakte Straußeneier. Meine Gefährten führen einen Freudentanz auf und sammeln unter lautem Klicken und Schnalzen ihrer Zungen aufgeregt die Eier auf und säubern sie vom Sand. Sie haben eine schmackhafte Alternative zu ihrer üblichen Fleischmahlzeit gefunden. Ich betrachte die Eier aus der Nähe. Sie sind perfekt, schimmern wie feinstes Porzellan und haben ein beachtliches Gewicht. Die Männer verstauen sie vorsichtig in den Ledersäcken, die sie umgehängt tragen, und schlagen sofort den

Heimweg ein. Die Begeisterung, mit der wir und die Straußeneier empfangen werden, ist größer als bei der Heimkehr mit der Jagdbeute. Kansi erklärt mir den Grund: »Für sie ist ein Straußenei ein wahrer Schatz. Die Eier sind äußerst schmackhaft, aber das ist nicht alles. Du wirst sehen.« Ich beobachte, wie sie die Eierschalen an der Spitze mit einem Stock anbohren und den Inhalt in Schalen gießen. Als die Eier geleert sind, tragen sie diese einige Meter weiter abseits zu einer Sandaufschüttung, die der Sonne ungeschützt ausgesetzt ist. Sie graben ein Loch, legen die Eier hinein und bedecken sie vollständig mit Sand. »Warum vergraben sie sie?«, will ich wissen. »Sie lassen sie im Sand, damit die Ameisen sie säubern, die kleinsten Reste aus dem Inneren entfernen«, erwidert Kansi. »Wenn man sie nach einigen Tagen wieder herausholt, genügt es, sie auszuspülen, um sie vom Sand zu befreien. Dann sind sie so sauber, dass sie als Wasserbehälter benutzt werden können.« Der Stammesälteste winkt mich zu sich. Nur unweit der Stelle, an der sie die leeren Schalen verborgen haben, kniet er nieder und beginnt erneut zu graben. Ich sehe zu, wie er ein Ei aus dem Sand nimmt, es säubert und putzt, eine Art Stöpsel aus Pflanzenfasern aus dem Loch in der Spitze zieht und es mir reicht. Ich fühle, wie schwer das Ei ist. Ich muss es mit beiden Händen festhalten. »Trink!«, fordert Kansi mich auf. Die Erfahrung mit der Melone macht mich skeptisch. Ich führe das Ei vorsichtig an die Lippen und versuche erst daran zu riechen. Aber der Inhalt ist völlig geruchlos. Ich trinke. Es ist Wasser, einfach nur reines Wasser, wohlschmeckendes Wasser. Und augenblicklich setze ich das Ei ab. Ich kenne die Folgen leichtsinnigen Wasserkonsums in fremden Ländern nur zu gut. Aber der alte Buschmann macht mir ein Zeichen, nur ruhig weiter zu trinken. Ich sehe meinen Freund Kansi an, der sofort begriffen hat, was in mir vorgeht. »Keine Sorge!«, gibt er Entwarnung. »Das Wasser kommt aus einem Grundwasserbrunnen und wird sofort in die

Eier abgefüllt. Dort kann es Monate bleiben, ohne schlecht zu werden. Die Strauße ernähren sich nur von Pflanzen, die in der Wüste wachsen. Die Behandlung im Sand desinfiziert die Eier von innen und auf diese Weise können sich weder Algen noch Mikroorganismen bilden. Wenn die Buschmänner auf mehrere Tage dauernde Treibjagden gehen, können sie keine größeren Mengen Wasser mitnehmen. Also müssen sie geheime Lager anlegen. An gewissen Stellen, die nur sie kennen, vergraben sie gefüllte Straußeneier, wie du eines in der Hand hältst. Und um die Stelle ohne Zeitverlust wiederzufinden, hinterlassen sie auf der Sanddecke ein Wiedererkennungszeichen. Haben sie Durst, graben sie die Eier aus, trinken das Wasser und tragen die leeren Schalen nach Hause. Wenn sie während des Transports kaputt gehen, werfen sie die Schalen nicht fort, sondern bewahren sie für die Frauen auf, die daraus Schmuck machen. Für die Buschleute ist alles von Wert. Sie werfen nichts weg, brauchen alles auf.« Und nach einer Pause: »Gelegentlich erneuern sie ihre Vorräte. Auf diese Weise haben sie immer frisches Wasser zur Verfügung.« Ich begreife. Das ist wohl das Geheimnis ihres Überlebens in der Kalahari.

An diesem Abend, nach dem Essen, improvisieren die Frauen einen Tanz begleitet vom Gesang der Gruppe. Es ist eine liebliche und temperamentvolle Melodie zugleich, die Fröhlichkeit verbreitet. »Was singen sie denn da?« Kansi antwortet: »Es ist ein Freudengesang. Sie sind glücklich, weil der Tag schön gewesen ist und danken ihrer Gottheit der Gottesanbeterin, dass sie so großzügig zu ihnen war.«

Der letzte Tag

Bevor ich die Hütte verlasse, wird mir klar, dass der letzte Tag bei meinen Freunden angebrochen ist. Ich hörte im Lager nicht die üblichen Geräusche, und als ich den Kopf aus der Hütte strecke, warten dort alle auf dem umgestürzten Baumstamm. Ich setze mich zu ihnen. Sie haben denselben Gesichtsausdruck wie immer. Ich sehe mich um, kann jedoch Kansi nicht entdecken. Wo ist er geblieben? Mit Gesten bedeuten sie mir, dass er zu Oscar und Paul gegangen ist. Damit ist klar: Der Abschied steht bevor. Ich sehe von einem zum anderen. Sie haben mir noch nicht gesagt, wen sie auserwählt haben, und es sieht so aus, als wollten sie die Rückkehr meines Freundes abwarten, um es mir mitzuteilen. Wie gern hätte ich ihre Sprache gesprochen, um ihnen meinen Dank für alles auszusprechen, das sie mir in so kurzer Zeit vermittelt haben. Aber eigentlich weiß ich ja, dass es nicht nötig ist. Es genügt, ihnen in die Augen zu sehen, alle Gedanken aus meinem Bewusstsein zu verbannen, um ihnen die Nachricht zukommen zu lassen. Ich habe ihre Fähigkeiten nicht, aber ich möchte gern annehmen, dass auch für die Buschmänner meine Anwesenheit etwas bedeutet hat. Sie waren nicht gezwungen, mir ihre Geheimnisse mitzuteilen. Da sie es getan haben, nehme ich das als einen Vertrauensbeweis. Zum Zeitvertreib spielen wir ein Spiel und malen Zeichen in den Sand. Jeder zeichnet ein stilisiertes Tier. Die anderen müssen es erkennen und seine Laute nachahmen. Sie können das ausgezeichnet, und es ist nicht schwer, ihre Zeichnungen zu interpretieren. Ich dagegen bin eine Katastrophe. Schon in der Schule war Zeichnen nicht meine Stärke, und dann auch noch im Sand! Kansi überrascht uns mitten im Spiel. Er ist allein. Ich erfahre, dass der Geländewagen am nächsten Morgen kommt. Der Stammesälteste hat Oscar erlaubt, einige Szenen zu filmen und Fotos zu machen. Allerdings mag ich mir meine Freunde vor dem Kameraobjektiv gar nicht recht vorstellen. Ich habe Angst, es könne alles zerstören. Obwohl ich andererseits natürlich glücklich bin, Erinnerungsfotos mit nach Hause nehmen zu können.

»Kala!« Der Stammesälteste ruft mich. Er will mir offiziell meinen Reisegefährten vorstellen. Ich stehe auf, während sich aus der Gruppe der große Jäger löst. Wir sehen uns einen Moment an, und mein Dolmetscher übersetzt: »Er heißt Kase. Sie haben ihn gewählt, weil er die Wüste gut kennt, weiß, wie man Essen und Wasser findet.« Dann fügt er lachend hinzu: »Und er hat keine Frau, die auf ihn wartet.« Ich lache ebenfalls und freue mich, dass sie einen Teil ihrer natürlichen Scheu mir gegenüber abgelegt haben.

Die letzten Stunden vergehen wie im Flug. Wir versammeln uns zum letzten Mal am Feuer, um eine Art Omelette aus den Straußeneiern zu essen. Ich bin traurig und in Abschiedsstimmung, und das sieht man mir offenbar an. Kansi kommt zu mir und fragt: »Was ist los? Hast du denn nichts von den Buschleuten gelernt? Vergiss nicht, das Leben ist voller Freude. Alles, was uns widerfährt, ist Teil des Weges, den wir gehen müssen. Lass dich nicht von negativen Ereignissen überwältigen, stelle dich dem Leben und wenn du nichts tun kannst, akzeptiere die Lage wie sie. Es ist deine Geschichte des Lebens.« Und dann fährt er fort: »Nimm den Abschied nicht so schwer. Immerhin hast du dieses Volk kennen gelernt. Oder würdest du auf diese Erfahrung lieber verzichten?« Er sieht mich an: »Vergiss nicht, nur wer Böses tut, muss leiden. Bleib auf dem rechten Weg, tue, was dein Herz dir befiehlt, dann kannst du nichts falsch machen. Immer wieder kommst du an einen Punkt, da teilt sich der Weg, und du musst wählen. Wenn es soweit ist, frag dich, ob deine Wahl jemanden verletzen könnte. Glücklich sein heißt nicht, in Selbstzufriedenheit zu leben, sondern in Harmonie mit den anderen zu existieren. Erst wenn du Achtung vor dir und deinen Nächsten hast, machst du Frieden mit deinem Gewissen, dein Leben wird zur Freude.« Ich sehe mich um. Wie immer sehe ich in lächelnde Gesichter. Das Schicksal der kleinen Jäger und Sammler war zweifellos eines der schwersten in der Geschichte Afrikas, und meine Freunde haben den dornigsten Weg in die Zukunft gewählt. Dennoch besitzen sie ein Gut, das nur wenige kennen: die Liebe zum Leben.

Heiterer Abschied

Wir hören das Motorengeräusch des Geländewagens schon von weitem, sehen ihn jedoch nicht. Oscar und Paul kommen zu Fuß, und zum Glück ohne Filmkamera. Kansi hat sie im Voraus gut vorbereitet. »Lasst den Geländewagen in einiger Entfernung vom Dorf stehen und wartet mit dem Filmen, bis sie sich an euch gewöhnt haben.« Sie kommen mir vor wie Marsmenschen. Seit Tagen habe ich nur meine Gefährten die Buschmänner um mich. Oscar ist wie immer aufgeregt, möchte, dass ich ihm schon in der ersten Minute alles erzähle, was den Kontrast zum Leben mit den Buschleuten nur noch krasser erscheinen lässt. Ich nehme ihn beiseite und mache ihm schnell klar, dass es besser sei, die Erklärungen auf später zu verschieben, um keine Unruhe aufkommen zu lassen. Während wir sprechen, merke ich, dass uns die Buschmenschen schweigend und besorgt beobachten. Vielleicht denken sie, wir würden streiten. »Warum redest du so leise?«, fragt mein Mann. Ich deute auf die Gruppe. »Sie sind es nicht anders gewohnt. Wir erschrecken sie sonst.« Und diesmal ist er es, der mich ansieht, als käme ich vom Mars.

Die Begegnung mit der Filmkamera erweist sich als weniger

schwierig als befürchtet. Kansi ist sehr klug und hat die Dorfgemeinschaft gut vorbereitet. Als der Moment der Aufnahme gekommen ist, wirken sie ruhig, auch wenn abrupte Gesten kurzfristig Bestürzung auslösen. Sie folgen mir wie ein Schatten, und mehr als einmal muss ich eingreifen, um Oscars Begeisterung zu dämpfen, der ohne es zu merken riskiert, sie in Angst zu versetzen. Wenn schon für mich die unvermittelte Konfrontation mit unserem üblichen Arbeitsrhythmus der Gewöhnung bedarf, wie muss es dann erst für sie sein! Doch mit Hilfe von Paul und Kansi versuchen wir die Dreharbeiten so gut es geht abzukürzen. Als wir am Ende sind, atme ich erleichtert auf.

Es kommt der Augenblick des Abschiednehmens. Aber diesmal bin ich bereit. Wir drücken uns die Hände und streicheln uns gegenseitig Arme und Wangen. Nie habe ich einen von ihnen bei einer Umarmung gesehen. ›Löwenauge‹ macht sich zum Sprecher der Gruppe und sagt mir mit vielen Klick- und Schnalzlauten ein langes Lebewohl. »Was meint er?«, frage ich Kansi. »Sie sind glücklich, dich kennen gelernt zu haben. Eure Wege haben sich kurz gekreuzt, das heißt, es war in euren Lebensplänen so vorgesehen. Du wanderst jetzt mit Kase durch die Wüste und sollst nicht vergessen, was du in den wenigen Tagen gelernt hast. Und du darfst der Kalahari nur nehmen, was du brauchst, um zu überleben. Achte jedes Tier, dem du begegnest, dann achten sie auch dich. Vergiss nicht, dass jedes Tier die leibliche Hülle einer ihrer Seelen sein könnte. Es wird eine harte Probe für dich, aber die Buschleute werden dich mit ihren Gedanken begleiten und dir helfen. Die Kalahari ist nicht dein Feind. Akzeptiere sie, wie sie ist, so wie es unsere Alten vor so langer Zeit gelernt haben. Und wenn du die Prüfung hinter dir hast und zu deinen Leuten zurückkehrst, sprich von unserem Volk, erkläre, wie eng unsere Geschichte mit der der Tiere verbunden ist. Nur wenn wir frei zusammen leben dürfen, können wir unsere Traditionen fortführen, so wie es die Gottesanbeterin, unsere Gottheit, will.« Schweigend warten sie, dass ich mit einer Rede antworte, aber es gelingt mir nicht. Ich bin es gewohnt, frei vor Publikum zu sprechen, aber angesichts der Buschleute fehlen mir die Worte. Ich sehe einem nach dem anderen in die Augen und öffne mein Bewusstsein, um allen die Möglichkeit zu geben, das aus meinem Gedanken zu lesen, was ich nicht ausdrücken kann. Und lächelnd murmle ich einfach: »Danke.«

Eins mit der Wüste

Wir nehmen Kurs auf Kansis Dorf, der nach ungefähr einer Woche zu seinen Gewohnheiten zurückkehrt. Ob die Erfahrung auch Spuren bei ihm hinterlassen hat, wage ich nicht zu fragen. Wir beschränken uns auf die üblichen Phrasen. Und dann ist da noch Kase. Er musste seine Angst überwinden, um in den Geländewagen zu steigen. Schließlich kehren wir zu der Stelle zurück, wo wir Stefano und Michael mit dem zweiten Geländewagen zurückgelassen haben. Dort wartet meine Ausrüstung. Ich beobachte Kase, wie er auf der Fahrt zusammengekauert am Fenster lehnt und sich alles andere als gelassen umsieht. Kansi spricht unaufhörlich mit ihm, doch er antwortet nur einsilbig, reichlich verängstigt durch das ständige Geholper und Geschaukel des Wagens. Ich hätte ihm gern geholfen, ihm erklärt, dass auch ich Angst davor habe, die Wüste zu Fuß zu durchqueren, aber ich glaube, er würde es nicht verstehen. Immer wieder streiche ich ihm über den Arm und lächle ihn an. Mehr kann ich nicht tun. Im Dorf will Kase nicht aus dem Wagen steigen. All die unbekannten Menschen, die sich um uns scharen, machen ihm Angst und er fühlt sich in seiner traditionellen, spärlichen Bekleidung nicht wohl.

Ich bedanke mich herzlich bei Kansi für alles, was er für mich getan hat. Ohne seine Hilfe wäre ich niemals zu den Buschmännern gekommen. Als wir uns verabschieden, flüstert er mir zu: »Vergiss nicht! Was auch geschieht, das Leben ist Freude!« Nein, das vergesse ich nie mehr, mein Freund.

Als wir ankommen, ist es fast Nacht. Stefano und Michael haben in einer weiten Lichtung ein Lager aufgebaut. Es ist umgeben von dornigen Akazienbäumen, und die beiden sind dabei, das Abendessen zuzubereiten. Plötzlich wird mir klar, dass Kase nur seine Sprache spricht, es wird daher nicht einfach sein, sich zu verständigen. Um ihm seine Angst zu nehmen, beginne ich, in Zeichensprache mit ihm zu reden. Oscar allerdings erweist sich auf diesem Gebiet als unschlagbar. Im ersten Moment scheint Kase verschreckt, aber dann lacht er angesichts von soviel Engagement, und als ich ihm unsere Trockenfrüchte anbiete, greift er sich nach einem Moment der Unentschlossenheit eine Hand voll aus der Büchse, steckt sie sich spontan in den Mund und zeigt an, dass sie ihm schmecken. Als es Zeit ist, schlafen zu gehen, wollen die Männer ihn zu einem Zelt führen, das sie aufgestellt haben, aber er wehrt entschieden ab. Er zieht eine Lederhaut aus seinem Sack, wickelt sie sich um den Körper und streckt sich neben dem Feuer aus.

Es ist der 11. April 1996 und in wenigen Stunden breche ich von Mamuno, einem Ort unweit von Kansis Dorf, auf, um eine Wüstendurchquerung in der Kalahari zu versuchen. Zum x-ten Mal überprüfe ich den Inhalt des Rucksacks, versuche mir die Lage eines jeden Gegenstandes zu merken. Zuunterst liegt die einzige Kleidung zum Wechseln, eine langärmelige Bluse und eine knielange Hose, zwei Paar Strümpfe und ein Hut. Als Nächstes kommt der Sack mit dem Leichtzelt, das die Firma Ferrino gerade rechtzeitig in Rekordzeit für mich fertig gestellt hat. Es wiegt nur 900 Gramm und lässt sich in zwei Minuten auf- und abbauen. Die Windjacke und eine Unterziehhose aus Wolle, die ich zusammen mit dem Schlafsack nachts benutze, lege ich neben den Toilettenbeutel. Den übrigen Platz nimmt das technische Material ein. Reservebatterien für die Filmkamera und das Radio, ein kleines Stativ, Fotoapparat und Filmkamera, Tonbandgerät, Radio, Nachtsichtgerät, Taschenlampe und eine kleine Werkzeugtasche, ein Stück Schnur und eine Rolle Isolierband. In Reichweite ganz obenauf kommt der Erste-Hilfe-Kasten, während ich in die Seitentaschen die Feldflaschen mit Wasser und den Vorrat an *biltong* stecke. Das oberste Fach des Rucksacks ist dem GPS, der Landkarte und dem unverzichtbaren Buch vorbehalten. Diesmal ist es der Titel ›Weißer Nomade‹. Autor ist ein Franzose, der die gesamte Sahara allein durchquert hat. Es ist ein Geschenk von zwei lieben Freunden aus Lecco, und zwischen die Seiten stecke ich den Brief von Paolo, unserem alten Freund. Ich werde ihn während der Wüstendurchquerung lesen. In die Hosentaschen stecke ich den Kompass, ein Taschentuch und den Sunblocker. Auf die üblichen Energieriegel und Bonbons verzichte ich zugunsten des getrockneten Fleisches nach Buschmannart. Im letzten Moment reicht Paul mir eine grüne Plastikschachtel. Sie enthält einen manuellen Giftabsauger. »Hoffen wir, dass du ihn nicht brauchst«, fügt er hinzu. Wenn das stimmt, was die Buschleute mir gesagt haben, brauche ich ihn nicht.

Mit Michael bespreche ich noch einmal die Route. Mein Weg führt in südöstliche Richtung und quert zahlreiche Salzpfannen. Auf den Karten sind diese als einladend wasserblaue Punkte verzeichnet, aber das ist reine Illusion. Wir vergleichen die im GPS Magellan gespeicherten Daten der Längen- und Breitengrade mit den entsprechenden Werten aus dem Navigationssystem, das sich in einem der Geländewagen befindet. Sobald ich dieser Basis meine Koordinaten übermittele, können sie genau feststellen, wo ich mich aufhalte, und die Entfernung berechnen, die uns trennt. Damit bleibt nur noch die Frage des Wassers. Ich mache die Feldflaschen randvoll, und Kase tut dasselbe mit seinen Straußeneiern. Damit haben wir sieben Liter Wasser pro Person. Weiteren Vorrat wollen wir entlang der Route in drei Tagen finden. Schließlich genehmigen wir uns alle zusammen ein letztes reichhaltiges Frühstück. Kase, der immer neugieriger wird, probiert alles, und vor allem das Süße zieht ihn magisch an. Er stopft Kekse und Marmelade wie ein Kind in sich hinein und lacht glücklich. Es ist unvermeidlich: Während ich den *Chech* binde, denke ich daran, dass dies das dritte Mal ist, dass ich mich darauf vorbereite, die Herausforderungen einer Wüste anzunehmen: zuerst die Sahara, dann der Salar de Uyuni und jetzt die Kalahari. Drei unterschiedliche Geschichten, und dennoch von einem roten Faden durchzogen: der Liebe zur Natur. Ich trinke einen Liter Wasser und treffe die letzten Absprachen mit den Gefährten. Dann der Uhrenvergleich. Jeden Abend um punkt halb acht Uhr, so legen wir fest, nehmen wir Funkkontakt auf. Sollte die Verbindung zu diesem Zeitpunkt nicht zustande kommen, wollen wir es zwei Stunden lang immer zur halben Stunde weiterversuchen. Zielort ist Lehututu. Sofern alles gut geht, treffen wir uns dort in ungefähr zwei Wochen. Ein Notrufsignal für den Ernstfall, um schnelle Hilfe herbeizuholen, habe ich nicht bei mir. Allerdings erscheint es mir sowieso fraglich, ob hier in der Kalahari schnelle Hilfe überhaupt möglich ist.

Oscar filmt die letzten Szenen, während die Männer mir helfen, den Rucksack zu schultern. Er ist bleischwer, und trotz der gepolsterten Tragriemen schneiden mir die achtzehn Kilogramm Gewicht tief ins Fleisch ein. Alles Gewöhnungssache, sage ich mir, stelle die Tragriemen ein und schnalle den Hüftgurt fest. Dann stecke ich über den Nieren ein Stück Schaumgummi zwischen Rucksack und Rücken. Damit ist das Gewicht zwischen Schultern und Bandscheibe besser verteilt. Kase hat diese Probleme nicht. Er trägt seinen Lendenschurz und die üblichen Sandalen aus Antilopenleder, und hat seinen Ledersack mit den mit Wasser gefüllten Straußeneiern, dem getrockneten Fleisch und der Tierhaut umgehängt, in die eingerollt er nachts schläft. Dazu hat er natürlich den unvermeidlichen Bogen und den Köcher mit den Pfeilen bei sich. In der Hand hält er einen Speer, den er als Wanderstock benutzt. Ich verabschiede mich hastig von meinen Gefährten, und trotz der lächelnden Gesichter glaube ich eine gewisse Besorgnis in ihren Mienen zu erkennen. Oscar hat sogar feuchte Augen und versucht, seine Gefühle durch Lautstärke zu verbergen. Ich dagegen bin ruhig. Dennoch frage ich mich wieder einmal, was zum Teufel mich dazu treibt, mitten durch diese Wildnis zu gehen. Ich sehe Kase heiter und entspannt an und erinnere mich an die Worte von ›Löwenauge‹: »Die Wüste ist nicht dein Feind, du musst sie nur so nehmen wie sie ist.«

Eine problematische Konfrontation

Wir gehen nebeneinander her und versuchen die Hindernisse, die uns den Weg verstellen, zu umgehen. Überall ist Gestrüpp, niedrige Büsche zwingen uns ständig zu Umwegen. Die Vegetation ist zwar dicht, entgegen meinem ersten Eindruck aber durchaus begehbar. Allerdings ist die Sandauflage, wie ich bereits befürchtet hatte, unangenehm weich und gibt stark nach. Mit dem Gewicht des Rucksacks auf den Schultern sinke ich bei jedem Schritt bis zu den Knöcheln in den Staub. Es kostet viel Kraft, sich immer wieder aus den eigenen tiefen Tritten zu stemmen, nur um gleich darauf erneut im lockeren Untergrund zu versinken. Darüber hinaus birgt der Sand zahlreiche Gefahren: Wurzeln, abgebrochene Äste, Dornen. Und sie allesamt erschweren das Fortkommen. Dann spüre ich unvermittelt, wie der Boden noch mehr als sonst unter mir nachgibt, und ich ins Bodenlose zu versinken scheine. Ich suche mit den Händen automatisch Halt und greife nur in Dornen. In diesem Moment finden meine Füße festen Untergrund, und der Stoß, den ich abfangen muss vibriert schmerzhaft durch meinen ganzen Körper. Zum Glück überstehen meine Gelenke das, ohne Schaden zu nehmen. Ich stehe bis zu den Hüften im Sand. Ohne vorher auch nur das geringste Anzeichen von Gefahr wahrzunehmen, war ich offenbar durch die Decke des unterirdischen Baus eines Tieres gebrochen. Ich wage mir kaum auszumalen, welche Folgen dieses Missgeschick hätte haben können. Und ich danke Gott, dass mir dies zu Anfang des Unternehmens passiert ist. Ich nehme es als eindringliche Warnung. Mir ist klar geworden, dass jede Ablenkung, jede unkonzentrierte Bewegung zur Katastrophe werden kann.

Fast alle Pflanzen in dieser Wüste haben große, spitze Dornen. Ich versuche, ihnen auszuweichen, scheitere jedoch schon nach wenigen Metern. Außerdem ist es viel zu zeit- und kraftaufwändig, sich stets den bequemsten Durchgang zu suchen. Ich müsste auf die Dauer fast die doppelte Wegstrecke zurücklegen. Nach einigen Stunden sind meine Unterarme von Kratzern und tiefen Rissen übersät. Einige der Dornen scheinen hautreizende Säfte zu enthalten, denn etliche Wunden schwellen an und fangen an zu jucken. Später, nach der Rückkehr nach Italien, fällt mir auf, dass sich meine Haut in regelmäßigen Abständen stellenweise schuppenartig entzündet. Ein Phänomen, das nach einigen Tagen wieder verschwindet, als habe es nie existiert. Auch heute noch, nach einigen Jahren, wiederholen sich diese Erscheinungen. Ich nehme an, es handelt sich um ein Phänomen, von dem mir Taucher auf den Malediven erzählt haben. Durch die Berührung mit gewissen Korallen oder Seesternen hatten ihnen deren hautreizende Substanzen Wunden verursacht, die sich noch Jahre später als juckende Ekzeme zurückmeldeten.

Ich beobachte Kase, der praktisch nackt mitten durch das Dorngestrüpp geht, ohne eine Miene zu verziehen. Auch auf seiner Haut hinterläßt das Gestrüpp Kratzer. Allerdings sind sie unblutig und rein oberflächlicher Natur. Der Buschmann bewegt sich mit der katzenhaften Eleganz seines Volkes, das an lange Wanderungen durch die Wüste gewohnt ist, und mit seinen Füßen, nur durch die dünnen Sandalen geschützt, sinkt er niemals in den Sand ein. Im Vergleich zu ihm komme ich mir plump und ungelenk vor, fühle mich vor allem durch die Kilo schwere Last auf meinen Schultern behindert. Andererseits ist es für mich wichtig, meine Erlebnisse im Bild festzuhalten, und die Foto- und Filmausrüstung ist der schwerste Teil meines Gepäcks. Aber ohne sie könnte ich nichts von alledem dokumentieren.

Ich beschließe, jede Stunde eine fünfminütige Pause einzulegen, um den Rucksack abzusetzen und zu trinken. Es ist heiß. Die Temperaturen betragen zwischen 35 und 40 ° Celsius, und trotz der hohen Lufttrockenheit bin ich dort, wo der Rucksack aufsitzt, in Schweiß gebadet. Das Fortkommen zu Fuß ist hier außerordentlich beschwerlich, und die Strapazen verbrennen eine Menge Kalorien. Die Landschaft ist monoton, karg und furchteinflößend. Nur selten öffnet sich der dichte Busch zu einem Platz oder Aussichtspunkt, an dem man den Blick frei schweifen lassen könnte. Allerdings wäre das sowieso ein Luxus, den ich mir nicht erlauben kann. Ich muss stets auf den Wag achten, Gefahrenzeichen rechtzeitig erkennen. Gelegentlich bleibe ich hinter meinem Gefährten zurück und folge seiner Spur, um mich etwas zu entspannen. Die meiste Zeit jedoch marschieren wir Seite an Seite, stets darauf bedacht, auch das kleinste Hindernis zu erkennen. Ich spüre erneut diese gewisse Feindseligkeit der Kalahari. Und mir wird klar, dass es bei dieser Wüstenquerung sehr viel schwieriger sein wird, das nötige innere Gleichgewicht zu finden, um ohne allzu große Qualen weiterzukommen.

Als ich das GPS einschalte, merke ich, dass ich entgegen meinen Erwartungen wesentlich langsamer vorankomme als geplant. Schuld daran sind natürlich die vielen Umwege, die gemacht werden müssen, um den zahlreichen Hindernissen aus dem Weg zu gehen. Im Unterschied zu den vorausgegangenen Expeditionen weht nicht der geringste Lufthauch über der Wüste, so dass mir sogar das Klima unter dem *Chech* zur Qual wird. Er ist schon nach kurzer Zeit schweißnass und klebt an Haut und Haaren. Dennoch erliege ich keinen Moment der Versuchung, ihn abzunehmen. Der Schweiß zieht Fliegen an, die sich in Scharen auf den nackten Hautstellen und vor allem auf dem Gesicht niederlassen. Sie dringen in sämtliche Öffnungen wie Nase, Mund und, trotz der Brille, in die Augen. Ich binde das Turbantuch fester, lasse nur einen schmalen Sehschlitz, aber der Erfolg ist mäßig. Die Mücken sind eine wahre biblische Plage. Unter dem dichten Stoff ist es stickig heiß, und ich spüre, wie mir der Schweiß in den Augen brennt, der in Bächen über die Stirn rinnt, während die Mücken nur noch gieriger über mich herfallen, erbarmungslos stechen. Häufig bleibe ich mit dem Turbantuch am Dornengestrüpp hängen. Dann muss ich stehen bleiben und mich mühsam befreien. Leider kann ich dabei nicht verhindern, dass das Tuch stellenweise reißt. Es ist ein mühseliges Vorwärtskommen, und jeder Schritt birgt neue, unvorhergesehene Gefahren. Der Gedanke, dass dies erst der Anfang ist, ist niederschmetternd. Angst erfasst mich plötzlich, und ich spüre, wie im Gegensatz zu meinen vorausgegangenen Expeditionen meine Theorie bezüglich der Harmonie zwischen mir und der Natur zu wackeln beginnt. Habe ich mich überschätzt? Bin ich wirklich fähig, jede Aufgabe zu bewältigen? Vielleicht stoße ich dieses Mal tatsächlich an meine Grenzen, muss mich auf eine Niederlage gefasst machen. Kase ist im Augenblick keine Hilfe. Im Gegenteil. Seine Gegenwart zeigt mir nur noch deutlicher, wie verschieden wir sind. Er geht schweigend, beinahe wie in Trance, und merkt nichts von meinen Problemen. Für ihn ist die Kalahari die normale vertraute Umgebung. Vermutlich kann er sich gar nicht vorstellen, dass es mir anders ergeht, denkt vielleicht, dass ich es mir durch den großen Rucksack nur unnötig schwer mache. Ich denke an die Frauen der Buschmenschen mit ihren kurzen Haaren, in Röcken aus Antilopenleder und mit einem Sack über der Schulter, in den sie Beeren und Wurzeln sammeln. Mehr nehmen sie nicht mit. Sie leiden nicht durch den Sand, der in Schuhe dringt, oder ein Turbantuch, das sich überall an den Dornen verhakt, müssen nicht viele Kilogramm schwere Lasten schleppen, bewegen sich geschmeidig wie die Tiere, ohne das Brennen auf der Haut zu spüren, die vom Schweiß aufgeweicht sich wund reibt. Sie tragen keinen Rucksack, der bei jedem Schritt in den Sand drückt. Wie hatte ich nur so überheblich sein können, mich ihnen ebenbürtig zu fühlen? Meine Grenzen sind schon durch meine Herkunft und durch den Kulturraum vorgegeben, aus dem ich komme. Wäre ich in der Lage, mich meiner Last zu entledigen, auf alles zu verzichten und weiterzugehen? Ich komme zu dem Schluss, dass es mir möglich wäre, vorausgesetzt, ich hätte monatelang und nicht nur ein paar Tage mit den Buschleuten in der Wüste gelebt. Ich klammere mich in Gedanken an die Zeit bei den Buschleuten, an ihr Dorf, an die Worte des Stammesältesten. Er hatte mich eigentlich schon auf die Schwierigkeiten hingewiesen, die ich in der Wüste haben würde, hatte gewusst, dass ich leiden würde, und mich dennoch ermutigt, es zu versuchen. Weshalb? Die Frage geht mir nicht aus dem Kopf. Er hat mich schon beinahe dazu gedrängt, mit Kase zu gehen. Dafür muss es einen Grund geben. Ich muss eine Antwort auf diese Frage finden. Ich bin nicht zufällig hier. Der Weg, der mich hergeführt hat, war lang und verschlungen. Ich spüre, dass eine sehr harte Probe vor mir liegt, die schwierigste von allen. Aber ich muss begreifen, was dahinter steckt. Ich beiße die Zähne zusammen, senke den Kopf und gehe weiter.

Ferne Stimmen

Wie konnte ich nur so dumm sein? Ich bin davon ausgegangen, dass wir am zweiten Tag Wasser finden, und habe regelmäßig bei jedem Halt getrunken. Als wir ein erstes Lager errichten, kontrolliere ich den Inhalt meiner Feldflaschen und stelle fest, dass ich bereits drei Liter konsumiert habe. Wobei die Menge nicht eingerechnet ist, die ich am Abend zu meiner Ration *biltong* trinken werde. Was, wenn wir morgen kein Wasser finden? Die Zweifel sind nicht mehr zu verscheuchen. Ich beginne zu rechnen. In der Wüste wird der Mindestkonsum an Wasser mit vier Litern pro Person und Tag angesetzt. An diesem Abend bleiben mir noch dreieinhalb. Wie lange muss ich damit auskommen? Ich sehe meinen Gefährten an und frage ihn in Zeichensprache, wie viel Wasser er noch übrig hat. Wenn ich mich recht erinnere, passen in jedes Straußenei ungefähr eineinviertel Liter. Er hat etwas weniger als fünf Liter, also einen Liter mehr als ich.

Während ich das Zelt aufstelle, zündet Kase ein Feuer an. In diesem Teil der Kalahari ist es kein Problem, Brennholz zu finden. Das trockene Holz brennt sofort und taucht den Lagerplatz in warmes Licht. Wir sind fast bis sechs Uhr abends unterwegs gewesen. So lange hat es gedauert, bis wir einen geeigneten Lagerplatz gefunden hatten. Es ist eine winzige sandige Fläche im üblichen Gestrüpp mit einem Akazienbaum in der Mitte. Zuerst wird der Boden mit einem Bündel Wüstengras gesäubert, um kleine Zweige und Dornen zu entfernen und ungebetene Gäste zu verscheuchen. Das Feuer dient vor allem dazu, Kase zu wärmen und Tiere während der Nacht fern zu halten. Mit Bedauern denke ich an die letzte Mahlzeit mit meinen Freunden und an den köstlichen Duft gerösteten Fleisches in der Glut. Heute muss ich mit einigen Stücken hartem gesalzenem *biltong* vorlieb nehmen, das lange gekaut werden will, nur um ein bisschen Speichel zu produzieren. Nach zahlreichen Fehlversuchen gelingt es mir schließlich, über Funk Kontakt mit Oscar und den anderen im Geländewagen aufzunehmen. Sie können meine Stimme gut hören. Ich dagegen höre Oscar nur bruchstückhaft, muss ständig die Frequenz ändern, um ihn einigermaßen zu verstehen. Mein Sender ist im Gegensatz zu ihrem Gerät klein und nicht sehr stark. Schon das kleinste Hindernis, auf das die Funkwellen treffen, kann den Empfang stören. Als ich meine Position durchgebe, wird klar, dass wir erstaunlich weit gekommen sind. Die anderen sind mit den Geländewagen auf Pisten angewiesen, die nicht immer den direkten Weg nehmen. Wir dagegen können zu Fuß die kürzeste Verbindung wählen. Kase beobachtet mich verdutzt, während ich in das Funkgerät spreche. Die lauten Tonüberlagerungen aus dem Apparat scheinen ihn zu schrecken. Die Stimmen, die uns über Funk erreichen, klingen besorgt, und mit der Ausrede des schlechten Empfangs vermeide ich eine direkte Antwort auf ihre Fragen, um sie nicht mit meinen Problemen zu belästigen. Ich breche das Gespräch schließlich hastig ab, um Batterien zu sparen und den Kontakt zur Außenwelt auf ein Mindestmaß zu beschränken. Es ist das erste Mal, dass ich bei einer meiner Unternehmungen überhaupt Funkverbindung zu meiner Basis halte, und wie vermutet, tue ich mir damit keinen Gefallen. Schon vor dem Aufbruch habe ich versucht, mich gegen das Funkgerät zu wehren, war jedoch aus Sicherheitsgründen gezwungen, mich zu fügen. Jetzt ist es für mich eine zusätzliche Last, jeden Tag den Funkkontakt aufzubauen. Schon eine halbe Stunde vor dem verabredeten Zeitpunkt sehe ich ständig auf die Uhr, um ihn nicht zu versäumen. Das alles kostet mich wertvolle

Zeit. Vor allem jedoch fühle ich mich durch die Stimmen aus der Außenwelt bei meiner dringend nötigen Konzentration auf meine unmittelbare Umwelt gestört. Mehr als einmal muss ich dem Impuls widerstehen, das Gerät zur verabredeten Stunde einfach ausgeschaltet zu lassen. Doch die Vorstellung von den besorgten, angespannten Gesichtern meiner Gefährten macht mir ein schlechtes Gewissen und erschwert meine allgemeine Lage. Nach dem Gespräch hoffe ich stets, dass meiner Stimme nicht anzumerken war, wie viel Energie mich die Strapazen kosten. Auf diese Entfernung bedarf es nicht viel, um angstvollen Spekulationen Tür und Tor zu öffnen. Wie oft passiert dies schon bei Ferngesprächen am Telefon. Ein Brechen der Stimme, eine Pause zu viel genügen, und die Zweifel sind gesät. Ich muss mich ablenken. Daher schalte ich das Tonbandgerät ein, um den Bericht über meinen ersten Tag in der Kalahari auf Band zu sprechen und die Emotionen dieser vergangenen Stunden festzuhalten. Kase sitzt mit ausgestreckten Beinen vor dem Feuer. Immer verwunderter hört er zu, während ich laut mit einem Apparat spreche, der nicht antwortet. Vermutlich hält er mich für verrückt. Als ich fertig bin, ist er bereits in seine Tierhaut eingewickelt eingeschlafen. Ich wälze mich lange im Schlafsack hin und her, finde erst spät Ruhe, horche auf das kleinste Geräusch und glaube mehr als einmal, ein Kratzen am leichten Zeltstoff zu hören. Vermutlich spielt mir meine Fantasie einen üblen Streich. Immer wieder ermahne ich mich, mich zu entspannen. Ich brauche all meine Kraft, für die nächste Etappe. Dann verstummen die Geräusche abrupt. Ich höre Kase ganz in der Nähe ruhig atmen. Es ist still. Ich spreche mein übliches Nachtgebet und schicke einen Kuss an Max. Er fehlt mir.

Ein Schauer läuft mir über den Rücken, als ich Hemd und Hose überziehe. Sie sind noch genauso schweißnass wie ich sie am Vorabend abgelegt habe. Nachts entsteht im Zelt ein Mikroklima mit erhöhter Luftfeuchtigkeit aufgrund der starken Temperaturschwankung und geringen Luftzirkulation, das das Trocknen der Kleidungsstücke verhindert. Auch Socken und Schuhe sind feucht und klebrig. Trotzdem ist es mir lieber, ich habe meine Sachen im Zelt bei mir, als dass sie draußen Schaden nehmen oder verschwinden. Ich habe nur eine Garnitur zum Wechseln im Rucksack und nur ein Paar Schuhe. Nachts ist zuviel Getier unterwegs, und die Erfahrung hat mich gelehrt, nichts im Freien zu lassen. Ich erinnere mich an einen Morgen am Amazonas, als wir gegen eine Armee kleiner schwarz-weißer, im Grunde harmloser Affen kämpfen mussten, die sich mit allem, was sie erwischen konnten, in die Bäume geflüchtet hatten. Mir ist kalt, und ich nähere mich dem Feuer, das Kase die Nacht über unterhalten hatte. Er kauert vor dem Feuer und hat seine Lederdecke um die Schultern gehängt. Während ich Hände und Füße dem Feuer entgegenstrecke, lächeln wir uns als Morgenbegrüßung an. Er ist nicht sehr mitteilsam, ganz im Gegensatz zu seinem Stammesältesten, der immer bereit war, seine Zuneigung zu zeigen. Vermutlich ängstigt ihn die Tatsache, mit mir allein zu sein, oder er fürchtet, mich mit allzu großer Vertraulichkeit zu erschrecken. Die Schwierigkeiten der Verständigung sind ein beachtliches Hindernis. Im Dorf war Kansi eine große Hilfe, konnte jederzeit dolmetschen und vermitteln, aber hier sind wir zum Schweigen verurteilt. Seit dem Aufbruch haben wir kein einziges Wort miteinander gewechselt, aber was hätten wir uns auch erzählen sollen? Wir können uns nur durch Zeichen verständigen oder etwas in den Sand malen. Ich bin keine Plaudertasche, aber ein paar Worte hätte ich gern mit ihm gewechselt, schon um mehr von dieser Welt zu erfahren, die für mich so voller Fußangeln steckt.

Wir sind eine gute halbe Stunde unterwegs, als die Sonne über dem Saum des Gebüschs aufsteigt. Noch bis vor wenigen Minuten hatte ich mir so sehr gewünscht, ihre Wärme auf dem Rücken zu spüren, aber als ich wieder zu schwitzen beginne, bedaure ich sofort, sie herbeigesehnt zu haben. Bei der Rast greife ich automatisch zur Feldflasche und zucke zurück. Ich sehe zu Kase. Werden wir Wasser finden? Mein Gefährte macht mir ein vages Zeichen, das ich nicht deuten kann, ich beobachte jedoch, dass er nur wenig trinkt. Ich folge seinem Beispiel, widerstehe dem Bedürfnis, den Mund ganz voll zu nehmen, und versuche mich abzulenken, indem ich die Route studiere.

Mittlerweile müssten wir in der Nähe der Salzpfannen sein. Wer weiß, vielleicht existieren in ihrer Mitte noch einige Wasserpfützen. Wer sich die Kalahari als eine endlose ebene Fläche vorstellt, begeht denselben Irrtum wie ich. In Wirklichkeit hat sie eine wellige Oberfläche, auf der sich kleine Hügel und Senken in ständigem Wechsel aneinander reihen. Das ewige Auf und Ab stellt die Muskeln auf eine harte Probe. Wir überwinden gerade die x-te Erhebung, als vor uns eine Salzpfanne auftaucht, und im ersten Moment glaube ich, einen kleinen Salar vor mir zu haben. Er glitzert blendend weiß in der Sonne, ist glatt und rund wie der Kraterboden eines Vulkans. Am gegenüberliegenden Ufer stiebt plötzlich eine Herde Gazellen davon, jagt über die vor Hitze flimmernde Salzoberfläche. Es ist ein faszinierendes Bild, das mich einen Moment alle Strapazen vergessen lässt. Vorsichtig gehen wir weiter und über den seltsamen Untergrund aus Sand und Salz, der allerdings kompakt erscheint und unser Gewicht gut trägt. Ich genieße die Wohltat, endlich wieder ungehindert über eine ebene und feste Oberfläche zu gehen, merke jedoch bald, dass diese sich der Mitte zu in weichen Schlamm verwandelt, der uns bei jedem Schritt in die Tiefe zu saugen scheint. Keine Spur allerdings von Wasser, obwohl man sich wie in einem weichen Sumpf zu bewegen scheint. Der Untergrund ist gefährlich, und es ist nicht zu übersehen, wie langsam und vorsichtig Kase sich Schritt für Schritt vorwärts tastet, um eine trittsichere Stelle zu finden. Gelegentlich bleibt er stehen, geht schließlich weiter, nur um sich zu bücken und das Gelände mit den Händen abzutasten. Er macht mir ein Zeichen, weiter in Ufernähe zu bleiben, die Mitte zu meiden, auch wenn wir durch den Umweg Zeit und Kraft verlieren. Die Vorstellung, in diesem Salzsumpf zu versinken, jagt mir einen Schauer über den Rücken. Er erinnert fatal an Fließsande. Die gefährliche Strecke zieht sich noch eine weitere Stunde hin, dann haben wir endlich wieder festen Untergrund unter den Füßen. Als ich erkenne, wie mein Gefährte wieder in seinen üblichen leichten Schritt verfällt, sich sicher auf der Salzfläche bewegt, entfährt mir ein Seufzer der Erleichterung. Auch das ist überstanden, denke ich. Ich habe etwas Neues gelernt.

Wir lassen die Salzpfanne hinter uns und machen bei jedem Schritt eine neue Entdeckung. Ich sehe viele große, käferähnliche und reichlich aufsässige Insekten. Wohin wir auch gehen, wühlen sie sich durch den Sand und orten ihre Feinde mit langen Fühlern. Ich habe sie ›Caterpillar‹ getauft. Vor dem Aufbruch hat Michael mir erzählt, dass diese Tiere ganz plötzlich nach der Regenzeit auftauchen und sich so lange in Scharen vermehren, bis die Dürre eintritt. Dann erledigt sich das Problem von selbst, indem sie sich gegenseitig auffressen. Eine grausige Vorstellung! Das Schlimmste an ihnen ist, dass sie so zahlreich auftreten, praktisch überall sind. Es genügt, dass man nur wenige Minuten stehen bleibt, um sie anzulocken. Sie klammern sich an die Schuhe, klettern die Hosenbeine hinauf und verirren sich sogar in meinen Rucksack. Sie sind für den Menschen zwar vollkommen ungefährlich, aber ekelig und ausgesprochen lästig. Nichts ist vor ihnen sicher. Es dauert Tage, bis ich mich an sie gewöhnt habe. Allerdings sind sie meine geringste Sorge. Seit Stunden überqueren wir eine unendlich weite gelbe Grasfläche. Die Halme sind wadenhoch und stehen so dicht, so dass man nicht sehen kann, wohin man tritt. Ich bin unruhig, angespannt und konzentriert. Die kleinste Bewegung vor mir lässt mich zusammenzucken. Kase sieht sie zuerst. Er bleibt abrupt stehen und deutet auf etwas, das knapp vor uns im Gras liegen muss. Zuerst kann ich nichts erkennen, dann erfasst mein Blick die Stelle, und mein Herz klopft zum Zerspringen. Eine große beige-braun gefleckte Schlange, einer Python ähnlich, beobachtet uns in Angriffsstellung. Ich erkenne den typischen flachen, dreieckigen Kopf: eine Giftschlange. Kein Zweifel. Aus den Augenwinkeln sehe ich den Buschmann mit dem Speer in der Hand. Ich erwarte jeden Moment, dass er ihn in ihre Richtung schleudert, um sie zu vertreiben. Stattdessen jedoch weicht er langsam, Schritt um Schritt zurück und bewegt dabei die Lippen, als würde er beten. Ich erfasse intuitiv, dass er mich auffordert, es ihm gleich zu tun und folge seinen Bewegungen, den Blick starr auf das Reptil gerichtet, bis wir außerhalb seiner Reichweite sind. Ich merke, dass ich atemlos auf das Gras starre, unfähig zu irgendeiner Reaktion, als Kase plötzlich die Hand ausstreckt und mir liebevoll über den Arm streicht. Es ist seine Art mir zu sagen, dass alles in Ordnung ist. Ich mache ihm mit dem Daumen das Okay-Zeichen, dann setzen wir unseren Weg fort.

Die Begegnung mit der Schlange erinnert mich an die Unterhaltung mit Michael, der ausführlich mit mir über die Schlangen der Kalahari gesprochen hat. »Hier gibt es Unmengen von Reptilien, und fast alle sind giftig und sehr aggressiv. Wenn du einer Schlange begegnest, vergiss nicht, dass sie keine Angst vor dir haben. Sie versuchen anzugreifen. Also ist es besser, du entfernst dich, ohne sie weiter zu stören.« Allmählich wird mir klar, dass meine Absaugpumpe im Erste-Hilfe-Kasten im Fall eines Bisses nur nützt, wenn schnell Hilfe kommt. Doch angenommen, die Autos erreichen uns rechtzeitig, in welches Krankenhaus sollten sie uns bringen? Und wie kann man mir ein Gegengift spritzen, ohne zu wissen, welche Schlange mich gebissen hat? Es kostet mich Überwindung, diese Gedanken zu verbannen, denn die Wahrscheinlichkeit eines Unfalls mit einer Schlange ist hoch. ›Löwenauge‹ hatte gesagt, wenn ich die Tiere respektiere, respektieren sie mich ebenfalls. Ich zwinge mich, diese Worte zu verinnerlichen. Wenn ich meinen Weg zu Ende gehen will, habe ich keine andere Wahl.

Die Wüstenlandschaft der Kalahari ist ein idealer Lebensraum für viele Tierarten, und besonders ihre Trockensavannen machen sie auch für die großen Raubtiere geeignet. Alle kennen die Löwen der Kalahari, eine besondere Spezies, die sich äußerlich durch die Mähnenfarbe der Männchen von den anderen Arten unterscheidet. Im Gegensatz zur Mehrheit ihrer Artgenossen in den Nationalparks Zentralafrikas, die mittlerweile seit Jahren an Touristen gewöhnt sind, sind die Löwen der Kalahari wesentlich aggressiver, gefährlicher und jederzeit entschlossen, ihr Territorium gegen einen Eindringling zu verteidigen. Von Michael weiß ich, dass sie das größte Risiko bei Fußwanderungen in dieser Region darstellen. Stets läuft man Gefahr, sich völlig ahnungslos einem Rudel Löwen zu nähern, die die Angewohnheit haben, tagsüber im hohen Gras Siesta zu halten. In einer solchen Situation kann man kaum darauf hoffen, dass sich die Tiere erschreckt davonmachen. Im Gegenteil. Man kann damit rechnen, dass sie angreifen. Ich habe dazu noch das Pech, dass sich in dieser Saison die heftigen Niederschläge in der Gegend früher als sonst eingestellt und uns eine dichte Vegetationsdecke beschert haben. Aus diesem Grund müssen wir weite Strecken in gelegentlich hüfthohem Gras zurücklegen, das den Blick auf alles versperrt, was sich in seinem Schutz eingenistet hat.

Die Schwierigkeiten nehmen von Stunde zu Stunde zu, und die Bedingungen werden härter. Körper und Geist unterliegen einer Anspannung, die keine Pause kennt. Doch solange ich in mir die nötige Kraft verspüre, bin ich entschlossen weiterzumachen.

Durst

Meine Besorgnis steigt. Wir haben kein Wasser gefunden, und unser Vorrat geht rasch zur Neige. Ich habe nicht einmal mehr zwei Liter übrig, und es ist erst Mittag. Wir wissen nicht, wie lange es dauert, bis wir den Vorrat auffrischen können. Während der kurzen Pausen trinke ich so wenig ich kann, versuche den Rest für den Abend aufzusparen. Um die Flüssigkeit so lange wie möglich im Gewebe zu behalten, sollte man in den kühleren Stunden des Tages trinken, da das Wasser, das man während der Tagesmärsche aufnimmt, schon in wenigen Minuten später mit dem Schweiß verdunstet. Allem Wissen zum Trotz ist es nicht leicht, sich zu disziplinieren. Gerade in den Momenten größter Anstrengung, wenn die Sonne jeden Zentimeter Haut ausdörrt, verlangt der Körper gnadenlos nach Flüssigkeitszufuhr. Man stelle sich den Durst vor, den man während einer Partie Tennis in den heißesten Stunden eines Sommernachmittags oder während eines Spaziergangs in voller Augustsonne verspürt. Wenn man dann eine Flasche Wasser bei sich hat, sie jedoch erst am Abend zu Hause trinken darf, kann man meine Befindlichkeit in dieser Situation nachfühlen. Bei jedem Schritt höre ich das verbliebene Wasser in den Feldflaschen schwappen, das mich wie ein unwiderstehlicher Verführer lockt, nur die Hand auszustrecken und zu trinken. Aber es darf nicht sein! Seit dem Morgen kann ich nichts mehr essen. Allein der Gedanke an das gesalzene *biltong* lässt mir die Zunge am Gaumen festkleben. Ich versuche verzweifelt mich abzulenken und denke doch nur an Wasser.

An diesem Abend schlagen wir unser Lager am Rand einer kleinen Salzpfanne auf, an einer Stelle mit ebenem, vegetationslosem Untergrund. Kase wagt sich in die Mitte der kleinen Senke vor, und seinen Zeichen entnehme ich, dass er erkunden will, ob sich dort vielleicht eine Pfütze findet, wobei es sehr wahrscheinlich ist, dass es sich dann um salziges Restwasser handelt. Paul hat mir allerdings erklärt, dass es manchmal genügt, etwas tiefer zu graben, um Süßwasserblasen zu finden. Mit den Augen folge ich der Gestalt meines Gefährten, der sich entfernt. Ängstlich erwarte ich sein Zeichen, dass er etwas gefunden hat. Ich sehe, wie er sich mehrfach hinunterbeugt, um den Boden in der Hoffnung genauer zu studieren, einen Hinweis auf Wasser zu entdecken. Nichts. Er kehrt mit der Miene eines geschlagenen Hundes zurück, weicht meinem Blick aus. Es sieht so aus, als fühle er sich schuldig. Mit Gesten und einem Lächeln versuche ich die Sache herunterzuspielen, und mache mir doch ernsthaft Sorgen. Am nächsten Tag müssen wir Wasser finden. Sonst, soviel ist mir klar, muss ich das Unternehmen aufgeben.

Während des Funkkontakts mit Oscar erwähne ich die Begegnung mit der Schlange beiläufig, behaupte, sie nur flüchtig gesehen zu haben. »Wie war sie gefleckt?«, will Michael sofort wissen. »Weiß ich nicht mehr«, schwindele ich. »Sie war ziemlich weit weg. Hab sie nicht genau gesehen.« Und auch als sie fragen, wie es um unseren Wasservorrat bestellt sei, habe ich nicht den Mut zur Wahrheit. »Alles in Ordnung. Wir haben genug.« Dann kürze ich das Gespräch unter dem Vorwand ab, die Verbindung sei zu schlecht, und stelle das Funkgerät aus. Ich sehe keinen Sinn darin, sie mit unseren Problemen in Angst und Sorge zu versetzen. Das hebe ich mir lieber für den Ernstfall auf. Ich weiß, dass ihr Funkgerät im Gegensatz zu meinem Apparat von der Autobatterie gespeist wird, also ständig in Betrieb bleiben kann. Im Notfall habe ich die Möglichkeit zu jeder Stunde mit der Basis Kontakt aufzunehmen und um Hilfe zu bitten.

An diesem Abend kriege ich keinen Bissen hinunter. Wir sitzen schweigend vor dem Feuer, während von fern der Ruf eines Schakals zu uns herüberdringt. Vielleicht ist das eine Möglichkeit, uns abzulenken. Das Nachtsichtgerät von ITT fällt mir ein, einer Amateurkamera sehr ähnlich, leicht und einfach zu handhaben. Ich stelle es an und beginne die Gegend um unseren Lagerplatz zu erforschen. Im Sucher kann ich jede Einzelheit genau erkennen, auch wenn alles plötzlich in grüner Farbe erscheint. Ich schalte zusätzlich die Batterielampe ein, die auf dem Aufsatz angebracht ist, um die Ausleuchtung zu verstärken. Der Vorteil des Geräts ist, dass man damit Tiere beobachten kann, ohne dass diese es merken. Ich reiche es an Kase weiter, erkläre ihm, wie es zu benutzen ist. Kaum hat er den Sucher vor den Augen, entfährt ihm ein überraschter Schrei. Er tastet mit dem Gerät die ganze Umgebung ab und kommentiert mit leiser Stimme, was er sieht. Für einen Jäger wie ihn ist es das höchste Glück, im Dunkeln sehen zu können. Wir vergnügen uns eine gute halbe Stunde mit dem Apparat, entdecken jedoch leider kein einziges Tier. Vermutlich hält der Schakal einen Respektabstand zum Feuer und wagt es nicht, sich dem durch die Flammen hell erleuchteten Rund unseres Lagerplatzes zu nähern. Zumindest hat uns das Gerät etwas Ablenkung von der leidigen Wasserfrage beschert.

Ich wache auf und mein Mund ist völlig ausgetrocknet, doch ich benutze das Mundwasser nicht, um ja keinen Tropfen Wasser zu verschwenden. Ich greife nach der Feldflasche. Es ist nur noch eine übrig, und ich schwöre mir, nur einen Schluck zu trinken. Ich halte das Wasser lange im Mund, spüle es in jeden Winkel, bis es warm ist und schlucke langsam. Ich habe weniger als eineinhalb Liter übrig. Wenn wir bis zum Mittag kein Wasser finden, wird die Lage kritisch. Ich merke, dass auch Kase Durst leidet. Zum ersten Mal isst er nichts, und ich begreife nicht, weshalb. Schließlich weiß ich, dass sein Wasservorrat größer ist als meiner. Er deutet auf eine seiner Eierschalen. Ich betrachte sie aufmerksam und erkenne, dass in der Schale ein tiefer Riss klafft. Er bedeutet mir, dass er das erst an diesem Morgen bemerkt hat, als praktisch das ganze Wasser ausgelaufen war. Wieder einmal hat sich alles gegen uns verschworen. Einen Liter Wasser in unserer Lage zu verlieren, ist ein folgenschwerer Zwischenfall. Allmählich beginne ich mich damit abzufinden, dass ich das Unternehmen wohl aufgeben muss..

Wir brechen sofort auf, um die kühleren Morgenstunden auszunutzen. Der einzige Vorteil des Wassermangels ist, dass mein Rucksack mittlerweile sieben Kilo weniger wiegt als am Anfang. Trotzdem wäre es mir lieber, ich hätte schwerer zu tragen und dafür zu trinken. Ich bewege mich automatisch wie ein Roboter, ohne eigentlich zu wissen, was ich tue. Der Gedanke an Wasser wird zum Alptraum. Ich bin wie besessen davon. Ich stelle mir vor, vor meinem geöffneten Kühlschrank zu Hause zu stehen. Er ist voll mit Mineralwasserflaschen. Ich greife mir eine, öffne sie und trinke sie aus, ohne einmal abzusetzen oder Luft zu holen. Dann träume ich davon, ein großes Glas Limonade in der Hand zu halten. Ich lege beide Hände um das Glas, spüre die Kühle an meinen Handflächen, führe es zum Mund und genieße den Augenblick, da die Flüssigkeit durch meine Kehle rinnt. Dann stecke ich einen Eiswürfel in den Mund und lutsche ihn mit geschlossenen Augen. Als ich in die Wirklichkeit zurückkehre, ist meine Zunge geschwollen und rau. Mein Mund fühlt sich an wie Schmirgelpapier, und ich versuche vergeblich, Speichel zu erzeugen. Die Schleimhäute sind völlig ausgetrocknet, und nur mit Mühe kann ich einen Laut von mir geben.

Irgendwann entfernt sich Kase seitwärts vom Weg. Er muss etwas gesehen haben. Ich folge ihm, bis er vor einem der zahlreichen Dornenbüsche stehen bleibt. Ich beobachte ihn angestrengt und merke, dass der Busch irgendwie anders aussieht als die übrigen. Inmitten des Geästs entdecke ich schließlich gelb bis blutrot gefärbte Beeren. Der Buschmann pflückt und isst sie, macht mir ein Zeichen, seinem Beispiel zu folgen. Ohne zu zögern stopfe ich mir die seltsamen Früchte in den Mund. Ihr Geschmack erinnert an die Jujubabeere. Dabei sind sie kaum größer als ein Kirschkern und haben wenig Fruchtfleisch. Sie enthalten keinen Saft, aber zumindest befeuchtet man für ein paar Minuten den Mund. Jetzt ist nicht die Zeit, wählerisch zu sein. In wenigen Minuten haben wir den ganzen Strauch abgeerntet. Leider ist er der Einzige weit und breit, und uns bleibt nur die Hoffnung auf einen anderen glücklichen Zufall.

Gegen Mittag haben wir noch immer kein Wasser gefunden und es ist heiß. Das Thermometer steht auf 40° Celsius. Ich schwitze stark und beschließe, dass es unter diesen Umständen zu riskant ist, die Suche nach Wasser fortzuführen. Ich verliere zuviel Flüssigkeit. Ich komme mit Kase überein, ein paar Stunden zu rasten. Wir finden einen Akazienbaum mit Schatten spendender Krone. Jeder sucht sich einen Platz und säubert ihn so gut es geht. Ich nehme das Turbantuch ab, benutze es als Decke und stelle den Rucksack so, dass er mir als Rückenstütze dient. Dann strecke ich mich in halb sitzender, halb liegender Stellung aus. Ich entledige mich der immer schweißnassen Schuhe und Strümpfe, damit sie trocknen können, und prüfe die wundgeriebene Haut meiner Füße. Sie ist weich und runzelig wie nach einem zu langen Bad. Ich bete darum, wenigstens eine halbe Stunde Schlaf zu finden, aber es ist unmöglich. Quälender Durst hält mich wach, und dann kommen die unvermeidlichen schwarzen Käfer, diesmal in Begleitung ungewöhnlich großer silbriger Ameisen. Auch sie sind harmlos, kriechen jedoch wie ihre Freunde die Käfer überall hinein. Mit all den kitzelnden Insektenbeinen, die über mich hinweg krabbeln, ist es unmöglich einzuschlafen.

Unter sengender Sonne nehmen wir den Marsch wieder auf. Obwohl ich kaum etwas trinke, schwitze ich weiter. In Abständen frage ich Kase, ob er jetzt wisse, wo wir Wasser finden könnten, aber jedes Mal ist die Antwort ein Kopfschütteln. Ich komme nur mühsam vorwärts, schleppe mich weiter, den Blick auf den Boden geheftet, bis ich plötzlich zu schwanken beginne. Ich kann mich gerade noch auffangen, bevor ich stürze, und setze mich, ohne den Rucksack abzunehmen. Ein schwarzer Schleier schiebt sich mir vor die Augen, während mein Gefährte, der nichts merkt, weitergeht. Mir ist so elend, dass ich nicht einmal die Kraft habe, seinen Namen zu rufen. Allein bleibe ich einen Moment im Sand sitzen, mit geschlossenen Augen gegen den Rucksack gelehnt, und hoffe, dass der Schwindel vorübergeht. Vermutlich habe ich das Bewusstsein verloren, jedenfalls erinnere ich mich an nichts mehr. Als ich wieder zu mir komme, erkenne ich Kase an meiner Seite. Er hält etwas in der Hand. Es gelingt mir kaum, den Blick darauf zu richten. Es sieht wie ein Stück braunes Holz aus. Tatsächlich sind es Nüsse, die er zwischen zwei Steinen aufknackt und mir den Inhalt zu essen gibt. Es bereitet mir Mühe, sie zu schlucken, meine Kehle ist völlig ausgedörrt. Der Geschmack erinnert tatsächlich an Nüsse, aber sie scheinen geröstet zu sein und sind etwas bitter. Ich gönne mir ein paar Schluck Wasser und befeuchte lange den Mund, bevor ich es schlucke. Als ich die Flasche in die Hand nehme, ist sie unglaublich leicht. Ich will allerdings gar nicht erst wissen, wie viel Wasser mir geblieben ist. Ich verschließe die Flasche sofort, aus panischer Angst, sie könnte umkippen.

Die folgenden Stunden sind mir als die schlimmsten meines Lebens in Erinnerung geblieben. Ich versuche alles, nur um für Minuten den quälenden Durst zu vergessen. Vergeblich. Der Gedanke ist immer da, ich bin wie besessen davon, er lässt mir keine Ruhe. Ich bin wie benebelt und fürchte, erneut umzukippen. Die Sinne drohen mir zu schwinden und ich suche krampfhaft etwas, an das ich mich klammern kann, um nicht zusammenzubrechen. Es scheint unmöglich. Mit meiner Willensstärke habe ich schon Hunger, Erschöpfung und Schmerzen bezwungen, aber das Durstgefühl bekomme ich nicht unter Kontrolle. Dennoch möchte ich meinen Weg fortsetzen. Ich habe meine Grenzen noch nicht erreicht.

Bestürzt spüre ich zum ersten Mal einen seltsam stechenden, penetranten Schmerz im Rücken. Ich bin sicher, es sind nicht die Muskeln, und fürchte, meine Nieren rebellieren. Dabei fällt mir ein, dass ich seit dem Aufbruch am Morgen kein Wasser mehr gelassen habe. Das war um sieben Uhr gewesen. Ich schaue auf die Uhr. Jetzt ist es vier Uhr nachmittags und ich verspüre keinerlei Drang, mich zu erleichtern. Mühsam bekomme ich wieder meine Gedanken unter Kontrolle; ich muss den Dingen ins Auge sehen. Während meiner Unternehmen habe ich stets gewusst, dass ich früher oder später mit der Wahrheit konfrontiert werden würde. Jetzt war es offenbar so weit. Ich muss alles sorgfältig abwägen, urteilen mit aller Vernunft, zu der ich noch fähig bin, ob mir noch ein schmaler Spielraum geblieben oder die

Grenze zum unkalkulierbaren Risiko bereits überschritten ist. In dieser Situation bitte ich mein Alter Ego, mein anderes Ich, um Hilfe, was sich bei meinen vorausgegangenen Experimenten als so nützlich erwiesen hat. Ich denke an meine Träume, die Sehnsucht, sie zu verwirklichen, die Freude, wenn ich erfolgreich war. Ich denke an die Ereignisse der letzten Tage, an die Worte meines Freundes ›Löwenauge‹ und vor allem an meine Familie. Ich kann sie nicht enttäuschen, sie lassen mir die Freiheit, meinen Träumen nachzugehen, aber im Gegenzug bin ich ihnen Verantwortungsbewusstsein schuldig, sie dürfen nicht Opfer meines Leichtsinns werden. Welches Beispiel gebe ich meinem Sohn und allen jungen Leuten, wenn ich einen Unfall riskiere, nur weil ich meinen Ehrgeiz übertreibe? »Der wahre Sieger ist der, der auch verlieren kann.« Ich wiederhole diesen Satz, ohne es zu merken, laut und beschließe: Wenn wir im Verlauf des kommenden Vormittags kein Wasser finden, gebe ich auf.

Nur mit Mühe gelingt es mir, das Zelt für die Nacht aufzustellen. Ich weiß, es könnte das letzte Mal sein. Am Funkgerät mit Oscar versuche ich meiner Stimme einen normalen Ton zu geben, sage ihm jedoch freiwillig, dass wir wenig Wasser haben. »Habt ihr denn keines gefunden?«, fragt er verwundert. »Doch, aber wir haben eine ziemliche Menge verloren. Ich habe eine Flasche verschüttet, und Kase sind zwei Straußeneier kaputt gegangen.« Zu schwindeln fällt mir nicht leicht, aber wenn er die Wahrheit erfährt, zwingt er mich sofort, den Versuch abzubrechen. »Wir stellen den Empfänger die ganze Nacht über immer zur vollen Stunde an.« Und er fügt hinzu: »Versprich mir, dich sofort zu melden, wenn es Probleme gibt.«

Dann beginnt eine quälend lange Nacht. Vor dem Schlafengehen habe ich genau wie Kase nur einen Schluck getrunken. Eigentlich war ich davon ausgegangen, dass er mit Durst und Wassermangel wesentlich besser umgehen könne als ich. Jetzt muss ich feststellen, dass auch er leidet. Der Schmerz in der Nierengegend ist immer präsent, meine Schläfen pochen, und ich finde einfach nicht die richtige Lage. Die fast leere Feldflasche steht nur wenige Zentimeter entfernt. Mehr als einmal möchte ich danach greifen und den kümmerlichen Rest Wasser trinken, doch ich zwinge mich zu widerstehen. Mein einziger Trost in diesen Momenten ist, dass, was auch geschieht, morgen um diese Stunde das Leiden ein Ende hat. Dann kommt mir plötzlich, dass sich durch den Temperaturabfall im Zelt Kondenswasser bildet, wenn ich es hermetisch abschließe. Ich versuche jede Öffnung abzudichten. Dann warte ich geduldig, leuchte in regelmäßigen Abständen mit der Taschenlampe über die Zeltwände. Nach einer halben Ewigkeit sehe ich endlich ein paar Tropfen vom First in die Richtung der Ecken rinnen. Ich suche nach einem Gefäß, um sie aufzufangen, und finde nur den Deckel des Kameraobjektivs. Aber der Erfolg ist niederschmetternd. Ich verliere mehr als ich gewinne. Schließlich halte ich die Hand direkt unter den Zeltfirst und lecke die aufgefangene Feuchtigkeit ab. Das geht besser. Dann rutsche ich mit dem Kopf direkt unter eine Zeltecke und richte mich mit ausgestreckter Zunge etwas auf. Fast augenblicklich spüre ich die kostbaren Tropfen im Mund. Auf diese Weise rutsche ich von Ecke zu Ecke, und fange dann von vorn wieder an. Schließlich merke ich, dass ich mehr Sand als Wasser geschluckt habe. Die Zunge brennt, mein Gesicht ist nass und die Haut nimmt die Feuchtigkeit gierig auf. Dafür herrscht im Zelt jetzt Treibhausklima.

Gibt es Wunder?

Wir sehen uns an, und jeder erkennt die Qual in den Augen des anderen. Ich bin mir bewusst, die letzten Stunden meines Abenteuers zu durchleben und bereite mich innerlich auf die Rückkehr vor. Diesmal gebe ich mich geschlagen. Kases Gesicht ist gezeichnet. Auch er hat seit zwei Tagen nichts mehr gegessen. Meines sehe ich mir erst gar nicht im Spiegel an. Ich bin selbst überrascht, dass ich plötzlich an die Melone denken muss, die ich im Dorf probiert hatte. Kansi hatte Recht gehabt. Jetzt gäbe ich alles, nur um eine dieser Früchte zu finden. Schon einmal, vor Jahren am Amazonas, habe ich Durst gelitten. Mehrfach war ich dabei in Versuchung geraten, die einzige Flüssigkeit zu trinken, die ich bei mir hatte, nämlich das Antiinsektenmittel. Ich habe auch schon gehört, dass Leute nur überlebt haben sollen, weil sie den eigenen Urin getrunken haben. Nichts als Geschichten! Dafür bin ich der Beweis. Wer nicht trinkt, kann auch kein Wasser lassen. Und der wenige Urin, den man dann produziert, hat einen so hohen Mineralsalzgehalt, dass man den eigenen Organismus vergiftet.

Ich stelle das GPS Magellan an. Trotz der zahllosen Probleme gehen wir durchschnittlich 24 Kilometer pro Tag. Das ist mehr als ein guter Schnitt angesichts unserer schwachen Konstitution. Ich hätte Kase gern gefragt, ob die Buschmänner häufig unter Wassermangel leiden. Immerhin weiß ich, dass sie sich aus diesem Grunde stets nur in kleinen Gruppen zusammentun. Eine Gemeinschaft von wenigen Personen hat eine größere Chance in der Wüste zu überleben. Dabei fällt mir ein, gelesen zu haben, dass einige von ihnen eine Fähigkeit entwickelt haben, die auch viele Tiere besitzen: Sie riechen förmlich Wasser. Gelegentlich gelingt es ihnen sogar, unterirdische Reservoirs zu finden.

Um zehn Uhr trinke ich den letzten Schluck. Zwei Stunden später werde ich meine Freunde über Funk verständigen. Das Schicksal hat entschieden.

Ich komme mir vor wie in einem Traum, aber es ist wahr. Ohne ein Zeichen biegt Kase unvermittelt in westliche Richtung von der Route ab. Mir fehlt die Kraft, ihn zu rufen, ich bekomme keinen Ton heraus. Ich folge ihm blind, nur um nicht allein zu bleiben. Ob wir die Route einhalten, hat keine Bedeutung mehr. Kase läuft entschieden auf einen Punkt zu, aber ich sehe nichts. Dann deutet er auf etwas in der Ferne. Ich sehe noch immer nichts. Erst aus wenigen Metern Entfernung erkenne ich eine Hütte, die sich harmonisch in die Landschaft einfügt und verlassen zu sein scheint. Meine Niedergeschlagenheit nimmt zu. Vielleicht sind die Leute weitergezogen? Eine halbe Stunde lang sehen wir nichts als Gras und Gestrüpp, dann erregt etwas unsere Aufmerksamkeit. Vor uns taucht ein Pfad auf, der sich zwischen den Büschen hindurchwindet, und im Sand erkenne ich deutlich die Abdrücke menschlicher Füße. Wir folgen ihm und gelangen auf eine offene Lichtung mit einer einzelnen Hütte. Davor sitzt bewegungslos eine Gruppe Eingeborener. Sie haben uns die Gesichter zugewandt, scheinen nicht zu glauben, was sie sehen. Offenbar bringt meine Person sie beinahe aus der Fassung, auch wenn mir nicht klar ist, wer von uns überraschter ist. Ich lasse Kase vorgehen, um ihm Zeit zu geben, alles zu erklären. Während ich warte, kommt eine junge Frau lächelnd auf mich zu. Erleichtert erkenne ich in ihr eine Buschmannfrau. In den Händen hält sie eine Holzschale. Sie reicht sie mir: Sie ist randvoll mit Wasser! Ich versenke mein Gesicht darin und beginne mit geschlossenen Augen und ohne einmal Luft zu holen zu trinken. Ich muss fast einen Liter getrunken haben. Das Wasser schmeckt nach Erde, aber es ist das Köstlichste, was ich je probiert habe. Sie beobachtet mich neugierig, nimmt das Gefäß und kehrt zur Hütte zurück, um es erneut zu füllen. Ich leere auch die zweite Schale in Rekordgeschwindigkeit, seufze tief und erleichtert und kann endlich wieder lächeln. Ich versuche, ihr in der Buschmannsprache zu danken. ›Danke‹ ist das einzige Wort, an das ich mich erinnere, aber wie üblich sind meine Klick- und Schnalzlaute nicht korrekt, und sie sieht mich nur verständnislos an.

Ich halte nach Kase Ausschau. Er sitzt unter seinen Leuten und unterhält sich. Vermutlich erzählt er die Geschichte von der verrückten Weißen, die die Wüste wie er und die Seinen durchqueren möchte. Dann kommen sie palavernd und lachend auf mich zu. Es ist fast, als sei ich zu meinen Freunden zurückgekehrt. Sie füllen umgehend unsere Wassergefäße, und Kase überlässt ihnen das gesprungene Straußenei im Tausch gegen ein intaktes, zur Freude der Frauen, die damit neues Material für ihre Schmuckanfertigung haben. Wir rasten zwei Stunden in dem kleinen Dorf, und endlich kommt auch der Hunger wieder. Wir kauen mit großem Appetit das gesalzene *biltong* und spülen es mit Wasser hinunter. Noch immer kann ich nicht glauben, dass das alles wahr ist. Nach diesem quälenden Durst kann ich trinken, soviel ich möchte. Mein Gefährte gönnt sich den Luxus einer Pfeife, die die Männer von einem zum anderen weiterreichen, während sie sich in ihrer erstaunlichen Sprache unterhalten. Es sieht beinahe so aus, als seien wir gute Bekannte. Die Gruppe ähnelt sehr der Sippe, die mich aufgenommen hat, und ich vermute, dass auch sie noch von der Jagd leben. Ich zähle zehn Gruppenmitglieder, die Kinder eingeschlossen. Wahrscheinlich ist es nur eine Familie.

Wir verabschieden uns ausgiebig, bevor wir wieder im Gras verschwinden. Keiner von ihnen begleitet uns, nicht mal ein kleines Stück. Sie sitzen wieder alle vor der Hütte, so wie wir sie angetroffen haben, und kommentieren lachend den seltsamen Besuch.

Ich spüre, wie schmerzhaft der Rucksack erneut auf die Schultern drückt. Er ist wieder schwer, aber das macht mir nichts aus. Ich bin glücklich. Das zusätzliche Gewicht ist der Preis, den ich gern dafür bezahle, meine Wanderung fortsetzen zu können.

Am Abend im Lager sitzen wir am Feuer und essen Trockenfleisch und die Nüsse, die Kase während meines Schwächeanfalls gesammelt hat. Nun gibt er mir zu verstehen, nicht zuviel Wasser zu trinken. Offenbar ist er sich nicht sicher, wann wir wieder welches finden. Ich mache mir nichts vor. Was wir gerade erst mühsam überwunden haben, kann sich jederzeit wiederholen. Ich nehme mir fest vor, meine Reserven klug einzuteilen und mich an die Regel zu halten, nur während der kühleren Tageszeiten zu trinken. Die ausgiebige Flüssigkeitszufuhr im Dorf hat mir gut getan. Mein Körper funktioniert normal, und auch der Schmerz in der Nierengegend ist verebbt. Während ich über Funk Oscars Stimme einfange, ist mir bewusst, dass ich diesmal nicht lügen muss. Vor dem Schlafengehen schicke ich ein Dankgebet zu demjenigen, der beschlossen hat, mir beim Weitermachen behilflich zu sein. Ich weiß nicht wer und warum er es getan hat, aber ich habe ihm eine großartige Einsicht zu verdanken: Ich habe gelernt, meine Grenzen zu erkennen.

Willenskraft

Am darauf folgenden Morgen, noch bevor ich die Schuhe anziehe, ahne ich bereits, was mich erwartet. Trotz sorgfältiger Pflege machen meine Füße nicht mehr recht mit. Ich habe sie morgens und abends mit einer Salbe eingerieben, die eine Reizung der Haut verhindern sollte, habe ganze Schichten eines Spezialpflasters über die neuralgischen Stellen geklebt, doch es hat offenbar nichts geholfen. Das ständige Scheuern und das feuchtwarme Klima im Schuh haben die Haut mürbe gemacht. Auf den Zehen über dem Nagelbett haben sich schmerzhafte Blasen gebildet. Ich versuche sie zu behandeln, leider mit mäßigem Erfolg. Bei jedem Schritt reiben sich die wunden Stellen am Schuh, der Schmerz wird unerträglich, und die Sandauflage des Untergrunds immer weicher. Mein Weg führt durch tiefe Rillen, und das mörderische Auf und Ab droht meine letzten Energiereserven aufzubrauchen. Seit Tagen schon habe ich entzündete

Sehnen. Besonders im Bereich der Kniekehlen macht sich die Überbeanspruchung schmerzhaft bemerkbar. Dennoch sind die Blasen definitiv das schlimmste Übel. Ich beginne zu hinken und versuche das Gewicht stets so schnell wie möglich von einer Seite zur anderen zu verlagern, um die Füße zu entlasten. Es nützt alles nichts. Ich bleibe immer häufiger stehen, schütte den Sand aus den Schuhen, was mir vorübergehend etwas Erleichterung schafft. Ich bin am Ende. Schließlich mache ich Kase ein Zeichen. Ich muss rasten und setze mich auf die Erde, den Kopf zwischen den Händen, und überlege verzweifelt, wie ich einen Modus finden kann, weiterzugehen. Ein paar Blasen dürfen mich nicht zum Aufgeben zwingen. Sie auszukurieren dauert zu lange. Dazu reicht mein Wasservorrat nicht. Bleibt nur noch, übersinnliche Kräfte in mir zu mobilisieren. Mit geschlossenen Augen konzentriere ich mich auf die Vorstellung, über dem Boden schweben zu können. So verharre ich einige Minuten. Dann erhebe ich mich mit 18 Kilo auf dem Rücken und gehe weiter. Es ist nicht zu fassen! Es gelingt mir, den Schmerz zu beherrschen. Den ganzen Tag über marschiere ich durch den lockeren Sand, auch weiterhin überzeugt, den Boden gar nicht zu berühren. Am Abend sind die Blasen noch dick geschwollen, aber die Entzündung hat sich nicht verschlimmert. Es sieht fast so aus, als hätte ich nach der Rast keinen Schritt mehr getan. Das Gegenteil ist der Fall. Ich habe gute 25 Kilometer zurückgelegt. Es ist fantastisch, was wir in extremen Situationen durch Willenskraft erreichen.

Während wir unser übliches Abendessen teilen, lässt mir der laute Schrei eines Tieres das Blut in den Adern gefrieren. Es ist ein unverwechselbarer Laut, und auch Kase hört auf zu kauen. Bewegungslos warten wir, bis das Lachen und Keckern der Hyäne zum zweiten Mal verklungen ist. Sie muss ganz in der Nähe sein. Ich sehe meinen Gefährten fragend an. Dann versuche ich mit Blicken die Dunkelheit um uns herum zu durchdringen. Die

Zeltöffnung ist nur wenige Schritte entfernt. Geräuschlos rutsche ich bis zum Rucksack und nehme das Nachtsichtgerät heraus. Ich knipse es an und reiche es dem Buschmann. Er kann besser beurteilen, aus welcher Richtung der Schrei gekommen ist. Langsam schwenkt er das Gerät in die Runde, verharrt dann abrupt und deutet in eine Richtung. Ich kann nichts erkennen. Schließlich übergibt er mir das Gerät, ohne seine Ausrichtung zu verändern. Es dauert eine Weile, bis ich die Hyäne im Visier habe. Sie ist ganz nah, und ihre klassische Form mit dem abfallenden Hinterteil und dem kleinen Kopf mit den überproportional großen, auf uns ausgerichteten Ohren ist deutlich zu erkennen. Die glühenden Augen starren uns unbewegt an. Ich verspüre keine Angst. Trotz der Gefahr überwiegt die Faszination beim Anblick eines Tieres. Kase bleibt gelassen. Er legt Holz im Feuer nach. Dann beginnt er mit lauter Stimme zu sprechen und in die Hände zu klatschen, ohne auch nur eine Miene zu verziehen. Schließlich bedeutet er mir, ins Zelt zu gehen. Lautlos krieche ich hinein, ohne auch nur die Schuhe auszuziehen, und knipse die Taschenlampe an, um eine abschreckende Lichtquelle mehr zu erzeugen. Nach einigen Minuten sehe ich wieder hinaus. Kase liegt wie üblich in seine Lederdecke gehüllt und schläft ruhig am Feuer.

Neue Strapazen

Sollte die Kalahari die Absicht gehabt haben, mich mit immer neuen Überraschungen in Atem zu halten, dann ist ihr das perfekt gelungen. Fast komme ich mir vor wie in einem dieser schrecklichen Computerspiele, bei denen der Spieler eine Endlosserie an schwierigen, stets wechselnden Hindernissen überwinden muss, um weiterzukommen. Und der Fantasie der Wüste sind offenbar keine Grenzen gesetzt.

Heute jedenfalls ist der Tag der Dornen. Nicht dass mir die Dornenplage neu wäre. Im Gegenteil. Die tiefen Kratzer an Armen und Beinen sind sichtbarer Beweis für ihre Allgegenwart. Allerdings haben wir es plötzlich mit einer neuen Variante zu tun. Seit den frühen Morgenstunden gehen wir auf ein endloses Grasfeld zu, sehen feine, wogende Halme so weit das Auge reicht. Es erscheint weich und geschmeidig, und als wir es betreten, teilt es sich gehorsam vor unseren Füßen. Ich stelle mir vor, dass dies ein angenehmer Tag werden könnte, muss meine Meinung allerdings im nächsten Augenblick schon revidieren. Es genügt, dieses Gras nur flüchtig zu berühren, um sich lange, feinste Stachelhärchen einzufangen, die mich an die der Opuntien erinnern. Sie durchdringen alles, was ihnen zu nahe kommt, und nach kurzer Zeit sind meine Hosenbeine vom Knie an abwärts von einer dicken Schicht Stacheln überzogen, die bei der geringsten Bewegung bis in die Haut dringen. Lediglich an den Schuhen prallen sie ab. Dafür sind zahllose feine Stachelspitzen mit ihren Widerhaken in den Strümpfen stecken geblieben und traktieren die Haut wie tausend Nadelstiche. Ich fasse es nicht. Als hätte ich nicht schon genug Probleme, wirft mir die Kalahari auch noch diesen Prügel zwischen die Beine. Ich habe nicht mehr die Kraft, mich aufzulehnen. Meine Moral ist auf dem Tiefpunkt angelangt. Die Frage ist, wie viel ich noch ertragen kann. Den ganzen Tag über marschieren wir durch diesen Alptraum. Immer wieder schweift mein Blick zu Kase. Ihn scheint das alles nicht zu berühren. Entweder prallen die nadelspitzen Stacheln an seiner Lederhaut einfach ab oder er ist mental in der Lage, den Schmerz zu ignorieren.

Als wir Rast machen, bin ich eingehüllt in einen steifen Panzer aus Stachelhärchen. Ich kann es kaum erwarten, mich davon zu befreien, und denke voller Unbehagen daran, dass ich keine lange Hose zum Wechseln habe. Die Frage ist, ob ich mit dieser

Hose weitermarschieren oder es mit den Bermudas versuchen will. Ich beschließe, bei der langen Hose zu bleiben. Ich ziehe sie aus und reibe sie mit Sand ab, in der Hoffnung, zumindest einen Teil der Stacheln zu entfernen. Dabei trifft mich ein neugieriger Blick aus den dunklen Augen des Buschmannes, der weiterhin unweit von mir gelassen sein Trockenfleisch kaut.

Unerwartete Geschenke

Es ist für mich immer wieder verblüffend, was man in der Wüste an Essbarem finden kann. Die Jahreszeit der großen Dürre steht unmittelbar bevor, doch aus unerfindlichen Gründen gibt es immer etwas, das man essen kann. Die Beerensträucher, die wir vor einigen Tagen abgeerntet hatten, werden immer seltener. Und selbst wenn wir auf einen dieser Büsche treffen, sind die Beeren meist bereits vertrocknet. Dafür gibt es reichlich Ersatz. Da sind zum Beispiel die Früchte, die ich als ›geröstete Nüsse‹ bezeichne. Sie wachsen in Schoten an einer über den Boden kriechenden Pflanze und ähneln unseren Buschbohnen. Nur sind sie im Unterschied dazu braun und trocken. Ich habe den Verdacht, dass der Röstgeschmack ganz natürlich durch die Sonneneinstrahlung entsteht, denn die Schoten sind unmittelbar nach dem Ernten spürbar warm. Wir schälen die Nüsse und ihre Früchte sind eine wohlschmeckende Ergänzung unseres kleinen Nahrungsvorrats, und eine willkommene Abwechslung gegenüber dem eintönigen *biltong.*

Für die mittägliche Rast suchen wir uns wie stets den Schattenplatz unter einem Akazienbaum, um uns in den heißesten Stunden des Tages auszuruhen. Dabei zeigt Kase mir etwas Neues. Am Stamm des Baumes, zwischen den Rindenscharten klebt eine bernsteinfarbene Masse, eine Art Baumharz. Mein

Gefährte beginnt diese zielstrebig herauszulösen. Ich helfe ihm und entnehme seinen Gesten, dass es sich um ein wertvolles, Kraft spendendes Nahrungsmittel handeln muss. Ich stecke ein Stück davon in den Mund. Die Kostprobe ist enttäuschend. Das Harz ist zäh und hart wie Karamellbonbons, jedoch völlig geschmacklos. Es ist, als kaue man auf Plastik. Ich behalte das Harz lange im Mund, lutsche daran, um Speichel zu erzeugen, dann knacke ich es mit den Zähnen und schlucke es hinunter. Ein derartig geruch- und geschmackloses Naturprodukt wie dieses Harz muss man schon mit der Lupe suchen. Aber ich kann es mir in diesem Moment kaum leisten, wählerisch zu sein. Folglich ernte ich das Harz, das zusammen mit allem anderen im Sack für die Lebensmittel verschwindet.

Dann beginnt das Drama mit dem Wasser wieder von vorn. Ängstlich kontrolliere ich die Feldflaschen. Ich bin es leid, mit dieser ständigen Sorge leben zu müssen. Aber allmählich wird auch mir klar, was für eine Mitteleuropäerin schwer fassbar ist: Es ist die tägliche Realität der Menschen und Tiere dieser Klimazonen. Ich muss einfach die Bedingungen der Wüste akzeptieren und ihren Vorgaben folgen, auch wenn es mir diesmal fast unmöglich erscheint, die ersehnte Harmonie mit dieser Landschaft zu erreichen. Vielleicht ist gerade das der Grund, weshalb ich so leide. Aber wie sollte sich die gewünschte Harmonie bei all den ständig zunehmenden Schwierigkeiten so unterschiedlicher Art auch einstellen?

So merkwürdig es scheint, wieder kommt die Hilfe im rechten Augenblick, als kein Ausweg in Sicht scheint, eine schicksalhafte Entscheidung bevorsteht. Während ich mich von Durstgefühlen geplagt mit gesenktem Kopf vorwärts kämpfe, fällt mein Blick plötzlich auf etwas Bekanntes. Nur wenige Meter vor mir schlängelt sich der Ausläufer einer Pflanze über den Sand, an dem drei melonenartige Früchte wachsen. Sie scheinen nur darauf zu warten, von uns geerntet zu werden. Kase lächelt zufrieden, tastet die Früchte ab, um festzustellen, ob sie noch Flüssigkeit enthalten. Eine Melone ist zur Hälfte bereits von Insekten angefressen. Er wirft sie weg. Meine Freude über die Entdeckung hält sich dennoch in Grenzen. Die Erinnerung an den Brechreiz verursachenden Geschmack ist noch sehr lebendig. Schließlich überwiegt der Durst. Der Buschmann bohrt mit seinem Speer ein Loch in die erste Frucht und gibt sie mir. Ich presse den Saft in den geöffneten Mund und halte mir mit einer Hand die Nase zu. Als ich spüre, wie mir die Flüssigkeit die Kehle hinunterläuft, schlucke ich sie ohne Rücksicht auf den Geschmack. Wie durch ein Wunder ist mein Durst gestillt, auch wenn ich den zusammenziehenden Belag mitsamt dem ekelhaften Geschmack noch Stunden später auf der Zunge spüre. Ich habe einen weiteren, wichtigen Schritt vorwärts bei meiner Suche nach Einklang mit dieser Wüste getan.

Gefährliche und harmlose Begegnungen

Meine erste Begegnung mit der Schlange ist nicht vergessen. Abgesehen von all den Widrigkeiten, mit denen ich täglich leben muss, kündigt sich die größte Gefahr in der Kalahari so an: ein plötzliches Rascheln, das Aufblinken von ungewöhnlichen Farben, eine schnelle Bewegung. Schon von klein auf habe ich gelernt, bei Waldspaziergängen auf Schlangen zu achten. Aber hier wird die Wachsamkeit zur zermürbenden Nervensache. Es genügt ein unbedachter Schritt, eine unbeherrschte Bewegung, um eine Reaktion hervorzurufen, die, wenn es sich um Schlangen, Skorpione oder giftige Spinnen handelt, schnell zur Überlebensfrage wird. Täglich begegne ich mindestens drei Schlangen, und jedes Mal erlebe ich eine Schrecksekunde. Michaels Warnungen haben keinen Zweifel an den Risiken solcher Begegnungen gelassen. Ich erinnere mich sehr wohl an seine Verhaltensmaßregeln für den Fall, dass ich mich unverhofft einer Speikobra gegenübersehe: ruhig stehen bleiben und vor allem keinesfalls die Brille abnehmen! Diese Schlangenart injiziert ihr Gift nicht nur durch einen Biss, sondern speit ihr Opfer an. Tja, und was mache ich jetzt, da die Kobra über mir hübsch aufgewickelt in den Ästen einer Akazie liegt? Ich starre sie an wie hypnotisiert. Sie ist wunderschön, nur leider tödlich. Normalerweise können Schlangen mich kaum schrecken. Im Gegenteil, ich finde sie faszinierend… mit Einschränkungen. Denn wenn es sich um tödlich giftige und aggressive Exemplare handelt, hört der Spaß auf. Ich gehe langsam in die Knie, wohl wissend, dass das Reptil jede meiner Bewegungen verfolgt. Ich senke den Kopf, beuge mich vor und stütze mich auf den Händen ab, so dass sich mein Rucksack zwischen mir und der Schlange befindet. Dann entferne ich mich vorsichtig auf allen vieren. Kase hat die Szene aus nächster Nähe beobachtet und sich keinen Zentimeter weiter bewegt. Er nickt mir anerkennend zu.

Trotz ihrer Gefährlichkeit hat die Speikobra den Vorzug, durch ihre auffällige Zeichnung leicht erkennbar zu sein. Schlimmer ist es, im letzten Moment zu merken, dass man dicht neben eine Puffotter tritt, wie es mir bei meiner ersten Begegnung passiert war. Sie ist durch ihre Farbe auf dem sandigen Untergrund schwer zu entdecken. Und dann sind da noch die großen Spinnen. Von Michael weiß ich, dass ausgerechnet die tödlich giftigen die hässliche Angewohnheit haben, den Eindringling anzuspringen, anstatt erschreckt zu flüchten. Und das ist wie gesagt nur einer der Gründe, weshalb Kase und ich den Blick unablässig auf den Boden heften. Ich mache mir keine Illusionen. Wenn ich einem dieser Tiere zu nahe komme, gibt es keine Rettung. Es ist ein netter Gedanke, dass sie meine positive Grundeinstellung der Tierwelt gegenüber spüren, aber verlassen möchte ich mich darauf nicht.

Mehr als einmal bemerke ich, dass mein Reisegefährte mich während dieser gefährlichen Begegnungen amüsiert beobachtet. Und es ist befriedigend festzustellen, dass wir beide uns Tieren gegenüber sehr ähnlich verhalten. Wir haben zum Beispiel reichlich zu tun, sämtliche Insekten umzudrehen, die hilflos auf dem Rücken im Sand liegen, was ihren sicheren Tod bedeuten würde.

Morgens, wenn wir das Lager abbrechen, findet sich fast immer ein Skorpion oder ein großer Tausendfüßler unter meinem Zeltboden, der während der Nacht dort etwas Wärme gesucht hat. Es ist nicht unbedingt angenehm, zuzusehen, wie er sich im Sand windet und eine Möglichkeit zum Angriff sucht, aber nie habe ich daran gedacht, einen von ihnen zu töten. Wie Kase entferne ich das Tier vorsichtig mit einem Aststück, um es nicht zu verletzen.

Allerdings begegnen wir nicht nur giftigen Tieren. Eine erstaunliche Vielfalt an Vogelarten ist in dieser Wüstenregion heimisch. Und das Bild ihrer zahlreichen Nester in den Bäumen ist eine der bleibendsten Erinnerungen. Ganze Webervögelkolonien leben in riesigen Gemeinschaftswohnungen zusammen, die gelegentlich mehrere Meter umfassen. Andere wiederum bauen ihre Nester lieber hängend direkt an die Äste wie Christbaumschmuck. Das faszinierendste Schauspiel allerdings liefert das Großwild. Kase hat in dieser Beziehung einen sechsten Sinn, und sobald er mir das Zeichen macht, stehen zu bleiben, kann ich sicher sein, dass Minuten später außergewöhnliche Exemplare unseren Weg kreuzen. Diesmal sind es fünf Giraffen, die langsam und lässig durch das hohe Gras schreiten. Sie bemerken uns nicht, setzen unbeirrt ihren Weg fort. Ich kann sie ganz aus der Nähe beobachten, und das Bewusstsein, nicht in einem bewachten Nationalpark, sondern in der freien wilden Natur zu sein, macht die Begegnung zu etwas Besonderem. Gelegentlich sehen wir ganze Straußenfamilien vorüberziehen. Strauße sind scheu und halten stets einen Sicherheitsabstand zu uns. Dasselbe trifft auf die zahlreichen Gazellenarten zu, die immer nervös auf das geringste Anzeichen von Gefahr reagieren. Häufig finden wir die Reste einer im Sand halb vergrabenen Gazelle. Vermutlich wurde sie Opfer eines Raubtiers oder ist verdurstet. Die Gesetze der Natur kennen keine Gnade.

Positive Zeichen

Und wieder kein Wasser! Es ist zwei Stunden her, dass wir den letzten verbliebenen Rest getrunken haben. Jetzt halten wir Ausschau nach einem Zeichen, das uns an ein Wunder glauben lassen könnte, und sehen nur Gras. Dabei hatte uns die Buschmann-Familie, der wir drei Tage zuvor begegnet waren, versichert, dass wir eine weitere Gruppe an unserer Route in Richtung Süden treffen würden. Und wo Menschen sind, ist auch Wasser.

Ich sehe sie im letzten Augenblick und bleibe gerade noch rechtzeitig stehen, um nicht auf sie zu treten. Fasziniert beobachte ich das Insekt. Es wirkt winzig klein zwischen der übermächtigen Vegetation. Es ist eine Gottesanbeterin. Sie stellt sich auf den Hinterbeinen auf und reckt die Vorderbeine in der für sie so typischen Haltung, die an betende Hände erinnert, aneinander gefaltet in die Höhe. So verharrt sie unbeweglich im Sand. Die Gottesanbeterin trifft man in vielen Ländern. Auch in Italien habe ich sie oft gesehen. Aber die Begegnung hier hat natürlich durch den Mythos, der ihr bei den Buschmännern anhaftet, eine besondere Bedeutung. Ich nehme sie als positives Zeichen.

Und tatsächlich treffen wir eine Stunde später auf die Buschmann-Familie, die wir gesucht haben, und können unseren Wasservorrat auffrischen. Während ich unter den freundlichen Blicken der Eingeborenen trinke, kommt es mir gar nicht in den

Sinn, die Bedeutung der Ereignisse zu hinterfragen. Ich nehme einfach zur Kenntnis, dass mein Traum weitergehen kann.

Angst

Wie gewöhnlich verstrickt sich Kase in lange Gespräche mit seinen Leuten, doch diesmal stimmt etwas nicht. Ich spüre es deutlich. Sie wirken erregt und reden alle durcheinander. Kases Miene ist besorgt. Ich wünsche zum wiederholten Mal, ich könnte mich mit ihnen verständigen, und fühle mich ausgeschlossen. Wir füllen unsere Wasserbehälter bis zum Rand. Kase und ich brechen auf. Doch bevor wir die Gruppe verlassen, kommt eine Frau auf mich zu, macht eine ausladende Geste, die die gesamte Umgebung mit einbegreift, nimmt meine Hand und legt sie in die meines Gefährten. Es ist beinahe, als wolle sie mir raten, nahe bei ihm zu bleiben. Ich begreife überhaupt nichts.

Ich spreche über Funk zur verabredeten Zeit mit Oscar. Während ich ihm von der Gottesanbeterin und unserer neuen Wasserquelle berichte, registriere ich verwundert, dass Kase im Gegensatz zu sonst das Feuer sehr nahe an meinem Zelt entfacht. Mein erster Gedanke ist, dass es in der Nacht vermutlich kälter wird als üblich. Aber so ganz überzeugt bin ich nicht. Ich versuche, ihn auszuforschen, doch er reagiert auf meine Zeichen nicht, tut, als verstehe er nicht. Als es Zeit ist, schlafen zu gehen, streckt er sich zwischen Feuer und Zelt aus. Mit dem Rücken berührt er beinahe die Zeltwand. Ich kann mir nur vorstellen, dass er vor irgendetwas Angst hat, und winke ihn ins Zeltinnere, aber er wehrt energisch ab, bleibt im Freien. Ich höre, wie er sich die ganze Nacht unruhig hin und her wälzt und in regelmäßigen Abständen aufsteht, um das Feuer zu unterhalten. So besorgt habe ich ihn noch nie erlebt. Es ist noch dunkel, als er mich ruft. Er dringt darauf, so früh wie möglich aufzubrechen, treibt mich an, schnell das Zelt abzubauen. Was zum Teufel ist los?

Wir sind erst kurze Zeit unterwegs, als ich merke, dass er sich seitlich in die Büsche schlägt. Seiner Haltung nach zu urteilen folgt er einer Spur. Ich hole ihn ein, und tatsächlich! Er deutet auf mehrere deutliche Abdrücke im Sand. Sie sind beängstigend groß. »Was ist das?«, frage ich ihn verdutzt. Er bückt sich, greift sich ein Aststück und beginnt in den weichen Boden zu zeichnen. Unwillkürlich fällt mir das Spiel ein, das wir im Dorf gespielt hatten. Als die Zeichnung deutliche Formen annimmt, fällt es mir wie Schuppen von den Augen. Und dann kenne ich nur noch Angst. Im nächsten Moment hallt ein unheimliches Brüllen über die Kalahari. Wer es einmal gehört hat, wird es nie vergessen. Um uns herum wird es totenstill. Es ist beinahe, als horche die ganze Kalahari angespannt auf die Stimme ihres Königs.

Es kommt mir wie eine halbe Ewigkeit vor, die Kase und ich uns stumm ansehen. In meiner Angst suche ich Hilfe und Trost in den Augen des Buschmanns, und finde nichts dergleichen. Nichts und niemanden fürchtet das kleine Volk der Jäger und Sammler so sehr wie den Löwen. Und damit sind sie nicht allein. Obwohl der Reiz groß ist, den König der Wüste hier in seinem Element einmal zu beobachten, wünsche ich mir plötzlich weit weg zu sein. Nur mein Gefährte weiß, was jetzt zu tun ist, und ich vertraue ihm blind. Ich folge ihm in die entgegengesetzte Richtung, weg von den Spuren. Zum Glück bedeutet das keinen weiteren Umweg, und bald sind wir wieder auf unserer gewohnten Route. Wir hören sein Gebrüll noch ein-, zweimal von fern, dann herrscht wieder vollkommene Stille. Als wir uns mittags zur Rast niederlassen, bedeutet mir Kase, dass man ihm im Dorf von einem Löwen und zwei Löwinnen berichtet habe, die am Vortag in der Gegend gesehen worden seien. Kase hat es vorgezogen, mir nichts davon zu sagen, um mich nicht zu ängstigen, und gehofft, dass die

Gruppe sich mittlerweile wieder entfernt hat. Erst die Spuren haben gezeigt, dass sie sich in der Nacht bedenklich nahe an unser Lager gewagt hatten. Dank des Feuers, das mein grell rosarotes Zelt wirkungsvoll in Szene gesetzt hat, haben die Tiere es wohl vorgezogen, sich dem unbekannten Objekt nicht weiter zu nähern. Die Entscheidung, ein Zelt mitzunehmen, hatte ich nicht zufällig getroffen. Es war mir von Leuten angeraten worden, die sich in dieser Region und ihrer Tierwelt auskennen. Denn so leicht mein Zelt auch sein mag, hat es doch eine abschreckende Wirkung auf Wildtiere. Im Vorjahr, in einer anderen Region der Kalahari, war ein im Freien kampierender Tourist von einem Löwen getötet worden, während seinen Reisegefährten im Zelt nichts geschehen war. Für die Buschmenschen ist die Gefahr nicht so groß. Ihre Haut dünstet einen anderen Geruch aus als die der Weißen, der die Löwen offenbar nicht unbedingt anzieht. Trotzdem fürchten die Buschmenschen die Löwen von klein auf, und Kases Angst erscheint mir mehr als verständlich. Ich bin ihm dankbar, dass er mir in jener Nacht die Wahrheit verschwiegen hat. Er hat sich als echter Freund erwiesen.

Vor diesem Erlebnis mit den Löwen hatte ich bisher bei meinen Unternehmen so etwas wie Angst einfach nicht zur Kenntnis genommen, sie als negatives Gefühl abgetan. Diesmal allerdings haben mich die Ereignisse auf dem falschen Fuß erwischt, und der Gedanke, mich mitten in der Kalahari einem Tier gegenüberzusehen, mit dem ich keinerlei Erfahrung habe und das unberechenbar ist, hat den Mechanismus Angst bei mir ausgelöst. Jetzt, da die Gefahr vorüber ist, begreife ich diese Situation als positive Erfahrung. Es hat mir wieder einmal vor Augen geführt, wie winzig und machtlos wir menschliche Wesen gegenüber der Natur sind.

Von der Außenwelt abgeschnitten

Das Funkgerät gibt nur noch ein permanentes Knacken und Rauschen von sich, das keine Stimme mehr übertönen kann. »Oscar! Oscar, hörst du mich?« Nichts. Ich versuche es noch mehrere Male, ohne den geringsten Erfolg. Der Funkkontakt ist endgültig abgebrochen. Es ist der zehnte Tag unserer Durchquerung, und ich weiß, dass das früher oder später passieren musste. Dennoch war ich an den täglichen Kontakt mit den Freunden so gewohnt, dass mir ihre Stimmen jetzt fehlen. Die Batterien sind leer, doch bevor das Funkgerät seinen Geist aufgab, hatte ich wenigstens noch durchgeben können: »Wir sehen uns am Zielort. Erwartet mich dort!« Ich stecke das praktisch nutzlos gewordene Gerät in eine Rucksackaußentasche. Von nun an bin ich tatsächlich von der Außenwelt abgeschnitten. Als letzte konkrete Information hatten Oscar und die anderen die Koordinaten meiner Position vor einigen Tagen bekommen. Falls ich also aus irgendeinem Grund die Route ändern muss, weiß von diesem Punkt an niemand mehr, wo ich zu finden bin. Kase hat das Problem verstanden, aber es kümmert ihn wenig. Für ihn ist das Funkgerät nichts weiter als ein lärmender Kasten, der mich jeden Abend nervös gemacht hat. Ich erhöhe die Aufmerksamkeit, falls das überhaupt noch möglich ist, und konzentriere mich auf die üblichen Probleme des Tages. Angesichts dessen, was ich bisher erlebt und überstanden habe, kann mir eigentlich nicht mehr viel passieren. Glaube ich.

Eigentlich hatte ich gedacht, im Verlauf der langen, einsamen Stunden auf meinen vorausgegangenen Wüstendurchquerungen alle überhaupt möglichen Emotionen durchlebt zu haben. Das war ein Irrtum. In der Kalahari ist wieder alles anders. Am meisten überrascht mich meine beharrliche Weigerung, an meinen Sohn zu denken, auch wenn ihm stets mein letzter Gruß vor dem Schlafengehen gilt. Ich habe sein Foto unter meinen Sachen versteckt, um es nicht ständig vor Augen zu haben. Ich nehme an, dass bei mir ein Mechanismus eingesetzt hat, der nur noch auf Überleben und Selbsterhaltung ausgerichtet ist, keinen anderen Gedanken mehr zulässt. Dieser mir bislang unbekannte Teil von mir gefällt mir nicht und ich schäme mich fast dafür. Dennoch lasse ich mich ganz und gar auf die Kraft meines Willens ein, der mich zu höchster Konzentration zwingt.

Jeden Tag nähere ich mich weiter dem Herzen der Kalahari. Allerdings nicht im geographischen Sinn. Ich fühle, wie ich allmählich die Mauer der Feindseligkeit aufbreche, mit der sie mir von Anfang an entgegengetreten ist, um mich mit Haut und Haaren in die Realität einer Wüste zu geben, die, wenn auch lebensfeindlich, so doch in der Lage ist, intensive Gefühle hervorzurufen. Obwohl dieses Mal der Weg zum Gleichgewicht mit der Natur mühsam und lang ist, spüre ich, dass ich es vielleicht unbewusst schon von Anfang an gefunden hatte. Wie sonst hätte ich soweit bestehen können?

Nach einer kalten Nacht voller widersprüchlicher Gedanken nehmen wir unseren Marsch wieder auf. Aber ich merke sofort, dass sich etwas verändert hat. Der fehlende Kontakt zur Welt dort draußen, einerseits negativ, hat etwas Beflügelndes, erhöht noch einmal den Schwierigkeitsgrad meines Experiments. Endlich habe ich das Gefühl, zur Wüste zu gehören, wie jedes andere Lebewesen hier, auf gleicher Stufe, ohne Privilegien. Ich weiß, dass ich niemanden um Hilfe bitten kann, und fühle mich endlich akzeptiert.

Wir trennen uns

Die letzte Möglichkeit, die Wasserreserven aufzufrischen, bietet sich uns knapp drei Tage vor der Ankunft. Dem GPS entnehme ich, dass es noch sechzig Kilometer bis zum Zielort sind. Damit dürfte ich, vorausgesetzt, es gibt keine größeren Probleme mehr, am Nachmittag des dritten Tages Lehututu erreichen. Mittlerweile kann ich sogar mit meinem Durstgefühl umgehen, obwohl ich mich an ein Leben mit ständiger Wasserknappheit wohl nie gewöhnen werde. Allerdings habe ich gelernt, bei jeder Wasserstelle erst einmal so viel zu trinken, um den Mangel der vergangenen Tage auszugleichen. Und dann finden wir zum ersten Mal Wasser direkt in der Erde, in einem primitiven Brunnen, den die Buschmänner gegraben und aus unerfindlichen Gründen wieder verlassen haben. Kase versichert mir, dass das Wasser gut sei. Wir füllen noch einmal unsere Gefäße in der Hoffnung, dass der Vorrat bis zum Zielort reicht.

Meine Konstitution ist gut. Und dennoch spüre ich jeden Zentimeter meines Körpers. Die Haut im Rücken ist durch das ständige Schwitzen und das Scheuern am Rucksack wund. Die Kratzer an Armen und Beinen vernarben nur schwer und brennen. Ich merke, dass ich Gewicht verloren habe. Trotzdem halten die Muskeln den Strapazen stand. Kase scheint überhaupt keine Probleme zu haben, wenn er auch fast dieselbe Wassermenge braucht wie ich. Es stimmt also nicht, dass die Buschmänner mit wesentlich weniger Flüssigkeit auskommen als wir. Der Unterschied liegt wohl allein darin, dass sie Durst besser ertragen.

Der ständige Wassermangel macht die Körperhygiene schwierig. Aber ich arrangiere mich mit Hilfe einiger feuchter Tücher und etwas Mundwasser. Leider bin ich gezwungen stets dieselben verschwitzten und staubverdreckten Kleidungsstücke zu tragen. Besonders gut dürfte ich nicht mehr riechen. Es ist das erste Mal, dass mein Unternehmen mehr als zehn Tage dauert, und die ständige Wasserknappheit und die körperlichen Strapazen hinterlassen ihre Spuren.

Ich merke, dass Kase mir etwas sagen möchte. Bis zu unserem Zielort sind es noch zwei Tage, und schon am Morgen ist mir aufgefallen, dass er sich anders verhält als sonst. Offenbar fällt es ihm schwer, sich verständlich zu machen. Das erstaunt mich, da wir mittlerweile einen Modus gefunden haben, uns die wesentlichen Dinge in Zeichensprache zu übermitteln. Vermutlich ist die Sache diesmal komplizierter. Während unserer mittäglichen Rast schließlich versuchen wir angestrengt zu kommunizieren, und dann geht mir ein Licht auf. Er bemüht sich mir begreiflich zu machen, dass er mich am folgenden Nachmittag verlassen möchte, um zu seinen Leuten zurückzukehren. Den letzten Streckenabschnitt muss ich also allein zurücklegen. Erst im Nachhinein kann ich rekonstruieren, was Kase bewegt haben muss. Wie alle Buschmenschen ist auch er ängstlich und scheu. Unser Zielort wird von den Tswana bewohnt, einem afrikanischen Stamm, der im Süden der Wüste lebt. Sie sind europäisch gekleidet und haben Gewohnheiten und Bräuche, die sich gravierend von denen der Buschmänner unterscheiden. Aus diesem Grund zieht es mein Gefährte vor, im Land der Buschmänner zu bleiben, nicht mit Menschen in Kontakt zu kommen, bei denen er sich nicht wohl fühlt, die er nicht kennt, und die in einer Welt leben, die nichts mit der seinen gemein hat. Die Aussicht, ihn zu verlieren, macht mir zwar Angst, aber ich kann ihn nicht zurückhalten. Ich muss seine Entscheidung akzeptieren. Für mich stellt sich nur die Frage, ob es tatsächlich möglich ist, meinen Weg allein, ohne Funkgerät und mit einem minimalen Rest Wasser fortzusetzen. Und wieder einmal entwickeln sich die Dinge überraschend anders als vorgesehen. Ich bin etwas ratlos. Seit Beginn des Unternehmens folgte eine Widrigkeit der anderen. Und jetzt, im letzten Augenblick, steht noch einmal alles auf dem Spiel.

Dann kommt der Abend. Es ist der letzte, den wir gemeinsam in der Wüste verbringen. Wir genehmigen uns ein üppigeres Mahl als sonst, das allerdings aus dem üblichen einzigen Gang *biltong* besteht. Von morgen an trennen sich unsere Wege für immer. Jeder kehrt in seine Welt, zu einem Schicksal zurück, das uns von Geburt an bestimmt ist. Seit der ersten Begegnung mit den Buschmenschen sind kaum drei Wochen vergangen, und dennoch sind sie mir vertraut wie alte Freunde. Das Interesse und die Verehrung für dieses Volk, die mich so viele Jahre begleitet haben, haben in dieser Expedition ihren Höhepunkt gefunden, die zu einer der prägendsten Erfahrungen meines Lebens gehört. Wie schon bei den Tuareg, entwickelte sich auch zwischen Kase und mir eine Beziehung, geprägt von großer gegenseitiger Wertschätzung, verstärkt durch die täglichen gemeinsam bewältigten Schwierigkeiten. Dank seiner Person konnte mein Unternehmen so verlaufen, wie ich es gewünscht hatte. Ich weiß, dass sich unsere Wege vermutlich nie wieder kreuzen werden. Dass ich mit ihm, wenn auch nur für kurze Zeit, Seite an Seite die Wüste durchqueren konnte, ist mehr, als ich je zu hoffen gewagt hatte.

Wir trennen uns am Rand einer Salzpfanne, verbergen unsere Gefühle hinter dem üblichen Lächeln. Dann drücken wir uns dreimal die Hand. Anschließend legt Kase die Handflächen gegeneinander und spricht mit seiner klick- und schnalzlautmalenden Sprache auf mich ein. Er scheint mir seine guten Wünsche und eine Art Segen mit auf den Weg geben zu wollen. Bevor er sich entfernt, nimmt er seine schöne Halskette aus Straußeneierschalen mit einem Anhänger aus Schildpatt ab und legt sie mir in die Hand. Es folgt ein letzter hastiger Abschied, dann dreht er sich schnell um und entfernt sich. Ich sehe ihm nach, bis er zwischen dem Gestrüpp verschwunden ist. Von nun an bin ich allein.

Einsamkeit

Ich mache mich auf, die Salzpfanne zu überqueren, stapfe durch eine sumpfig weiche graue Masse. Kases Ratschläge gehen mir durch den Kopf, und ich versuche, mich soweit wie möglich von der Mitte fern zu halten, setze sorgfältig jeden Tritt, um nicht plötzlich im Sumpf zu versinken. Jetzt bin ich ganz auf mich gestellt. Und ich will den Zielort unbedingt erreichen. Mein Schädel brummt unter dem heißen Turbantuch. Die Temperatur erreicht 40 ° C im Schatten. Trotzdem kann ich nicht Halt machen, bevor ich dieses Salzbecken nicht hinter mir habe. Es ist ein seltsames Gefühl, allein zu sein; eine Mischung aus Angst vor dem Unvorhergesehenen und der Euphorie, ganz auf mich gestellt in dieser Natur bestehen zu können. Diese Empfindung ist so stark, dass ich plötzlich alles um mich herum mit anderen Augen sehe. Es ist beinahe, als begegne ich der Kalahari zum ersten Mal. Ich erfasse Dinge, die mir zuvor nie aufgefallen waren. Seit einigen Tagen schon hatte mich die Erschöpfung stumpf und müde gemacht. Jetzt scheint alles verflogen, meine Sinne sind geschärft. Es ist unglaublich, wie ein verändertes Bewusstsein das Verhalten in so kurzer Zeit ins Gegenteil verkehren, es den Bedingungen der Einsamkeit anpassen kann.

Mit einem Mal sehe ich wieder ›Löwenauge‹ und seine Buschmann-Gruppe vor mir. »Es wird eine schwierige Aufgabe für dich, aber die Buschleute begleiten dich immer mit ihren Gedanken und helfen dir.« Diese Worte Kansis habe ich noch klar und deutlich im Ohr. Ich glaube ihre Nähe zu spüren. Das Adrenalin pulsiert durch meine Adern, versorgt mich mit frischer Energie. Meine Bedenken, vor Angst wie gelähmt zu sein, waren unnötig. Das unerwartete Erlebnis erregt mich. Nicht zum ersten Mal bin ich erstaunt, welch unerschöpfliche Reserven in uns schlummern.

Kaum erreiche ich das gegenüberliegende Ufer der Pfanne, mache ich Rast, um mich im Schatten eines großen Busches auszuruhen und darauf zu warten, dass die Hitze sich legt, und ich meinen Weg fortsetzen kann. In der drückenden Hitze herrscht lähmende Stille. Es ist beinahe, als machten alle Tiere mit mir Rast. Nur die üblichen lästigen ›Caterpillar‹-Käfer und Ameisen setzen unermüdlich ihre Erkundungen auf jedem Zentimeter meines Körpers fort.

Als ich meinen Marsch wieder aufnehme, finde ich mich im üblichen Dickicht des Dornengestrüpps wieder. Zum Glück ist das Gras in dieser Gegend niedriger. Ein plötzliches Rascheln lässt mich erneut zusammenfahren. Es ist eine Puffotter mit schönen beigefarbenen und braunen Flecken, die sich, kaum dass sie sich entdeckt fühlt, zum Angriff richtet. Ich habe ausgerechnet, dass ich seit unserem Aufbruch praktisch täglich mindestens drei Schlangen gesehen habe. Dennoch verleitet mich das regelmäßige Zusammentreffen nicht dazu, die Gefahr zu unterschätzen. Ich entferne mich vorsichtig, wie ich es bei Kase gelernt habe, und bete, dass mich das Glück nicht ausgerechnet in diesem Moment, so wenige Kilometer vor meinem Ziel, verlassen möge. Ich frage mich, wo wohl in diesem Augenblick mein Gefährte sein mag, sehe ihn unwillkürlich vor mir, mit der ihm eigenen katzenhaften Geschmeidigkeit auf seinem Weg zu einer der Buschmann-Gruppen, den unvermeidlichen Speer immer in der Hand. Während unseres Weges durch die Wüste hat er keine seiner Waffen auch nur einmal benutzt. Unser Trockenfleischvorrat war groß genug zum Überleben. Die Jagd war nicht nötig gewesen. In Gedanken durchlebe ich noch einmal die vergangenen gemeinsam verbrachten Tage, denke an das, was er mich gelehrt hat, und vor allem an die ungewöhnliche Beziehung, die zwischen uns entstanden war. Und das alles mit der Zeichensprache als einziger Verständigungsmöglichkeit.

Wie immer in Afrika versinkt die Sonne mit einem Feuerwerk von Orange- und Rottönen. An diesem Abend schlage ich vor Einbruch der Dunkelheit das Lager auf, um den Sonnenuntergang in der Kalahari zu genießen. Ich entfache ein Feuer, umgeben von der gewohnten Kulisse aus tausend Geräuschen. Ganz in der Nähe verhallt der Schrei des Schakals in der Nacht. Vielleicht ist es das letzte Mal, dass ich ihn höre. Und statt Angst empfinde ich ein herrliches Gefühl der Freiheit. Eine schmale Mondsichel leistet mir Gesellschaft und bewirkt, dass mich die Faszination der Wüste erneut ergreift. Ich erlebe jeden Moment des Marsches noch einmal und kann es nicht fassen, so weit gekommen zu sein. Auch wenn Kase mir sehr fehlt, bin ich dankbar, dass er mir diese unvergesslichen einsamen Augenblicke geschenkt hat.

Im Zelt spreche ich das Erlebte des Tages auf Tonband. Als ich geendet habe, lese ich noch einmal den Brief meines Freundes Paolo, der mir so liebevoll Mut macht. Bevor ich mich schlafen lege, ziehe ich endlich das Bild meines Sohnes aus den Tiefen des Rucksacks. Ich denke an das Versprechen, das wir uns beim Abschied gegenseitig gegeben haben: Mein Unternehmen gegen seinen schulischen Erfolg. Er hat mich bis zuletzt darin bestärkt, die Expedition zu wagen, auch als mir Zweifel kamen, und sollte sie glücklich zu Ende gehen, werde ich sie ihm widmen.

Die Wahrheit

In dieser Nacht ist mein Freund nicht mehr da, um das Feuer zu unterhalten, so dass ich mehrfach aufstehen muss, um selbst Holz nachzulegen. Bei jedem dieser Ausflüge ins Freie bin ich wie verzaubert vom Sternenhimmel über der Wüste. Am Morgen gebe ich Sand über die Glut und warte, bis sie ganz verloschen ist, bevor ich mich wieder auf den Weg mache.

Die Vegetation wird zum Glück immer lockerer, doch der tiefe, weiche Sandboden bleibt unverändert. Meine Füße leiden noch an den Folgen der Blasen. Ich sehe im Vergleich zu den vergangenen Tagen weniger Tiere. Vielleicht fehlt auch nur Kase, um sie mir zu zeigen. Stattdessen fliegen mehrere Raubvogelarten über mir. Um vier Uhr nachmittags treffe ich auf die Piste, die aus westlicher Richtung kommend meinen Weg kreuzt. Ich weiß, die Schlussphase ist erreicht. Eine halbe Stunde wandere ich über tiefen, sandigen Untergrund und versinke bei jedem Schritt mehr in dem lockeren Staub. Fast bedaure ich, das Buschland verlassen zu haben. Lehututu kann nicht mehr weit sein. Das Wasser, das ich getrunken habe, hat sich mittlerweile in Schweiß verwandelt, und ich kämpfe mich mühsam über die wellige, auf und ab führende Piste.

Nach dem x-ten Anstieg sehe ich eine Gruppe von afrikanischen Mädchen wie verrückt kreischend im Laufschritt auf mich zukommen. Was ist bloß los? Zum Nachdenken bleibt keine Zeit. Im Nu bin ich von einem Dutzend Menschen umringt. Sie berühren mich, klopfen mir auf die Schultern und ich spüre, wie zwei Arme mich samt Rucksack in die Luft heben. Wir riskieren alle zusammen umzufallen, während der Ton der Autohupe das Geschrei übertönt, und nur wenige Meter vor mir plötzlich die Geländewagen mit aufgeblendeten Scheinwerfern auftauchen. Es ist geschafft!. Die Jungs umringen mich. Sie sind außer sich. Oscar läuft mir tatsächlich einmal ohne die obligate Filmkamera entgegen, nimmt mein Gesicht in beide Hände, sieht mich an, als sähe er ein Gespenst, und stammelt: »Bist du in Ordnung?« Und gleich darauf: »Warum bist du allein? Was ist passiert?« In wenigen Worten erkläre ich ihm alles. Er ist bestürzt. Der Gedanke, dass ich seit gestern Morgen allein, ohne Kase, unterwegs gewesen bin, gefällt ihm wenig. Ich muss schrecklich aussehen. Sein Blick und der meiner Freunde spricht Bände. Wir sinken uns alle in die Arme. Schließlich hilft Michael mir, den Rucksack abzusetzen, und Stefano reicht mir eine volle Wasserflasche. Ohne das Turbantuch abzulegen, trinke ich gierig, lasse das Wasser über Gesicht und Hals rinnen. Kaum habe ich die eine Flasche geleert, gibt Paul mir die nächste. Wasser rinnt mir durch die Kehle, in die Augen und tropft auf mein Hemd. Ich fühle mich wie neu geboren. Die Menschen, die mich umringen, starren mich an, begreifen nicht, was in mir vorgeht. Ich trinke, endlich kann ich trinken. Der Alptraum Durst ist zu Ende.

Eine halbe Stunde lang herrscht Durcheinander. Hundert Hände strecken sich mir entgegen. Der eine möchte Informationen, der andere gibt mir zu essen, während Oscar wie ein Verrückter alles filmt. Ich bin verstört. Zufällig komme ich am Geländewagen vorbei, sehe mich im Spiegel und erkenne mich kaum wieder. Das Gesicht unter der Schicht aus Creme und Sand und von einem schmutzigen Lumpen umgeben, ist von Erschöpfung gezeichnet. In den Augen spiegeln sich die erlittenen Strapazen, und sie erstrahlen doch in neuem Glanz.

Schließlich zerstreut die Nacht auch die letzten Schaulustigen, und wir fahren mit den Autos ein paar Kilometer weiter, um ein Lager aufzubauen. Es ist schön, wieder mit allen zusammen am Feuer zu sitzen, und zum ersten Mal seit zwei Wochen esse ich kein Trockenfleisch. Stefano reicht mir einen Teller mit heißer Pasta. Sie schmeckt überirdisch. Er hat sie selbst zubereitet. Oscar überrascht alle, indem er eine Flasche Wein entkorkt, die er aus Italien mitgebracht hat. Ich bin es nicht mehr gewohnt, soviel zu essen, und zu meinem Kummer rebelliert mein Magen schon nach wenigen Bissen.

Nach dem Abendessen kontrollieren wir alle das GPS. In fünfzehn Tagen habe ich genau 350 Kilometer zurückgelegt. Ich bin sehr zufrieden. Physisch habe ich den Gewaltmarsch gut überstanden. Vom Gewichtsverlust einmal abgesehen. Der Blutdruck jedenfalls ist normal. In Italien erwarten mich natürlich die üblichen Untersuchungen, aber ich glaube, es genügt regelmäßig zu trinken und zu essen, damit ich in ein paar Wochen wieder die Alte bin.

Jetzt kann ich die Wahrheit beichten. Ich erzähle meinen Freunden, was wirklich in der Kalahari passiert ist und weshalb ich die Probleme während der Funkkontakte verschwiegen habe. Als ich geendet habe, sehen sie mich bestürzt an, können es nicht fassen. Stefano fasst schließlich den Mut und findet als Erster die Sprache wieder. »Auch wir haben dir etwas verschwiegen.« Ich warte geduldig, dass er fortfährt: »Weißt du, im Fall eines Unfalls wäre es für uns praktisch unmöglich gewesen, dir mit dem Auto zu Hilfe zu eilen.« Gut, dass sie mir das nicht vorher gesagt haben!

Über dem Lager herrscht Stille. Die anderen schlafen, aber ich habe noch zuviel Adrenalin im Blut, um den verdienten Schlaf zu finden. Ich sitze mit ausgestreckten Beinen im Sand am Feuer und erlebe mein Abenteuer vom Anfang bei den Buschmännern an noch einmal. Ihre Worte haben sich bewahrheitet. Wie schon bei den vorausgegangenen Unternehmen ist meine Liebe der Schlüssel zum Erfolg gewesen. Die Liebe zur Wüste, zur Tierwelt, zu meinem Traum. Aber diesmal ist die Liebe zum Leben hinzugekommen. »Leben ist Freude!«

Das kleine Volk der Jäger und Sammler hat mich gelehrt, sie in den kleinen Dingen zu finden. Ich möchte ihnen so gern helfen, ihren Traum zu verwirklichen, so wie sie mir geholfen haben, meinen Traum zu leben. Ich kann nicht anders, als die Botschaft zu verbreiten, und wünsche mir, dass die Menschen, die sie empfangen, ihren Wert begreifen. Ich hoffe sie nicht zu enttäuschen.

Danksagung

Mein herzlicher Dank geht an Piero Ravà und Ornella Antonioli, ohne die es dieses Buch nie gegeben hätte; an Marina Ravà für ihre kostbaren Ratschläge und an Dr.Cecilia Perucci für den unablässigen Zuspruch, mich der schwierigen Aufgabe zu stellen, meine Abenteuer schriftlich niederzulegen. Ein ganz besonderes Dankeschön gilt auch Dr. Filippo Giardiello, Präsident der *Artime* Gruppe, und an Patrizia Giardiello, Präsidentin der *No Limits Wear* Sporttextilien, die mir liebenswürdigerweise neben der moralischen Unterstützung auch das nötige Material zur Verfügung gestellt haben, um meinen Traum zu verwirklichen. Weiter danke ich Marco Francesconi, Sportmarketing Manager, und Cristina Terragni, verantwortlich für die Foto- und Video-Produktion, für ihre Freundschaft und das Engagement, mit dem sie sich zusammen mit Loredana Montalto und Sonia für mein Vorhaben eingesetzt haben. Herzlichen Dank auch an Antonio Soccol, dem Chefredakteur der Zeitschrift *No Limits World,* für die wertvollen Ratschläge und den Ansporn, meine Projekte auszuführen, sowie der ganzen Redaktion. Dank auch an Francesco Iacono für die Hilfe bei *ISM Italia*. Nicht zu vergessen natürlich die technischen Sponsoren, die mit Leidenschaft und großer Professionalität geholfen haben, meine Pläne voranzutreiben. Ganz besonders danke ich in diesem Zusammenhang Dr. Ligossi, Verwaltungsratsvorsitzender von *Deck Marine* und Dr. Cima von *Europlan,* Frau Rosanna Rabaioli, der Marketing Managerin von *Ferrino,* Dr. Elena Holberg und Dr. Kuppferle von *Revo,* Dr. Sorbini und Dr. Somenzini von *Enervit*, Dr. Cosci von *Gensan*. Ein ganz lieber Dank auch an meine vielen Freunde, die mit Begeisterung meine Unternehmen verfolgt haben, allen voran Ambrogio Fogar, dem großen Champion, der mir mit technischem Rat und Tat stets zur Seite stand, und nicht zuletzt umarme ich meine Familie, die soviel Verständnis für meine Leidenschaft fürs Abenteuer aufbringt und mich auf jede mögliche Weise unterstützt, ohne je nach dem Warum zu fragen.

10/1007/01/3s

Die Erkundung der Welt

Dieter Kreutzkamp
YUKON RIVER
Im Kajak allein zum Beringmeer

Yukon River – der Name weckt Erinnerungen an den Goldrausch und die Romane von Jack London. Über 3000 Kilometer legt der Abenteurer mit dem Kajak auf diesem reißenden Strom zurück.

Carmen Rohrbach
IM REICH DER KÖNIGIN VON SABA
Auf Karawanenwegen im Jemen

Nach Erfahrungen auf allen Kontinenten beschließt Carmen Rohrbach, sich den großen Traum ihrer Kindheit zu erfüllen: Allein durch den geheimnisvollen Jemen, mit viel Intuition und wachem Blick.

Fergus Fleming /Annabel Merullo
LEGENDÄRE EXPEDITIONEN
50 Originalberichte

Die großen Entdecker der Geschichte in Originalberichten und -illustrationen: eine buntgemischte Gruppe aus Forschern, Seefahrern, Wanderern und Abenteurern, die Außerordentliches leisteten.

MALIK NATIONAL GEOGRAPHIC

10/1004/01/3s

Frauen entdecken die Welt

Sara Wheeler

UNTERWEGS IN EINEM SCHMALEN LAND

Eine Frau bereist die extremen Landschaften Chiles

Eine unerschrockene Frau auf einer sechsmonatigen Tour entlang der Anden bis nach Feuerland.

Karin Muller

ENTLANG DER INKA-STRASSE

Eine Frau bereist ein ehemaliges Weltreich

Zu Fuß erkundet die abenteuerlustige Backpackerin Karen Muller die alten Inka-Routen von Ecuador bis Chile.

Pamela Watson

DER TRAUM VON AFRIKA

Eine Frau, ein Fahrrad – die Freiheit

Eine Fahrradreise unter abenteuerlichsten Bedingungen: 15 000 Kilometer quer durch Afrika von Dakar nach Daressalam.

MALIK NATIONAL GEOGRAPHIC

10/1039/01/3s